山东社会科学院出版资助项目

亚太多重自贸区贸易效应及中国的应对之策

钱进 著

中国社会科学出版社

图书在版编目（CIP）数据

亚太多重自贸区贸易效应及中国的应对之策/钱进著.—北京：中国社会科学出版社，2022.12

ISBN 978-7-5227-1080-8

Ⅰ.①亚… Ⅱ.①钱… Ⅲ.①自由贸易区—研究—亚太地区 Ⅳ.①F752.73

中国版本图书馆CIP数据核字（2022）第239213号

出 版 人	赵剑英
责任编辑	李庆红
责任校对	李 莉
责任印制	王 超
出　　版	中国社会科学出版社
社　　址	北京鼓楼西大街甲158号
邮　　编	100720
网　　址	http://www.csspw.cn
发 行 部	010-84083685
门 市 部	010-84029450
经　　销	新华书店及其他书店
印　　刷	北京君升印刷有限公司
装　　订	廊坊市广阳区广增装订厂
版　　次	2022年12月第1版
印　　次	2022年12月第1次印刷
开　　本	710×1000　1/16
印　　张	14.25
插　　页	2
字　　数	235千字
定　　价	78.00元

凡购买中国社会科学出版社图书，如有质量问题请与本社营销中心联系调换
电话：010-84083683

版权所有　侵权必究

目 录

第一章 导论 ……………………………………………………………… 1
 第一节 研究背景与选题意义 …………………………………………… 1
 第二节 研究方法与研究思路 …………………………………………… 7
 第三节 结构安排 ………………………………………………………… 10
 第四节 主要创新与研究不足 …………………………………………… 12

第二章 文献综述 ………………………………………………………… 13
 第一节 关于自贸区贸易效应的研究 …………………………………… 13
 第二节 关于自贸区"轮轴—辐条"结构的研究 ……………………… 22
 第三节 关于自贸区要素及产业集聚效应的研究 ……………………… 35
 第四节 小结 ……………………………………………………………… 44

第三章 理论基础 ………………………………………………………… 46
 第一节 自由贸易区理论 ………………………………………………… 46
 第二节 "轮轴—辐条"理论 …………………………………………… 55
 第三节 一般均衡理论 …………………………………………………… 62
 第四节 全球化要素分类与产业集聚理论 ……………………………… 69
 第五节 小结 ……………………………………………………………… 77

第四章 亚太多重自贸区的贸易网络现状 …………………………… 78
 第一节 亚太多重自贸区的发展概况 …………………………………… 78
 第二节 亚太地区已经达成的自贸区贸易网络 ………………………… 85
 第三节 亚太地区正在谈判的自贸区贸易网络 ………………………… 91
 第四节 小结 ……………………………………………………………… 96

第五章　中日韩自贸区贸易效应的实证分析 …… 98

第一节　中日韩的贸易规模及要素分析 …… 98
第二节　中日韩的产业竞争力分析 …… 103
第三节　中日韩自贸区贸易效应的模拟分析 …… 109
第四节　小结 …… 121

第六章　RCEP 贸易效应的实证分析 …… 124

第一节　RCEP 成员的贸易规模及要素分析 …… 125
第二节　RCEP 成员的产业竞争力分析 …… 127
第三节　RCEP 贸易效应的模拟分析 …… 132
第四节　小结 …… 145

第七章　CPTPP 贸易效应的实证分析 …… 149

第一节　CPTPP 成员的贸易规模及要素分析 …… 149
第二节　CPTPP 成员的产业竞争力分析 …… 150
第三节　CPTPP 贸易效应的模拟分析 …… 153
第四节　小结 …… 164

第八章　FTAAP 贸易效应的实证分析 …… 166

第一节　FTAAP 成员的贸易规模及要素分析 …… 166
第二节　FTAAP 贸易效应的模拟分析 …… 169
第三节　小结 …… 177

第九章　亚太多重自贸区演进的可能路径及中国的对策 …… 180

第一节　亚太多重自贸区演进的可能路径 …… 181
第二节　亚太多重自贸区竞争过程的中国对策 …… 185
第三节　小结 …… 197

附　录 …… 199

参考文献 …… 201

后　记 …… 223

第一章 导论

在当前全球经济一体化进程中，随着谈判成员数量不断增加以及相关议题范围不断扩大，WTO 谈判内容的灵活性及效率大幅度降低，各个成员在一些关系到自身核心利益的问题上不愿意做出妥协，贸易谈判进展缓慢，致使谈判陷入困境。在此背景下，世界各个经济体谋求区域范围内的自由贸易合作，21 世纪以来，在世界范围内以建立自由贸易区为代表的区域经济一体化形式不断涌现，双边、多边或区域性自由贸易区得到迅速发展。目前，世界经济的发展呈现扁平化特点，即各个经济体为了寻求自身和区域经济贸易的发展，积极推动生产要素的自由流动，签订多重自贸协定，推动区域经济一体化进程不断发展。

世界大多数经济体结合自身的经济发展需要，建立起规模庞大的自由贸易网络，这些自贸协定在不同地区发挥的作用也不尽相同。在亚太地区，具有代表性的多边自贸协定有中日韩自贸协定、RCEP、CPTPP 及 FTAAP 等，通过这些自贸协定建立起来的自贸区对推动区域经济一体化，尤其是亚太自由贸易进程具有重要作用。值得一提的是，随着自贸区的深入发展，自贸区的"轮辐"结构将对成员之间的经济贸易博弈产生重要影响，而通过这种轮辐结构所产生的贸易利益不平衡分配也直接体现在成员的产业和要素变动上。本书通过分析亚太主要自贸区的贸易结构产生的经济效应，以期寻找最佳的贸易网络安排，实现亚太地区经济一体化的长远发展。

第一节 研究背景与选题意义

新时代、新形势下，区域经济一体化已经成为当前世界经济不断融合发展的重要方式。由于受到复杂多变的国际政治、经济环境以及国内体制机制改革、对外经济发展压力等多重影响，迫切需要中国逐步构建并实施符合自身发展特点的自由贸易网络。目前，改革开放已进行了40多年，对内改革和对外开放格局进入了深度调整期，中国经济已经进入新常态①，同时面临着诸多经济、市场和政治风险。国内部分产业转型升级、经济政策调控等方面的问题亟待解决，产业结构步入了艰难的"换挡期"，中国的经济增长也由高速增长过渡到中高速增长阶段，经济增长面临的内需和外需、投资和消费等结构性矛盾因此突显。同时，中国经济发展所需要的人口和资源红利不断减少，发展中面临着严重的能源资源短缺问题。因此，研究中国在亚太多重自由贸易竞争的"轮辐"网络，以此深化改革开放成果，为实现"两个一百年"提供新动能具有重要的时代背景和现实意义。

一　研究背景

本选题有着较强的时代背景。当前，WTO谈判止步不前，而自贸区逐步成为推动区域经济贸易的重要方式；世界经济增速放缓，中国的经济也由高速增长逐步过渡到中高速增长以及高质量发展阶段，正处在转变发展方式、优化经济结构、转换增长动力的攻关期；中国非常重视同周边国家，尤其是亚太地区经济体的贸易合作，以达成自贸区的形式实现互利共赢的可持续发展。亚太多重自贸区成为中国践行"共商、共建、共享"对外发展理念，构建人类命运共同体的关键一环。在激烈的自贸区竞争环境下，达成共赢的"轮辐"自贸区对成员经济的发展和区域经济一体化都十分有利。

（一）世界经济一体化不断深化发展

自20世纪50年代起，全球范围的经济一体化经历了三次高潮，第一次是1956年成立的欧共体；第二次是20世纪90年代美国、加拿大和墨西哥的自贸区（NAFTA）以及亚太经合组织（APEC）的成立；第三次是20世纪90年代后期至今，以信息技术、产业经济和新能源等为代表的发展浪潮，也正是因为全球贸易的不断发展与现有贸易体制的不协调，导致WTO框架下的全球自由贸易体制运行受阻。随着WTO谈判止步不前，以及2008年全球金融危机的影响，区域经济一体化已成为地区经济发展

---

① 经济新常态的主要特征表现为：一是经济增长由高速向中高速换挡成为常态；二是经济结构由产业链低端的加工制造环节向品牌运营、研发设计等产业链中高端转型升级成为常态；三是增长动力由投资驱动向创新驱动转换成为常态。

的中坚力量。许多国家积极寻求建立 WTO 体系之外的双边自由贸易网络，使其逐渐成为各国实现区域经济一体化的重要方式，能够涵盖 WTO 所没有涉及的诸如知识产权、竞争机制、电子商务与技术合作等方面的议题。自由贸易区也随之变得更加广泛，自贸区的发展将引领区域经济一体化的发展浪潮。

目前，全球经济的发展站在了前所未有的新高度，以自由贸易区为代表的区域性经济贸易形式正在成为推动全球经济发展和经济一体化的重要方式。经济全球化也正在向贸易多极化竞争的方向转变，其中，自贸区内部生产要素的自由流动发挥了重要作用。亚太地区作为世界经济的新增长极，目前，中日韩自贸协定、日本倡导的 CPTPP、中国参与的 RCEP 及亚太自贸协定等自由贸易协定，成为推动亚太经济一体化不断发展的代表。随着世界经济一体化不断深化，自贸区的轮辐效应逐渐显现，成为自贸区深化发展的标志。轮辐网络体现的是成员国之间经济博弈的必然选择，也是多重自贸区在大国作为轮轴国引领并推动自由贸易进程，并最终实现区域经济一体化的路径选择，是世界经济一体化不断深化发展的标志。

（二）中国对外贸易战略诉求

加入 WTO 以来，中国一直积极参与全球的经济贸易合作，在亚太地区的经济一体化进程中，中国加快国内改革的步伐，不断扩大对外开放水平，加快构建更高水平的对外贸易体系。中国自 2004 年开始探索建设自由贸易区，通过构建自由贸易区以谋求自身经济和推动区域经济贸易的发展，中国的角色已从全球化的受益者转变为经济全球化的捍卫者和引领者。在全球自贸区迅速发展的趋势下，中国制定自由贸易区战略的紧迫性和重要性也日益突显。中国的自贸区发展战略是国家对外开放水平不断深化发展的必经阶段。

2007 年党的十七大提出自贸区是国家对外发展战略，2012 年党的十八大指出应加快实施推进自由贸易区建设，2013 年党的十八届三中全会进一步提出，要以周边国家为基础加速实施自贸区战略，构建面向全球的自由贸易网络。2014 年在中共中央政治局关于加快自贸区建设的第十九次集体学习中，习近平总书记指出，实现"两个一百年"的奋斗目标、实现中华民族伟大复兴的中国梦，必须适应经济全球化新趋势、准确判断国际形势新变化、深刻把握国内改革新要求，以更加积极有力的行动推进更高水平的对外开放,加快实施自由贸易区战略,加快构建开放型经济新体制以对外开放的主动赢得经济发展的主动赢得国际竞争的主动。① 在2016年3月召开的全国"两会"上,国务院提出将我国逐步构建高标准的自由贸易区网络列入《国民经济和社会发展第十三个五年规划纲要(草案)》,努力形成开放型经济新体制、新格局,积极参与区域性经济合作,促进多边贸易发展。2017年10月党的十九大提出"中国支持多边贸易体制,促进自由贸易区建设,推动建设开放型世界经济"的贸易方略,为中国自由贸易的发展指明了方向。2022年4月21日,习近平主席在博鳌亚洲论坛2022年年会开幕式上发表主旨演讲,指出中国将全面实施《区域全面经济伙伴关系协定》,推动同更多国家和地区商签高标准自由贸易协定,积极推进加入《全面与进步跨太平洋伙伴关系协定》和《数字经济伙伴关系协定》。

多重自由贸易区建设已经上升到了国家战略的高度,这对中国在区域经济一体化建设的布局和实施过程提出了更高的要求。总体来说,中国自贸区建设从无到有、由近及远,实现了跨越式发展,已经形成了较大的规模。自贸区建设成为中国构建互利共赢、开放包容的经济新体制的重要方式,可以解决新时期经济体制改革和发展的动力问题,能够有效促进地区经济的可持续发展。中国在亚太多重自贸区竞争中应更加注重自贸区的轮辐网络建设,在积极发挥并引领区域经济一体化的同时,构建以自身为核心的轮辐网络。中国遵循多重自贸区竞争必然会走向亚太区域的经济一体化的发展规律,亚太地区正在积极促进中日韩自贸区尽快达成,推动实现RCEP并最终实现亚太地区的经济一体化,达成亚太自贸区。

二 研究意义

当前区域经济一体化的进程不断深化发展,全球大多数经济体都在积极签订双边或多边自由贸易协定,以此发展自身的经济贸易,维护本国的经济和政治利益。本书以亚太多重自贸区的产业及贸易结构为视角,探讨亚太多重自贸区贸易效应,试图在遵循全球自由贸易发展规律的同时,找到促进中国国内经济和对外贸易发展的新动力,为中国制定对外

---

① 《习近平:加快实施自由贸易区战略 加快构建开放型经济新体制》,中国自由贸易区服务网,http://fta.mofcom.gov.cn/article/zhengwugk/201412/19394_1.html。

经济政策和推动亚太地区经济一体化提供可供参考的建议。

(一) 现实意义

进入 21 世纪以来，区域经济一体化进入了新的发展阶段。根据世贸组织的相关数据统计，多数 WTO 成员国在积极参与自贸区的建设步伐，而且签订了不止一个自由贸易协定。在亚太地区，已经签订或正在谈判的自贸协定数量庞大，每个国家基本上都已签订或正在签订多个自贸协定，这些自贸协定交叠在一起，成为区域经济一体化的重要形式。区域贸易协定在世界范围内的分布越来越广泛，不仅参与其中的国家数量越来越多，而且自贸协定所覆盖的贸易量在全球贸易中所占的比重也在不断上升。亚太地区人口总量占到全球的近 1/2，国内生产总值占到全球GDP 总额的近 60%，涵盖世界三大经济体：美国、中国和日本，该地区的经济总量也决定了其对世界经济的重要性非常明显。

研究亚太多重自贸区的贸易效应，在稳定和推动国内经济增长、促进企业改进生产技术以保证经济的持续发展、为中国经济发展新常态注入新的驱动力等方面都有现实意义。亚太地区多重自贸区之间存在竞争和博弈，"轮辐"网络是自贸区深化发展的重要标志，轮轴国和辐条国的贸易地位和贸易利益呈不对称性特点，这就需要中国根据自身定位，在不断推进对外开放进程中优化贸易发展战略。研究亚太多重自贸区的贸易网络，通过规划、建设及布局自贸区以提升区域经济的话语权，扩大经济影响力，构建开放型经济新体制，为维护中国经济贸易稳定发展、营造和谐的对外关系和推动世界经济一体化等都有重要意义。

中国是世界最大的发展中国家，在亚太地区乃至世界范围都是最有活力的经济体之一，同周边经济体积极构建自贸区轮辐网络能够提升中国的整体经济实力，能够扩大中国在亚太地区的经济影响力。虽然中国的自贸区战略取得了一定成果，但是与许多发达和新兴经济体相比还有很大的差距，这表现在自贸区的整体建设水平及配套措施等方面还需要提升和完善。中国的经济贸易正在释放更多的政策红利，在经济由高速增长过渡为中高速及高质量增长的阶段，亚太多重自贸区的轮辐网络建设对中国实现"两个一百年"并最终实现中国梦都具有重要意义。深入研究亚太多重自贸区的轮辐效应，可以增强区域内部贸易双方的政治互信，也能够进一步巩固中国在亚太地区的政治和经济地位。多重自贸区战略是保证中国和平崛起的重要形式，是中国奉行互利共赢，走和平发展道路的现实需要。

(二) 实践意义

当前，全球许多经济贸易形式是在各个区域组织内部进行的，区域经济一体化对区域内成员的自身经济和世界贸易的发展影响深远。总的来看，自由贸易区具有涉及面广泛、覆盖领域全面等特点，成为影响一国或地区经济发展及贸易格局的重要因素。长远来看，多重自贸区不断发展，还会对地区的政策施行和政治稳定带来诸多影响，能够涉及双边或多边经贸关系、经济体制变革和贸易规则等重大议题。因此，多重自贸区的达成不仅会考虑自身经济水平、贸易发展规模、产业经济政策和技术创新水平等因素，也要考虑地缘政治和能源供应等方面。目前，亚太经济一体化进程还存在一些不足，以亚太经合组织为例，表现在其运行机制上。APEC 成立于 1989 年，经过 30 多年的发展已经成为目前在亚太地区最有影响力且级别最高、运行机制最完善的经济合作形式，对亚太及世界经济贸易的贡献较大。虽然 APEC 在区域经济贸易自由化和便利化方面取得了一定成就，但也为亚太区域经济一体化带来了一些挑战。一方面，因为 APEC 成员对外都或多或少签订了一些自贸协定，这些贸易协定的不断涌现增加了成员之间经济贸易的协调成本，在一定程度上阻碍了亚太经济一体化的进程；另一方面，由于各个经济体在自身经济实力、贸易规模和对外政策等方面还存在着较大的差距，造成了在投资与贸易的自由化及便利化等方面，各个经济体的需求不同，影响了亚太经济一体化的深度融合。

当前，中国是全球第二大经济体、第一大贸易国、最大外汇储备国和最大的外商直接投资聚集地。中国作为世界第一大贸易国，积极与其他国家构建自贸区是中国从贸易大国走向贸易强国的路径之一。改革开放 40 多年，中国的经济水平、综合国力和国际地位等方面都得到了显著提升，成为当前世界上最具有发展潜力的经济大国之一。在经济不断发展的过程中，中国合理运用国际经济规则，在全球经济浪潮中提升自身经济实力的同时，也增加了应对风险的能力。以中国为代表的新兴经济体积极同周边及世界各国开展经贸合作，自由贸易协定正成为推动双边经济发展的重要方式。中国积极推进同世界各国的自贸区建设进程，不断完善各个参与方的市场准入条件，使得货物贸易与服务贸易的自由化水平都得到了持续提升。通过提升产品的竞争力和优化产业结构，为区域双边贸易合作提供了更广阔的平台和制度保障，有利于促进自贸区各成员之间的经济贸易。

实践表明，不同的自贸区轮辐网络对成员内部的经济影响差别较大。有的自贸区可以对成员国的经济发展和对外贸易产生积极作用，而有的自贸区却会带来不利影响。那么在亚太地区，面对不同的自贸区形式，甚至是多重自贸区趋势，自贸区贸易网络能够对区域经济贸易产生怎样的影响，这种影响会通过什么机制来实现，效果又如何呢？这些问题的解决不仅对现实的亚太经济一体化进程带来可供参考的政策建议，还将为中国自贸区的战略布局和实践运用提供指导。

第二节 研究方法与研究思路

本书根据亚太地区经济发展和贸易规模的实际情况，结合当前区域经济一体化的发展特点，主要运用以下研究方法进行研究。

一 研究方法

随着亚太经济一体化进程不断推进，有关自贸区轮辐效应的研究也在不断发展和完善。本书根据亚太地区经济发展和贸易规模的实际情况，结合当前亚太自贸区的发展特点，以国际贸易学相关理论为基础，通过提出问题、分析问题和解决问题的思路，对亚太主要自贸区的贸易效应进行研究。主要研究方法如下。

一是文献分析法。科学规范的学术研究离不开对已有文献的回顾和评价。根据本书的研究内容，本书搜集并整理了大量国内外有关自贸区经济效应、自贸区"轮轴—辐条"结构、自贸区要素及产业集聚效应的文献资料。分析和归纳这些文献，有助于全面、系统地掌握与本书有关的研究成果，梳理本书的理论分析框架和逻辑体系，有助于完善和发展有关亚太多重自贸区贸易网络的研究。

二是规范和实证分析相结合。规范分析是形成一种解释现象的理论，用来解决"应该是什么"的问题；而实证分析则是对现象的客观描述，解决"是什么"的问题。本书的研究也离不开这两种方式的有机结合。本书运用亚太地区主要多边自贸协定的贸易数据，比较自贸区成员的产业及要素禀赋优势，从要素、产业、经济规模等视角分析中日韩自贸区、

RCEP、CPTPP和FTAAP的贸易现状和产业竞争力。在模拟分析时，运用一般均衡理论框架下的GTAP模型，并结合GTAP数据库实证研究亚太多重自贸区的贸易效应。

三是定性与定量分析相结合。任何经济现象都有质和量两方面的规定性，经济现象的实质是一种经济现象区别于其他经济现象的内在规定性；而经济现象的量是以其存在规模表示的规定性。本书的研究也离不开定性和定量分析的有机结合，本书搜集和整理了研究对象的要素、贸易、产业等方面的相关数据，分析亚太地区各个成员国的产业竞争力情况，并通过GTAP模拟分析各成员的宏观经济及产业变动，据此分析亚太多重自贸区发展路径及中国的对策。

四是理论与实践相结合。理论的发展离不开实践的创新，实践的创新又是理论得以发展的保证。本书通过梳理该研究主题的理论分析框架，将自由贸易区及其"轮轴—辐条"结构、一般均衡、全球化要素及产业集聚等理论相结合，为亚太地区多重自贸区的产业比较以及模拟分析部分提供指导。同时，通过对亚太多重自贸区的贸易效应分析，为亚太自由贸易进程提供参考路径，并为中国的对外贸易战略和构建贸易网络提供政策建议。

二 研究思路

本书的研究思路是在系统梳理和总结有关自贸区的经济效应、"轮轴—辐条"结构、要素及产业集聚效应等已有文献的基础上，结合自由贸易区、"轮轴—辐条"、一般均衡、全球化要素分类与产业集聚等相关理论，对亚太多重自贸区的发展概况及特点、亚太地区已达成的自贸区贸易网络、亚太地区正在谈判的自贸区贸易网络等内容进行分析。结合亚太多重自贸区的贸易网络，将要素集聚、产业变动与轮辐效应结合在一起，运用GTAP模型模拟预测中日韩自贸区、RCEP、CPTPP和FTAAP的贸易效应，分析贸易效应背后要素集聚的特点与规律，讨论亚太多重自贸区的演进路径及中国的策略选择。

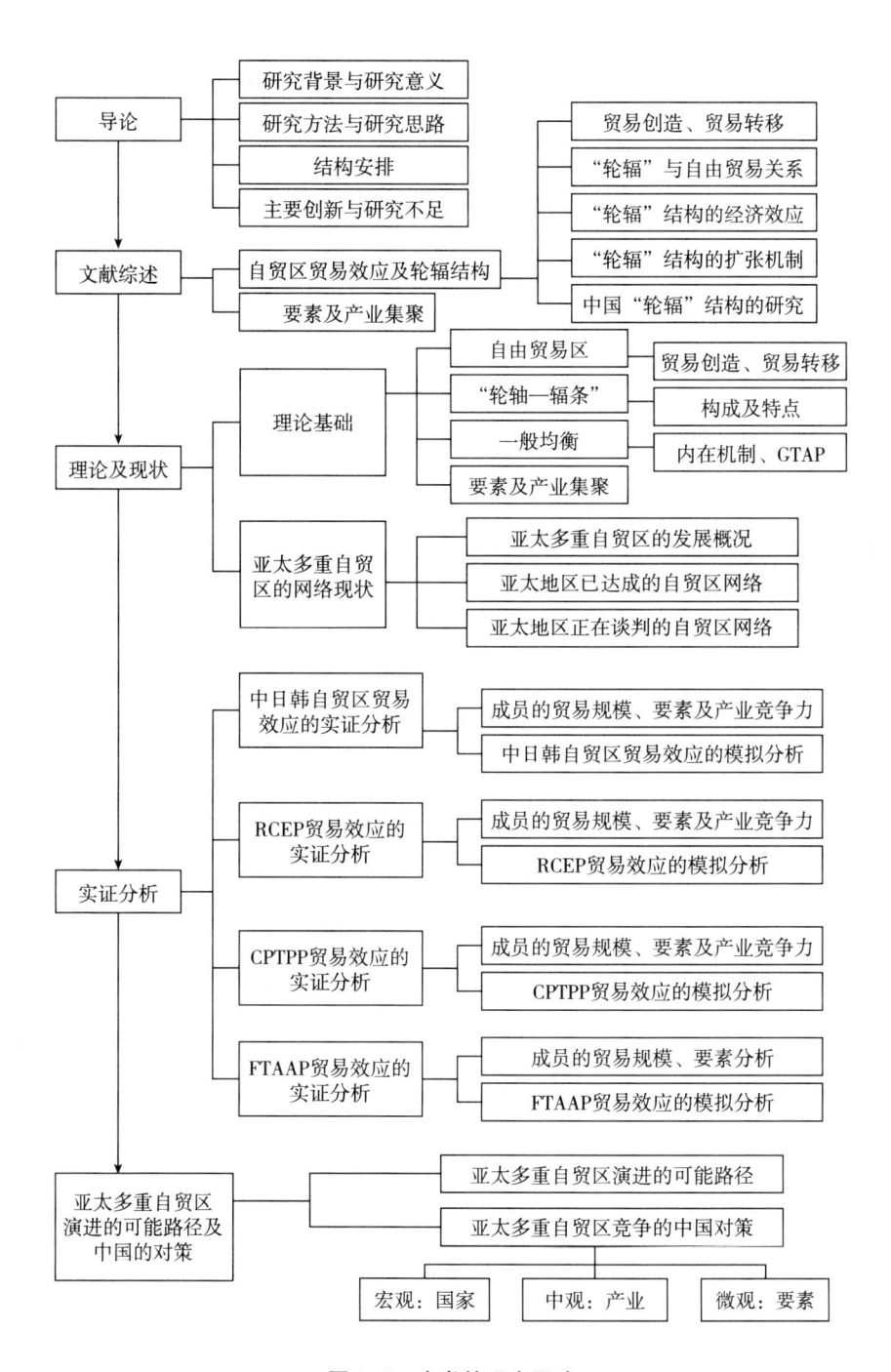

图 1-1 本书的研究思路

第三节 结构安排

本书共分为九个部分,结构安排为:

第一章是导论。分为四节,包括研究背景与选题意义、研究方法与研究思路、结构安排、主要创新与研究不足四个方面。这部分内容有助于了解本书的研究背景和研究意义,知悉本书运用的研究方法和研究工具,理清全书的研究思路,以及在继承已有文献的基础上做出边际创新。

第二章是文献综述,从自贸区贸易效应、自贸区"轮轴—辐条"结构、自贸区要素及产业集聚效应三个方面展开。其中,自贸区经济效应从静态和动态两方面进行分析,自贸区"轮轴—辐条"结构从其与自由贸易体系的关系、经济效应及扩张机制等方面分析。系统梳理有关文献,有助于完善和发展自由贸易区及其贸易结构的成果,以便更好地展开后续的理论框架及模拟分析研究内容。

第三章是理论基础,包括自由贸易区、"轮轴—辐条"、一般均衡、全球化要素分类与产业集聚等相关理论。第一节是自由贸易区理论,包括自由贸易区定义、贸易创造与贸易转移、福利效应等内容。第二节是自贸区的"轮轴—辐条"结构,包括"轮轴—辐条"结构的构成、特点及"南北型"自贸区轮辐结构等内容。第三节是一般均衡理论,包括一般均衡内在机制、GTAP模型两方面。第四节是全球化要素分类及产业集聚理论,分别从生产要素和产业的视角展开。通过理论分析,本章为亚太多重自贸区贸易网络的现状及模拟提供了理论依据,也为全书的后续研究提供了理论指导和方法借鉴。

第四章是亚太多重自贸区的贸易网络现状,第一节是亚太多重自贸区的发展概况,分析亚太多重自贸区的发展历程及特点。第二节是亚太地区已经达成的自贸区贸易网络,包括以新加坡为轮轴的东南亚联盟、以东盟为轮轴的"10+1"和"10+3"、以日本为轮轴的跨太平洋伙伴关系协定。第三节是亚太地区正在谈判的自贸区贸易网络,包括中日韩自贸协定、FTAAP等。该部分研究对亚太区域经济一体化进程及自由贸易区的发展脉络进行了梳理,有助于全面了解亚太多重自贸区的贸易网络现状,并为后续的实证研究提供了现实逻辑和研究过渡。

第五章是对中日韩自贸区贸易效应的实证分析。第一节是中日韩的贸易规模及要素分析，包括中日韩双边贸易及其分别在对外贸易额中的占比情况、对外贸易依存度情况、要素分析等内容。第二节是对中日韩的产业竞争力分析，运用的主要指标有产业内贸易指数、出口产品相似度指数、贸易竞争力指数等，以上指标的选取能够较好地分析中日韩的产业竞争力与互补性。第三节是对中日韩自贸区贸易效应的模拟分析，包括区域划分及产业分组、情景设定和模拟分析等方面。

第六章是对 RCEP 贸易效应的实证分析。第一节是 RCEP 成员的贸易规模及要素分析，包括 RCEP 成员的贸易现状、双边贸易情况、要素分析等内容。第二节是对 RCEP 成员的产业竞争力分析，考虑到为了避免与第五章的内容构成重复比较，RCEP 成员又包括中日韩三国，故这里运用的指标主要包括出口市场占有率、比较优势指数和贸易依存度等。第三节是对 RCEP 贸易效应的模拟分析，包括区域及产业划分、方案设定和模拟分析三方面内容。

第七章是对 CPTPP 贸易效应的实证分析。第一节是 CPTPP 成员的贸易规模及要素分析。第二节是对 CPTPP 成员的产业竞争力分析，运用的指标有贸易竞争力指数、显示性比较优势指数和贸易互补性指数等，这些指标的选取能够较好地体现各成员的产业竞争优势。第三节是对 CPT-PP 贸易效应的模拟分析，包括地区和部门分类、情景设置和模拟分析等内容。

第八章是对 FTAAP 贸易效应的实证分析。第一节是 FTAAP 成员的贸易规模及要素分析，包括亚太地区贸易协定规模与贸易自由化的关系、FTAAP 与主要自贸区的贸易状况、成员的要素分析等内容。第二节是对 FTAAP 贸易效应的模拟分析，包括地区和部门分类、情景设置和模拟分析等内容。需要说明的是，本章并未添加成员的产业竞争力研究，这是因为亚太自贸区的主要经济体已在前面进行过分析，对美国和俄罗斯等大国则侧重于运用 GTAP 模型模拟分析其产业情况。

第九章是亚太多重自贸区演进的可能路径及中国的对策。第一节是亚太多重自贸区演进的可能路径，一是近期目标，以中日韩自贸区为先导；二是短期规划，以 RCEP 为主，辅以 CPTPP；三是长远方向，以 FTAAP 为亚太经济一体化的终极目标。第二节是亚太多重自贸区竞争过程的中国对策，分别以宏观—国家层面、中观—产业层面和微观—要素层面的视角分析中国的应对之策。

第四节　主要创新与研究不足

一　主要创新

本书的主要创新之处如下。

第一，综合运用自贸区"轮轴—辐条"结构理论、全球化要素理论、产业集聚理论对亚太多重自贸区竞争现状进行比较研究，运用一般均衡理论框架下的 GTAP 模型对多重自贸区的经济效应进行模拟分析，并据此展望亚太区域经济一体化的终极路径。这在一定程度上弥补了现有文献研究的不足。

第二，将自贸区的要素集聚和贸易效应结合在一起，通过分析贸易效应背后要素及产业在轮轴国与辐条国之间的非均衡集聚，揭示多重自贸区竞争的实质。

第三，运用 GTAP 模型模拟中日韩自贸区、RCEP、CPTPP 和 FTAAP 等自贸区的贸易效应，为中国在亚太地区实施自由贸易区战略和构建以自身为轮轴的自贸区网络提供决策参考。

二　研究不足

笔者尽管阅读和整理了有关本选题的大量文献资料，在一些方面具有一定的创新，但由于理论水平有限，本书的研究也存在一些不足。

本书使用的是 GTAP 数据库，对亚太多重自贸区的贸易效应模拟分析运用的是静态 GTAP 模型。静态模型中的贸易利益主要来自增加资源分配效率和提升消费水平，尚不能考虑贸易、投资和增长之间的动态关系，从而会在一定程度上影响模拟数据的精确性。

第二章 文献综述

国内外学者对自贸区的研究已经取得了丰富的成果,本章通过对已有文献进行整理并归纳分析,主要就自贸区贸易效应、自贸区"轮轴—辐条"结构、自贸区要素及产业集聚效应等方面进行评述。自贸区的贸易效应主要从自贸区的静态效应、动态效应进行论述;自贸区的"轮轴—辐条"结构主要从其与自由贸易体系的关系、经济效应、扩张机制、中国在"轮轴—辐条"结构中的作用研究等方面展开;最后是自贸区要素及产业集聚效应等方面的评述。通过系统总结和分析前期成果,为本选题进一步研究提供了借鉴和基础。

第一节 关于自贸区贸易效应的研究

目前多数文献从国家或产业层面分析自贸区的贸易效应,认为自贸区的静态效应可以扩大各成员的贸易额、产生贸易创造,但会导致非成员的贸易额受损、发生贸易转移,通过比较贸易创造与贸易转移之间的差额,体现经济福利水平。此外,自贸区的动态效应能够促进规模经济、产业竞争与企业投资等行为。

一 自贸区的贸易静态效应

自贸区的贸易静态效应包括贸易创造效应、贸易转移效应和福利效应等方面,其中,贸易创造效应可以提升区域各成员之间的经济贸易水平;而贸易转移效应使得各成员之间的经济贸易发生偏转,由区域外成本低的贸易转向区域内成本高的贸易;福利效应是由贸易创造效应和贸易转移效应的大小决定的,如果前者大于后者,表现为正效应;反之,则为负效应。

(一) 贸易创造效应

Viner (1950) 提出了"贸易创造"的概念，认为贸易创造效应能够使得各成员减少生产效率低、成本高的产品，转而进口贸易伙伴效率高、成本低的具有比较优势的同类产品，以此满足国内市场的需求。因此，各成员将不断扩大具有比较优势产品的生产规模（马歇尔，1964；Furusawa & Konishi，2004；Jeffrey 等，2016；邢孝兵和雷颖飞，2019；马野青等，2021），赢得更多的国外消费市场。自由贸易将减少成员的贸易成本，刺激市场消费需求，有利于贸易和消费水平的提升，进而促进经济增长，对成员国和非成员国的经济都有积极作用（Park 等，1989；宫芳和高峰，2000；Perroni & Whalley，2000；Freund，2002；陈志阳，2015；刘东旭，2016；钱进和王庭东，2017；韩剑等，2018；Stanojevic & Savo et al.，2021）。

从宏观层面看，贸易创造效应主要表现在各成员的进出口。随着自贸区的建立，一系列优惠关税和贸易政策对成员的对外经济产生了重要影响。自贸区内部取消关税，能够产生较明显的贸易创造效应，扩大成员的进出口规模，提升区域的整体经济实力，推动区域贸易的自由化进程。Roberts (2004) 分析了中国—东盟自由贸易区的贸易效应，认为自贸区产生的贸易创造效应并不显著，但会因此扩大贸易流量规模。Martinez 和 Nowak (2003)、Peridy (2005) 通过分析地中海地区的国家与欧盟之间的出口贸易情况，认为自由贸易协定所产生的贸易创造效应可以增加地中海国家对欧盟的出口额。黄凌云和刘清华 (2008) 研究了东亚自贸区对中国的经济影响，认为自贸区各成员的产业和贸易具有互补性，能够提升区域整体的经济贸易水平。张光南等 (2012) 运用 GTAP 模型对 ECFA 分析时指出，ECFA 短期内将对中国大陆地区造成负面影响，而从长期来看将会在两岸关系、经贸总量等方面产生正效应。赵亮和陈淑梅 (2015) 研究了自贸区对中国经济增长的驱动效应，认为新常态下中国经济增长的动力将由"要素驱动"向"创新驱动"转变。自贸区可以产生积极的贸易效应，消除贸易障碍，形成贸易红利，实现消费及商品的多样化。叶修群 (2016) 研究了"一带一路"倡议下中国自由贸易区的贸易效应，通过实证分析认为，中国自贸区呈现区域性差异的特点，发展自贸区应该因地制宜。钱进 (2017) 认为双边 FTA 是中国发展亚太双边贸易的催化剂，双边或多边自由贸易协定是亚太地区经济一体化的重要形式，促进了中国多重自由贸易区的建设和国际贸易规模的扩大。

通过构建引力模型并利用面板数据,从中国与东盟、亚太地区已签及未签 FTA 经济体、亚太总体等方面实证分析双边 FTA 对中国发展亚太双边贸易的影响。研究结论是签订多重 FTA 能够对要素资源进行有效整合,对成员国的经济有显著的正效应,同时 FTA 有利于扩大区域各成员的贸易影响力,提升其经济水平,进而对区域内的跨国直接投资、双边贸易等产生积极作用。韩剑等(2018)通过比较中国自由贸易协定(FTA)的关税与非关税条款发现,中国 FTA 整体贸易创造效应显著且伙伴国受益更大;关税与非关税措施均有显著贸易创造效应,且因伙伴国发展水平而异,关税减免更加促进中国与发展中国家的双边贸易,非关税措施则更增加中国向发达国家出口和从发展中国家进口。周永生(2019)指出,只有建立三边或多边自由贸易区才能挖掘美、墨、加之间的贸易潜力,获得新动力。特朗普政府通过双边谈判的方式,推动自由贸易协定的签署,推动地区一体化的进展。郭成龙(2022)认为,以 CPTPP 和 RCEP 为代表的 FTA 越来越多地纳入了政府采购议题,与 GPA 形成了明显的协同效应,加速了国际政府采购协定的扩围,强化了 GPA 规则的渗透性与示范作用,推广了 GPA 的良好管理理念与原则,极大地推动了政府采购规则的国际化及国际政府采购市场的开放度。

从微观层面看,研究自贸区的贸易创造效应主要以企业为视角。企业通过利用自贸区的优惠贸易政策和关税的大幅度降低实现自身成本的最优化,扩大进出口贸易规模。多数研究成果认为区域贸易协定对成员国企业的经济发展有利,而不利于非成员国企业,所以非成员国会寻求加入贸易协定以便提升本国企业的经济贸易水平。Cooper 和 Massel (1965)认为,非成员国在自由贸易市场的经济规模因美韩双边贸易关税的进一步降低而萎缩,而美韩的产业在区域外部市场上更具有比较优势。Kimura 和 Lee(2004)利用 OECD 的 10 个成员国数据分析服务贸易,研究结论是自贸区的开放程度与货物、服务贸易呈正相关关系,且服务贸易的增长速度快于货物贸易。Guillin(2013)研究了区域经济一体化进程对 OECD 各成员国的服务贸易,认为自贸区的签订能够显著提高成员企业的服务贸易额,产生明显的贸易创造效应,发现贸易自由化的程度越深,这种现象越明显。汪颖博等(2014)分析了中国—东盟("10+1")的贸易结构,从企业异质性方面研究贸易成本及自由贸易政策对中国进口贸易产生的效应,进口贸易受到关税政策和开放程度等方面的影响,得出中国的进口贸易结构应该进行适度调整的结论。冯晓玲和陈雪（2015）借助市场占有率、显性比较优势等指标研究中国对韩国农产品出口贸易的影响，运用 GTAP 模型模拟分析后发现，中国对韩国的农产品贸易额与美韩之间的关税水平相关，将随着美韩双边关税的持续降低而减少。韩剑等（2018）认为实施高水平贸易和投资自由化便利化政策，提升企业利用自由贸易协定的便利性，是当前中国加快实施自贸区战略亟须重点解决的问题。通过建立一个包含企业异质性假定的理论框架，分析企业是否选择使用 FTA 优惠关税进行出口，理论研究表明 FTA 使用成本是影响企业 FTA 选择的重要因素，只有生产率较高的企业才会利用 FTA 进行出口。利用微观层面的出口数据对利用 FTA 因素的回归结果表明，企业随着商品出口量增加会更倾向于利用 FTA 出口，而原产地规则限制效应对 FTA 利用率有着明显的抑制作用。由马超平和张晓燕（2021）从自贸区角度和企业产权属性的角度进行的异质性检验可知，自贸区的设立从长远角度看具有更大的积极意义。国企由于规模大、资金实力雄厚，在创新和资源配置等方面具有更大的优势，自贸区设立对企业全要素生产率增长的促进作用往往更强。

随着研究的逐步深入，研究方法不断多元化，利用一般均衡理论研究自贸区贸易创造效应的文献逐渐增多。李善同等（2000）利用动态一般均衡理论，对中国加入 WTO 以后的经济影响进行定量预测，认为中国的国际地位将在一定程度上得到提升。陈雯（2002）通过一般均衡分析，发现东盟自贸区成立后将促进各成员的经济贸易往来，提升经济贸易水平，实现区域整体经济的可持续发展。Perali 等（2012）运用 CGE 模型，模拟研究农业领域关税自由化对欧盟产生的经济影响，研究结果表明关税自由化不利于农业生产，尤其在服务业和制造业等领域表现明显。陈继勇和余自强（2017）在 GTAP 模型的基础上建立了估计 GDP 对关税弹性的计量模型，并据此测度了中韩自贸协定对两国 GDP 的经济效应。实证结果表明：若中韩按照自贸协定进行关税削减且在削减过渡期内两国进口依存度保持现有水平不变，则中韩自贸协定将在二十年关税削减过渡期内带动中国 GDP 平均每年增长 0.25%，带动韩国 GDP 平均每年增长 0.63%。谭宓等（2022）基于 2000—2018 年准自然实验的双重差分方法，实证检验中国—东盟自由贸易区正式建立对外国直接投资的促进效应，结果表明：中国—东盟自由贸易区建立对成员国的外国直接投资具有显著的促进作用；中国—东盟自由贸易区成员国的经济规模、经济增长速度、对外开放度对外国直接投资均具有显著的促进作用。

此外，作为定量分析的工具，全球贸易分析模型也是学者广泛使用的研究方法（张光南等，2012；黄凌云等，2015；侯丹丹，2016；徐林清和蒋邵梅，2021；张军和路泽禅，2021）。周曙东等（2006）对中国—东盟自贸区如何影响中国农产品的进出口进行研究，通过运用 GTAP 模型模拟分析，设立基准线及动态情景，分析进口关税对农产品贸易、价格及产业结构等方面的长期影响，认为自贸区的成立将对成员国产生较大的贸易创造效应，并且在生产资源上具有由农业部门向非农业部门转移的特点。吴凌燕和李众敏（2007）研究了美国参与东亚区域合作对中国的经济影响，利用 GTAP 模型对美国介入东亚地区的经济贸易进行模拟分析，认为美国加入区域性贸易协定对自身经济利大于弊。然而，中国的相关产业将因此受到一定冲击。刘宇和张亚雄（2011）运用动态 GTAP 模型，发现欧盟—韩国自贸区的实施对中国的对外贸易构成一定程度的冲击，但这种影响程度不明显。Lee 和 Itakura（2014）通过 GTAP 模型分析了 TPP 与 RCEP 的经济收益情况，发现自贸区对区域成员的贸易增长有利，而不利于区域外非成员的经济贸易。钱进和王庭东（2017）基于 GTAP 模型研究了中日韩自贸区对区域宏观经济及产业产出的影响，指出中日韩自由贸易协定符合三国的长远经济利益，签订中日韩自贸协定能够显著增加各个成员国的经济总量、扩大贸易规模、改善贸易条件，由此产生贸易创造效应。杨韶艳和李娟（2018）利用 GTAP 模型模拟并比较了降低关税和技术性贸易壁垒所带来的经济效应，同时从宏观影响、贸易影响和产出变动三个层面进行了相应的机制分析。研究指出，无论是关税还是技术性贸易壁垒的降低都会对中国和海合会 GDP、福利水平、总进口量、总出口量、贸易条件、国内就业、消费和投资等宏观经济产生正向影响，中国对海合会加工制品、石油化工产品和牲畜肉类产品出口量因技术性贸易壁垒降低带来的替代效应增幅明显。张恪渝和周玲玲（2021）将标准 GTAP 模型与中国区域可计算一般均衡模型（Sino - TERM）进行有效链接，并设定了短期、中期和长期三个宏观经济闭合政策情景，以评估 RCEP 签订对中国区域经济格局的影响效应。结果表明：在三种贸易自由化政策情景下，RCEP 的建立都会对中国宏观经济，如对实际 GDP、居民福利及进出口等产生积极影响。

（二）贸易转移效应

自贸区内部能够取消或削减成员之间的相互关税，但与区域外部的关税依然存在，导致原来从自贸区外其他地区进口的低成本商品被自贸区内部成员的高成本商品所替代，由此产生贸易转移效应。关于贸易转移效应的研究，一些学者结合贸易创造效应与其进行比较。陈汉林和涂艳（2007）基于引力模型实证分析中国—东盟自由贸易区的经济效应，认为中国发展对外贸易战略产生贸易静态效应，研究结论是中国的贸易转移效应比贸易创造效应明显，同时，两者之间的差额呈现逐年增加的趋势。冯晓玲和陈雪（2015）分析了中国对韩国的农产品出口贸易，运用 GTAP 模型预测出中国对韩国的农产品贸易规模与美韩之间的关税水平存在相关性，认为美韩之间关税水平的下降将降低中韩之间的农产品贸易规模，这是受贸易转移效应的影响导致的。进一步的分析认为，贸易创造比贸易转移更显著，因此美韩自贸区的整体经济呈现正效应。自贸区的达成有利于增加区域各成员的贸易总额，提升区域的整体福利水平。赵世璐和李雪松（2022）通过梳理 CPTPP、USMCA、欧日 EPA、英日 CEPA、RCEP 等 FTA 原产地规则，从章节与附件设置、区域价值成分标准、累积规则、原产地声明等方面总结了后 TPP 时代 FTA 原产地规则的主要特点与变化趋势。

自贸区的贸易转移效应不仅体现在成员的进出口贸易方面，还对产业生产造成一定影响。成员之间增加对内部产品的进口，导致自贸区高成本、低效率的产业占据市场，产生贸易转移效应。Blomstrom 和 Kokko（1997）、Karras（1997）、Winters 和 Chang（2000）认为区域经济一体化在很大程度上降低了成员国之间的贸易关税，但又各自保持了对区域外的关税水平，存在贸易转移效应。屠新泉和邱薇（2011）在分析美韩 FTA 对中国出口的贸易替代效应时指出，美韩之间的自由贸易协定将使中国对美韩两国的出口贸易面临较高的贸易关税，而中国在美韩市场中的商品可能会被韩美两国替代，这也是差异性关税造成贸易转移效应的结果，主要表现在中美市场上的服装、纺织类产品，以及中韩市场上的工业品、农产品。张彬和汪占熬（2011）结合面板数据研究中国—东盟自贸区的贸易转移效应，认为东亚自由贸易进程能够促进成员的经济发展，但相关产业也遭受不对称需求带来的冲击影响。陆圣（2013）基于 CGE 模型和 GTAP 模型，分析了跨太平洋伙伴关系协定（TPP）对中国纺织品服装的出口影响，认为 TPP 在贸易转移效应的影响下，中国的纺织品贸易受到TPP成员国的贸易转移影响较大，总体上对中国的经贸发展不利。李昕等（2017）基于价值链视角分析了TPP与RCEP，认为中国对TPP或RCEP的选择，都将显著提升区域各成员的贸易总额、GDP与社会总福利水平。TPP与RCEP在推动自贸区内加工产业由中国向其他发展中国家转移的同时，会促进这些国家对中国中间投入品贸易的增长。吴小康和于津平（2021）指出自由贸易协定的关税减让使区域内成员相对区域外成员获得了价格优势，导致贸易从区域内与区域外之间转移到区域内成员之间；但原产地规则提高了区域内成员利用优惠关税的成本，减少了区域内企业的优势，从而可能抑制自由贸易协定的贸易转移效应。

（三）贸易福利效应

自贸协定能够为成员提供更多的经济福利，促使成员之间贸易的便利化，形成共享经济，并提升区域整体贸易水平。通过自贸协定，区域内部会吸收更多的外部资金，各个成员通过专业化生产，发挥自身比较优势，实现规模经济和产业升级。Francois和Rombout（2000）认为自贸区的建立可以产生积极的贸易效应，通过优化贸易结构，提升成员国的经济福利水平。Lee等（2004）、Goyal和Joshi（2006）认为自贸区能够显著扩大成员国的福利效应。Ariyasajjakorn等（2009）认为东盟自贸区有利于成员国提升经济效率，改善成员国的贸易收支状况。蔡宏波（2010）通过整理亚太地区的贸易数据，认为亚太自贸区将对区域性自由贸易进程的持续推进有重要作用，能够满足各成员国的经济利益，提升福利水平。丘东晓（2011）对自贸区的相关理论及研究进行评述，认为产生贸易创造和贸易转移是自贸区经济发展的必然结果，自贸区福利效应的净效应通过两者比较得以体现。何传添等（2014）基于东盟的进口商品数据研究了中印商品的出口相似度，认为中国出口产品的显性比较优势高于印度，两国出口商品结构的相似度指数较低，存在一定的互补性关系。通过研究以东盟为轮轴的自由贸易，提出中印两国应加快构建共同参与的自贸区。黄凌云等（2015）运用GTAP模型对日本—欧盟的经济伙伴关系（EPA）进行一般均衡分析，指出该协议对双边经济有利，但中国作为外部的非成员，不但不会获益，反而会遭受一定冲击，表现在经济总量、国内福利水平等方面的负效应。朱启荣等（2021）认为中国农产品高关税的涉及面不但远超美国和德国，也明显超过泰国、墨西哥、日本、韩国和印度；中国大范围地降低进口关税不但有助于提高国内居民的收入、消费、社会福利、资本收益率和产出水平,还能够降低中国物价水平与外贸顺差,而且进口关税削减的幅度越大,中国获得的上述经济效益也越多。

一般认为,中国参与的自贸区将对其自身产生净福利效应,而中国也会作为外部成员,因其他自贸协定的签订产生福利的净损失。王国安和范昌子(2006)基于比较优势理论和产业内贸易理论对中欧贸易进行实证研究,指出中欧贸易存在互补性,且以产业间的垂直贸易分工为主。Kiyota 和 Stern(2007)运用 Michigan 模型进行分析,认为 FTA 不但会降低中国对韩国的出口总额及国内 GDP 水平,福利水平也将下降。赵亮和陈淑梅(2015)对比中韩自贸区和中日韩自贸区,主要分析了贸易效应和福利效应,认为两种自贸区形式将对中国的经济产生积极影响。自贸区的达成将对各成员的国内经济产生刺激作用,但也会在一定程度上造成区域外部非成员的外部不经济。Qian(2017)以 TPP 为视角,选取亚太地区 19 个国家和地区的面板数据,通过扩展的引力模型分析了 TPP 对中国的经济影响,认为 TPP 对中国的排斥效应将不利于亚太自由贸易进程及整体福利水平的提升。马永健和漆腊应(2020)认为中美经贸摩擦将对中国国内生产总值、进出口贸易、贸易条件、福利水平和先进制造业等产生不同程度的负面效应,且随着互征关税力度和技术性贸易壁垒的增加负面效应加大,而美国宏观经济和行业发展也会受到不利冲击。

二 自贸区的贸易动态效应

传统的自贸区理论都是基于市场属于完全竞争或规模收益不变的假设,而随着国际贸易理论不断深化发展,对自贸区贸易动态效应的研究也不断涌现。自贸区的贸易动态效应包括规模经济效应、产业竞争与投资效应等内容。目前,已有大量学者结合中国自身经济发展实际进行分析。在规模经济方面,樊明太等(2000)研究了贸易自由化对中国的规模经济效应,分析结果表明,中国积极融入区域贸易自由化进程对自身的经济利大于弊。陈建安(2007)、张建肖(2013)和李杨等(2015)对中韩 FTA 的经济效应进行分析,认为自贸区将为区域经济增长及形成规模经济提供强劲的动力,能够有效推动双边贸易的发展,并提出中国应加快产业结构转型升级、积极融入自由贸易网络。刘昌黎(2007)通过实证研究以日本为主的东亚双边自由贸易,提供新的理论分析框架,分析日本与韩国、东盟各国之间的自由贸易情况,认为自由贸易能够形成规模经济,为中国在东亚地区开展自由贸易、建设东亚自贸区、构建东亚共同体提供建议。李众敏(2007)对中国与澳大利亚、新西兰、印度、韩国等国的自贸协定进行分析,其运用 GTAP 模型进行的研究表明,自贸协定对中国自身经济发展作用明显,有利于产生规模经济,提出应该加强自贸区建设,并根据自贸区各个成员的对外贸易特征,有针对性地开展经济合作的建议。张军和闫东升(2019)使用 2009—2017 年省级面板数据,基于双重差分空间自回归模型,就中国现有的 11 个自贸区对地区经济增长的影响强度展开经验研究,认为各自贸区的设立对经济增长均具有显著、正向的促进效应,各自贸区对周边省份的空间正向溢出效应均比较显著。成新轩和杨博(2021)以中国贸易附加值有效测度了制造业的国际竞争力,同时将空间效应纳入自贸区网络中,分析网络中各个区位可能存在的空间相关性和溢出效应。研究结果表明:自贸区网络中成员的增多促进了中国制造业产值的增长,自贸区网络依据不同空间关联性规则呈现不同的空间相关性特征,同时产业空间关联性越来越容易在经济或贸易开放水平相似的成员之间发生。近年来,亚太地区的经济一体化及多重自贸区建设逐渐成为热点问题(杨勇和胡渊,2011;杨勇,2012;盛斌,2014;魏红霞,2015;刘东旭,2016;张珺和展金永,2018;张军等,2019;徐梅,2021;谭红梅和王琳,2022)。

在产业竞争与投资效应方面,Kindleberger(1966)继承和发展了传统区域经济一体化理论下的贸易创造、贸易转移效应,首次提出投资创造、投资转移效应。Tybout 和 Westbrook(1995)通过对北美自由贸易区的经济效应进行研究,发现自由贸易能够有效降低墨西哥多数产业的生产成本,由此产生较强的产业竞争力,同时指出自由贸易程度与提升生产率之间并没有关联。崔大沪(2003)以中日韩的经济合作为视角,实证研究了区域内贸易竞争力的动态特征和产业分工,提出中日韩三国应通过产业互补促进三方的经济合作。Rodriguez(2008)研究了亚太贸易协定对菲律宾的经济影响,实证结果表明,自贸区有利于菲律宾的经济发展,尤其表现在国内就业及经济产值方面,但并不是全部的产业都因此产出增加。余淼杰(2010)在研究中国的贸易自由化与制造业之间的关系时发现,贸易自由化对制造业企业的生产率有正效应,而出口企业要优于非出口企业。Bustos(2011)研究了南方共同市场对阿根廷的作用机制,认为共同市场的开放程度与企业技术优化程度成正比,这种关系在大企业中的效应更明显。汪占熬和张彬（2013）运用空间经济学理论，研究了中国—东盟自贸区对中国产业集聚效应的影响，指出自贸区的形成是区域经济一体化的必然趋势，但是在其发展进程中将不可避免地出现一些风险。通过对自贸区的产业集聚程度进行测算，利用倍差法得出中国在发展中国—东盟自贸区中会遭受一定程度的冲击，这是由贸易不平衡所导致的，可以通过深化双边合作的方式加以弥补。杨逢珉（2014）研究了中国自贸区的发展情况，指出中国—东盟自贸区是中国在亚洲参与的第一个自贸区，中国—智利自贸区是地区跨度最大的自贸区，中国—新西兰自贸区是中国与发达国家之间建立的第一个自贸区。这些自贸区对中国的对外投资产生了积极作用，有利于产业的优化升级。陈宏和程健（2019）认为自贸区与"一带一路"建设都是中国新时期构建全方位对外开放新格局的重要内容，二者之间存在较强的协同性。自2013年启动以来，自贸区对接"一带一路"建设，在国际贸易、对外投资、基础设施互联互通、金融开放等多个领域积累了丰富的经验，也取得了较为明显的成果。需对自贸区参与"一带一路"建设进行统筹协调，完善自贸区对接"一带一路"物流体系建设，提升自贸区与"一带一路"沿线国家贸易便利化合作水平，以自贸区为依托，加强跨域金融合作。郑航和韩剑（2022）对自由贸易协定中纳入的贸易便利化与海关程序规则进行统计，实证检验贸易便利化规则深度对价值链贸易的影响。研究结果表明，随着贸易网络扩大，欧盟在整个贸易便利化结构网络中稳居主导地位，中国、韩国等节点的影响力逐年提升，美国、智利等节点的中心度有所下降。这些缔约方在自由贸易协定中纳入的贸易便利化规则程度越深，越能促进价值链贸易发展，且对中间品贸易的影响弹性显著高于最终品贸易。

第二节 关于自贸区"轮轴—辐条"结构的研究

从全球自贸区网络化的发展趋势来看，"轮辐"结构的构成、演化及运行机制等方面都对成员及非成员的经济贸易、福利水平产生重要影响，对世界经济一体化的发展有推动作用。目前，自贸区的积极推动者不仅有美欧等发达经济体,还有中国、东盟等发展中经济体。作为世界经济发展和贸易增长速度最快的经济体,中国还没有在区域经济中尤其是亚太经济一体化中扮演与其地位相称的主导者或发起者的角色。然而,中国作为最大的发展中国家,自2001年加入WTO以来,积极参与和推动亚太区域的自由贸易谈判,成为区域经济一体化中签订自由贸易协定浪潮的重要推动力量(刘朝明,2002;张海冰,2003;王微微,2007;李玉举,2010;匡增杰,2013;钱进和王庭东,2017;翁东玲,2021)。中国在自贸区"轮辐"结构的构建中起到的作用日益凸显,对外实施自由贸易战略也将对亚太地区的众多经济体产生积极作用。该部分从轮辐结构与自由贸易体系的关系、经济效应、扩张机制、中国在"轮轴—辐条"结构中的作用研究等方面展开。

一 "轮轴—辐条"结构与自由贸易体系的关系

最早研究自贸区"轮辐"结构的学者是Wonnacott(1975,1982),他指出"轮辐"结构存在三角形的相互关系,如加拿大、美国和欧盟之间的相互贸易关系。从20世纪90年代开始,Wonnacott等(1995)才开始提出"轮辐"结构这个概念,Wonnacott还对该结构的理论体系和经济影响进行了系统研究,并对其中的运转机制和原理进行了说明。在这个贸易网络中,当一个经济体先后与其他经济体签订自由贸易协定,该国就像车轮的"轮轴"一样,处于轮子的中心,带动轮子旋转。同时,与之签订贸易协定的经济体就像"辐条",从而形成了"轮辐"的贸易结构。处在轴心位置的经济体成为这个体系中的轮轴国,是区域经济贸易的主导者,"轮辐"效应是自由贸易协定发展到一定阶段的表现形式。

"轮辐"结构的系统性研究开始于Wonnacott(1975)对北美自贸区的分析,美国由于自身庞大的经济总量和市场规模,成为主导者和轴心国,而加拿大和墨西哥作为追随者和辐条国,三个国家之间构成北美自贸区的"轮辐"结构。在研究三国的多边贸易额、交易成本和寻租等内容时,由于研究刚刚起步,所以当时并没有建立清晰、完整的理论模型框架。Baldwin(1993)研究了自由贸易协定的"多米诺骨牌效应"(Domino Effect)[①],认为自贸区的产生以及不断涌现,是由于自贸区内部

---

① "多米诺骨牌效应",也称"多米诺效应",指在一个有机联系的系统中,一个很小的事件可能会引起整个系统的连锁反应。这种效应已被广泛应用于多个领域中,用来解释一些关联性现象。

的对外贸易开放度得到相应的提高，进一步引起自贸区外部的相关产业向内部转移，从而导致自由贸易协定以外的其他国家向自贸区靠拢的结果。"轮辐"结构是由不同类型的自贸区所构成的，属于更复杂的经济一体化形式，"轮辐"结构与自由贸易体系的相关研究也不断涌现和深化发展。自贸区的轮辐结构给区域经济一体化带来正效应还是负效应，即是"垫脚石"（Building Block）还是"绊脚石"（Stumbling Block）的问题，已经成为学术界讨论的热点（Cardarelli & Kose，2004；Scoppola，2006；Kim et al.，2013；钱进，2017；Schuur & Kellersmann，2022）。

在自贸区轮辐结构与自由贸易体系的正效应方面，"轮辐"结构使得多重自贸区更开放和拥有更高的自由度，能够进行深层次的交流与合作，加深融合的程度，推进相关产业的转型升级，有利于多边贸易体系的纵深发展。孙娟娟（2005）指出，"轮辐"结构是自由贸易发展到一定程度的特殊阶段，所具有的实践意义和必然性是其能够迅速发展的动力。Chong 和 Hur（2008）对重叠自贸区的小型轮轴国和大型辐条国的类型进行研究，认为"轮辐"自贸区是全球经济一体化的必然趋势。Baldwin（2009）研究东亚地区的"轮辐"自贸区时指出，只有大国才有可能成为自贸区的轮轴国，而小国会成为辐条国。Alba 等（2010）基于面板数据分析了轮辐式自由贸易区对出口的经济增长效应，通过比较"轮辐"结构和非"轮辐"结构的自贸区，发现"轮辐"自贸区更有利于"轮轴国"出口贸易的增加，提升自身经济发展水平，因此各个成员将努力争做区域贸易协定的轴心国。余川（2011）对自由贸易协定"轮辐"网络的发展潜力和内在运行体制等方面进行研究，认为"轮辐"结构具有非对称性、交叉重合性、层次性和动态性四个特征（井文城，2015）。"轮辐"结构可以对自由贸易的发展进程发挥积极影响，结合中国的自贸区建设情况，他认为中国应该紧跟时代发展的潮流，构建"轮辐"结构是中国的必然选择。Park（2015）研究了韩国在"轮辐"结构自贸区竞争中应采取的策略和政治动机，认为韩国应该根据区域经济的发展趋势制定自身的经济战略，通过构建以自身为轮轴的"轮辐"式自贸区扩大经济和政治影响力。Orbach（2016）研究了垄断竞争下的市场结构，认为"轮辐"结构是市场竞争中的产物，是垄断竞争不断深入的标志。钱进和王文玺（2019）运用GTAP9.0数据库，探讨中日为双轮轴、中日韩为三轮轴及中日韩澳为多轮轴等情形时，RCEP框架下自贸区网络的宏观经济及产业变化。研究表明，在宏观经济方面，以中日为轮轴的 RCEP 自贸区网络是最优选择，能够提升区域内部整体经济实力，可以较好地利用贸易创造效应以优化成员经济体的贸易结构，增加进出口贸易额，改善区域贸易条件，并显著提升福利水平，在产业产出方面，无论哪种情形，均能够通过产业间的互补性优势实现成员经济体的贸易利益。

自贸区的轮辐结构对不同类型的自由贸易体系产生的影响不一，总体上看，更利于多边贸易体系的发展。一些学者（张晓静，2007；曹亮等，2009；陈晓文，2009；东艳等，2009；李瑞林，2009；鲁晓东和杨子晖，2009；胡艺等，2022；袁波等，2022）认为区域经济一体化形式对该区域 FDI 的吸引力主要是通过减少成员的贸易成本和形成统一的大市场所产生的，区域经济一体化的形成有助于扩大市场规模。Mukunoki 和 Tachi（2006）运用动态博弈模型进行研究，认为具有"轮辐"结构的双边自贸区比一般的双边自贸区更容易形成多边自由贸易体系。Katada（2015）认为"轮辐"结构能够促进多重自贸区的发展。刘朋春等（2015）基于 GTAP 模型分析 TPP 对中日韩自由贸易区的可行性及建设路径的影响，认为 TPP 的实施将促成中日韩三国通过"轮辐"结构建立 FTA 网络，实现多重自贸区的发展。沈铭辉（2022）认为区域全面经济伙伴关系协定（RCEP）对亚洲经济体进一步提升区域贸易投资自由化水平、促进形成区域一体化市场、改善区域综合发展环境具有积极意义。与此同时，RCEP 也存在着进一步升级探索经贸新规则、推动区域内部国家进一步参与价值链分工以及提高自由贸易协定利用水平等一系列提升空间。

在自贸区轮辐结构与自由贸易体系的负效应方面，多数文献围绕轮辐结构内部贸易地位的不对称性展开分析，即轮轴国和辐条国的商品不能相互间自由流动。Yi（1996）、Krishna（1998）运用古诺竞争模型研究区域自由贸易对多边经济的影响时指出，当存在多重自贸区时，最初的贸易自由化形式将会受到影响，这是因为"轮辐"结构中的成员从贸易转移中获得的经济利益较多，自由贸易可能会减少轮轴国的既得利益，所以不利于自由贸易体系的建设。Lloyd 和 Maclaren（2004）对区域贸易协定的利弊进行分析，讨论了"轮辐"网络对双边及多边经济的影响，认为"轮辐"网络将会变得具有歧视性。孙玉红（2007）研究全球 FTA 网络化发展时指出，"轮辐"结构促进了不同经济体之间的交流与合作，但过多的竞争却在一定程度上导致各个经济体在自由贸易体制上的重复博弈，因此为区域经济一体化带来了诸多不利影响。黄粤和周磊（2009）通过研究区域经济一体化过程中的"轮辐"结构，认为"轮辐"结构进一步拉大了不同发展类型经济体之间的贸易差距，降低了区域的总福利水平，不利于自由贸易体系的构建和区域经济一体化的实现。褚天舒（2019）认为无论是进口国还是出口国，市场潜力上升带来轮轴地位的提升有助于双边贸易，且贸易双方的技术差距会进一步扩大双边贸易。此外，随着技术差距的扩大，出口国的轮轴地位对双边贸易的影响下降，而进口国的轮轴地位对双边贸易的影响上升。

对轮轴国来说，为了维护自身的经济利益，其更倾向于固守现有的模式，因此不会积极推进区域自由贸易进程。相互交叠的"轮辐"结构将增加各经济体的交易成本，不利于自由贸易的发展。同时，"轮辐"结构的非对称性特征阻碍了轮轴国的双边自由贸易进程，这是因为轮轴国凭借"轴心"的优势，拥有较强的谈判能力和广阔的市场，所以轮轴国更倾向于固守现有的模式，而不会积极推动更多的自由贸易谈判。Snape（1993）在其研究中认为，"轮辐"结构不利于多边贸易自由化的发展，随着向辐条国让渡一部分经济利益，将对轮轴国继续进行双边自由贸易谈判造成障碍，尤其在涉及较为敏感的商品或产业时，这种障碍会增加，这在一定程度上制约了自由贸易的发展。Das 和 Andriamananjara（2006）分析了"轮辐"自由贸易协定所带来的经济影响，通过运用比较静态的一般均衡模型，认为在"轮辐"自贸区中，轮轴国不会积极推进区域自由贸易进程。何剑和孙玉红（2008）分析了全球自贸区网络对不同发展程度经济体在投资、生产、消费、贸易和福利等方面的影响，指出轮轴国为了维护自身的经济利益，在"轮辐"结构多重自贸区的发展进程中，可能会阻碍自由贸易的进一步推进，所以在"轮辐"结构的自贸区框架下存在着潜在的新形式的贸易保护主义。在多重自贸区框架内，一些小国为了提升自身经济水平和国际地位，更愿意同大国签订贸易协定，而小国之间签订自贸协定的积极性并不高。温祁平（2014）分析了东亚区域经济一体化的结构及其演变过程，并进一步研究了以东盟为轮轴的"轮辐"结构带来的经济影响，认为其具有不稳定性，并且在一定程度上阻碍了东亚地区的贸易自由化进程。竺宗煌（2018）考察了辐条的长度以及签订协议的成本，以证明作为轮轴国的好处，以及对比成为辐条国和成为轮轴国造成的福利损失。

对辐条国来说，由于受限于商品的原产地规则，其构建自贸区轮辐网络的积极性会降低，这将阻碍自贸区轮辐结构的进一步深化发展。Bhagwati 等（1998）将相互重叠在一起的自贸区"轮辐"网络视为"意大利面碗"现象，认为该结构使得全球自由贸易体系变得更复杂，增加了贸易成本，并缺乏必要的透明度。在自贸协定框架下，轮轴国的商品能够在辐条国市场流通，而辐条国的商品却遭受原产地规则的限定条款，不能在轮轴国市场流通。Chong 和 Hur（2007）对美国、日本和新加坡的多重自贸协定进行研究，通过运用可计算一般均衡的分析方法，研究轮轴国能否为小型开放经济体创造最佳的贸易福利效应。研究表明，存在"超级轮轴"效应，即一些国家可以成为不同国家的轮轴国。轮轴国可以获得更高的福利效应，但辐条国则会遭受一定程度的损失。Nomura 等（2013）研究了不同发展程度的国家对自由贸易协定的态度，研究结果表明，双边自贸区并不是实现多边自贸区发展的必要途径。在具有"轮辐"结构的自贸区内，经济大国会积极推进多重自贸区建设，而经济小国为了自身利益少遭受损失，倾向于维持现有的轮辐网络，不利于自贸区的发展。吴小康和于津平（2021）认为自由贸易协定的关税减让使区域内成员相对区域外成员获得了价格优势，导致贸易从区域内与区域外之间转移到区域内成员之间；但原产地规则提高了区域内成员利用优惠关税的成本，减少了区域内企业的优势，从而可能抑制自由贸易协定的贸易转移效应。

二 "轮轴—辐条"结构的经济效应

大量学者专注于建立不同的理论模型来研究"轮辐"结构对经济政策、产业布局、贸易效果和福利效应的影响，聚焦于分析自贸区的"轮辐"结构对各个成员国的经济、贸易等方面产生的不同效果，多数认为其更有利于轮轴国的经济发展，因此轮轴国成为积极推动构建自贸区轮辐网络的倡导者。对于辐条国来说，尽管获得的贸易收益不如轮轴国多，但相比区域以外的经济体，其还是能够产生净福利效应，因此也成为自贸区轮辐结构的积极参与者。自贸区的"轮轴—辐条"结构对轮轴国和辐条国的贸易收益是不对称的，因此"轮辐"效应产生的区位优势是不同的。Puga 和 Venables（1995）、Krugman 和 Elizondo（1996）运用 Dixit—Stiglitz 模型研究自贸区成员国的经济效应，认为自贸区轮辐结构会导致轮轴国具有特殊的区位优势，进而产生区位效应，促使辐条国企业向轮轴国集聚，轮轴国也因此获取更多的经济收益。此外，Puga 和 Venables（1995）以新经济地理学为视角，分析"轮辐"结构所带来的产业区位优势，认为"轮辐"结构有利于轮轴国发展并集聚区位优势。随着成员国之间贸易自由化程度的不断深化发展，自贸区内部的产业会进一步向轮轴国集聚，产生了轮轴国和辐条国的非均衡发展模式，这对辐条国来说是不利的。孙娟娟（2005）研究自由贸易网络时认为"轮辐"结构具有非对称性，这表现在轮轴国和辐条国之间的经济收益不同，在开展双边经济合作过程中，处在"轴心"位置的国家能够获得特殊的区位优势，进一步形成"马太效应"。[①] 邓炜（2008）通过构建资本流动模型研究了"轮辐"结构的区位效应，认为其受到"轮辐"结构的影响，并且这种区位效应将导致国家之间产业发展的不平衡。Seidmann（2009）研究了不同自贸区之间的贸易转移效应，认为不同经济体之间会通过一定的平衡路径产生贸易转移效应。同时，自贸区的形成被看成是有联系的，这种转移效应使得成员之间容易实现"轮辐"结构。Lake 和 Yildiz（2014）从自贸区的地理布局出发，通过"轮辐"网络分析自由贸易协定的运转机制。他们认为，当一国成为轮轴国时，其他国家会以辐条国的形式与轮轴国产生贸易活动，辐条国会因为受到原产地等规则的局限而对自身经济的发展产生不利影响。Kawabata（2015）分析了垂直型市场下自由贸易协定的形成机制，通过研究"轮辐"结构自贸区的关税水平和福利效应，运用古诺竞争模型，认为构建多重自贸区能够形成内部平衡机制，轮轴国和辐条国都能从中得到贸易利益。Ganapati 等（2021）在贸易成本模型中分析指出，轮轴网络可以通过交通网络和规模经济来区分，有利于全球福利改善，这种正效应在基础设施发达的地区更为显著。

"轮辐"结构导致区内产业出现比较明显的集聚和分化效应，即产业在轮轴国集聚，在辐条国分化。Kim（2005）分析了东北亚地区的经济一体化进程，认为区域经济一体化进程中关于中间技术水平的最优政策是推行自贸区的"轮辐"网络，中间技术能够成为构建"轮辐"自贸区的动力支撑。东艳（2006）通过研究古诺竞争模型框架下区域经济一体化的产业

---

① "马太效应"，通常是指强者愈强，弱者愈弱的现象。在经济学中，指的是在一个区域范围内，一个经济体在某一个方面（如区位优势、集聚优势、资源优势等）获得比较优势并取得成功和进步，就会产生要素集聚，从而可能会获得更大的进步。

内贸易效应,认为"轮辐"结构产生的经济利益并不是均衡分配的,该结构降低了成员的整体福利水平(Grossman & Helpman,1995;Bond & Syropoulos,1996;Bagwell & Staiger,1997;Levy,1997;Butt,2020)。其进一步分析以墨西哥为轮轴的自由贸易时指出,处在轮轴国地位的经济体可以通过签订多重自贸协定的方式促进本国的商品出口,而处在辐条国地位的经济体也在一定程度上增加了出口额。由于自贸区以外的国家不断加入而产生新的辐条国,这就使得初始辐条国从双边贸易中所获得的经济利益不断减少,影响本国的出口贸易,也降低了推进自贸区建设和区域经济一体化进程的积极性。在区域经济贸易合作中,许多国家从一开始就考虑主导和制定自由贸易协定的规则,以便有利于在"轮辐"结构中把握主动。成新轩和张玉柯(2006)在研究重叠式自由贸易区时指出,"轮辐"结构对自贸区内的相关产业产生资源的再配置作用,主要表现在以下两点:一是自贸区内外产业间的结构会面临重新整合,即区外的相关产业会向区内转移,产生集聚效应;二是区内各个经济体的产业结构将得到重新调整,即"轮辐"结构导致区内产业出现比较明显的集聚和分化效应,产业在轮轴国集聚,在辐条国分化。杨鹏浩(2013)选取全球 180 个经济体的 30 年数据,运用 GMM 方法实证分析了一国的经济自由化程度对 FDI 的吸引力,认为轮轴国应该巩固其"轴心"地位,通过区域经济一体化积极引进外资,改善自身的经济结构,提升经济发展水平。赵天南(2015)运用一般均衡方法研究东盟重叠自贸区对中国国内产业的影响,通过资本流动模型并加入市场规模条件,研究东盟作为轮轴国、RCEP 其他成员作为辐条国的产业发展情况。由于中国自身拥有巨大的市场规模,这使得东盟区域的重叠自贸区还未对中国产生显著的轮轴效应。Anbumozhi 等(2020)从供给和需求分析了能源市场一体化及亚洲经济的跨境贸易,认为轮轴国的基础设施建设能够有效降低能源运输成本,通过完善的基础设施建设,可以构建行之有效的能源市场体系,并对国家的能源战略提供可靠建议。

"轮辐"结构的自贸区给成员带来不同的经济利益,会导致轮轴国和辐条国推进自由贸易发展的动机也不同。轮轴国通过巩固轴心地位,提升经济、政治影响力,增加贸易谈判的话语权。Baldwin(1993;2009)对"轮辐"结构产生的经济效应进行分析,认为其对区域经济发展是不利的,他同时研究了东亚区域经济贸易中各个经济体应该如何制定合理的 FTA 措施，从而避免成为辐条国。Alice 和 Wonnacott（1995）认为"轮辐"结构将会引起更大的贸易转移效应，通过比较研究认为，轮轴国至少可以在投资、贸易两方面获取特殊的经济利益。Deltas 等（2006）从要素禀赋的视角构建了自由贸易协定的多国研究模型，研究了"轮辐"结构对成员的双边贸易额、经济福利等方面的影响，发现自贸区的"轮辐"结构能够提升辐条国的福利水平。Chong（2007）用 GTAP 模型分析"轮辐"式多重自贸区的贸易效应，认为轮轴国可以获得更多的经济利益。何剑和孙玉红（2008）分析了全球 FTA 网络化发展对不同发展类型国家的影响，认为轮轴国为了追求自身经济利益，会阻碍自由贸易的进程。Baldwin（2009）研究东亚地区的"轮辐"自贸区时指出，只有大国才有可能成为轮轴国，而小国将成为辐条国。Kohl（2014）研究自由贸易协定对贸易的增长效应，通过引力模型研究了区域经济一体化的国际贸易流量，认为自贸区的形成能够对区域经济产生重要影响，扩大区域的经济贸易规模。Missios 等（2015）从贸易转移的视角研究"轮辐"结构的自贸区战略对全球自由贸易和关税同盟的影响，也得出了类似结论。赵国钦和万方（2016）认为在区域经济一体化中，贸易伙伴多的国家在"轮辐"结构中能够扮演轮轴国的角色，相反，贸易伙伴少的国家将扮演辐条国的角色。Yang 等（2021）指出贸易增加值可以刺激经济增长，轴心国与其他国家建立经济联系，通过相关经济效应促进经济增长，使其收敛于高收入经济增长。

此外，自贸区"轮辐"结构对轮轴国和辐条国产生的福利效应不同，宫芳和高峰（2000）研究了自由贸易协定中"轮辐"结构的贸易转移问题，指出各个成员尤其是辐条国的福利水平并没有得到明显的改善，这就为辐条国之间签订自由贸易协定提供了依据。Saggi 和 Yildiz（2005）研究最优关税的福利效应时发现，具有"轮辐"结构的双边自贸区的福利效应更大，这在一定程度上说明轮轴国为了自身经济利益的最大化，不会致力于推动多边自由贸易。Deltas 等（2006）从要素禀赋的角度分析了由三个国家组成的"轮辐"结构，认为轮轴国在自由贸易进程中的贸易福利会随之降低。"轮辐"结构对于开展双边或多边自由贸易有积极作用，也有消极影响。如果制定相应的规则进行引导及监督，就能促进"轮辐"结构向更高、更深层次的自由贸易方向发展。孙玉红（2008）运用比较优势理论研究"轮辐"结构自贸区内部成员的利益分配问题，探讨了一个轮轴国和两个辐条国组成的三国贸易结构产生的经济福利效应，认为轮轴国和辐条国之间的分配是不均衡的，轮轴国的贸易收益多于辐条国。井文城（2015）认为轮轴国在"轮辐"结构中处于绝对优势地位，而辐条国及该结构之外的经济体都处于弱势地位。通过研究单轮轴结构和多轮轴结构的贸易福利效应，认为贸易大国和贸易小国的贸易利得和损失不同，贸易大国获利较多。Kawabata（2015）发现构建多重自贸区能够形成内部平衡机制，轮轴国和辐条国都能从中得到贸易利益。Nalbant 等（2021）研究了天然气储备与地缘政治的影响，认为能源储备高的国家可以自行建立天然气贸易体系，并以此成为轴心，通过定价体系获取更多的经济利益。

三 "轮轴—辐条"结构的扩张机制

相比多边自贸区，双边自贸区更容易达成，原因主要有以下几个方面：一是各个成员在涉及自身经济利益的敏感问题的处理上更具灵活性，有利于双方开展更深层次的经贸合作；二是由于签订协议的成员较少，因此缩短了谈判周期、减少了谈判成本、提高了谈判效率。关于"轮辐"结构扩张机制的研究最早是从 Baldwin（1993）开始的，该研究从政治经济学及"多米诺骨牌"效应的角度进行分析。该研究以政治经济学为视角，认为轮轴国拥有巨大的市场规模和发展潜力，使得辐条国倾向于与轮轴国签订自由贸易协定，辐条国的产业及要素向轮轴国集聚，而辐条国之间签订自由贸易协定的可能性将随之降低。此外，辐条国的 FDI 多来自轮轴国，使得辐条国的对外经济贸易容易受到轮轴国丰裕资本要素的影响，进而对其产生依赖性，对辐条国的经济发展有一定的不利影响。以"多米诺"为视角，随着辐条国的数量不断增加，市场竞争也日趋激烈，商品价格随之下降，因此新进入的辐条国较原有辐条国的净福利将不断减少。基于这种影响，原先有意向加入"轮辐"结构的会争相尽快加入，这在一定程度上导致了自贸区的不断涌现。

"轮辐"结构扩张机制的动力来自轮轴国的主导地位，并且轮轴国往往是区域范围内的大国，这些国家通常是区域经济一体化进程中的主要倡导者和主导者。Hanson（1998）以轮轴国为视角，认为如果一国在区域自由贸易协定中成为轮轴国，那么它会进一步巩固以其为核心的"轮辐"结构。Busse（2000）分析欧盟"轮辐"结构的贸易政策，认为欧盟是世界经济一体化的典型代表，能够成为其他周边国家的轮轴国，在区域经济一体化进程中占据有利地位。Chen 和 Joshi（2010）的实证分析表明，更大的经济体与更小的经济体之间，大经济体更倾向于与自贸区之外的国家签订自由贸易协定，因此能够成为轮轴国。邓慧慧和桑百川（2012）从一般均衡的角度研究 FTA 网络化发展中"轮辐"结构的扩张机制，通过对不同发展类型国家的研究发现，轮轴国的福利效应大于辐条国，产生自我强化的机制。匡增杰（2015）、刘朋春（2015）基于 GTAP 模型和动态博弈方法，模拟研究中日韩之间的双边 FTA 对构建中日韩自贸区的影响。研究表明，日韩两国将会比中日两国先建立自贸区，构建中日韩自贸区可以通过在中韩自贸区或日韩自贸区的基础上，借助"轮辐"结构争取第三个国家加入。Kamel（2020）通过双边引力模型，以泊松最大似然估计（PPML）为方法，指出出口产品与中间品存在聚类效应，利用双重差分分析控制组与对照组的样本数据，最终品和半成品有利于母国的产业产出。

对于辐条国来说，"轮辐"结构中越早加入该结构，对辐条国的经济越有利（东艳，2006）。殷勤和汪威毅（2006）从大国和小国的角度分别研究了推动东亚经济一体化的动因，认为大国凭借其资源、市场等优势，更多的是出于政治动机来推动轮辐自贸区的发展。小国更多的是出于经济利益的考虑，通过加入自贸协定提升自身的经济水平。同时，多数国家积极推进"轮辐"结构的自贸区进程，其目的不是从中获取经济利益，而是通过加入自由贸易协定来提升贸易地位和政治影响力。孙玉红（2008）根据比较优势理论分析"轮辐"结构中各个经济体的利益分配问题，也得出了上述结论。因此，"轮辐"结构才会有不断扩张的可能。在区域经济一体化进程中，"轮辐"自贸区以外的经济体会因自由贸易产生的贸易转移遭受福利损失，这种损失随着辐条国数量的增加而增多。Ravenhill（2010）研究东亚经济一体化，从政治因素的角度分析，认为自贸区的轮辐效应能够对小国的区域经济贸易自由化产生正效应，起到催化剂的作用。为此，小国应该积极调整国内经济结构，努力寻求对外经济合作。"轮辐"网络的自贸区具有"多米诺骨牌效应"，要防范政治风险带来的负面影响。Sahuguet 和 Walckiers（2016）从市场的供给和需求角度分析，认为自贸区的商品市场就像一个"轮辐"结构，供给和需求通过成员的贸易博弈实现均衡，但对经济小国的贸易不利。钱进（2019）认为亚太地区成为推动当前区域经济自由贸易的代表，签订亚太自贸区成为区域经济一体化的发展趋势，而争做轮轴国将成为亚太各个经济体谋求发展利益的必然选择。

四 中国在"轮轴—辐条"结构中的作用研究

随着自贸区的不断涌现，中国也在自贸区实践中积极提升对外开放水平，推动自贸区的轮辐结构不断深化发展。通过积极构建亚太地区多重自贸区的"轮辐"网络布局，能够在区域经济竞争中赢得先机，对提升自身经济水平、深化实施对外贸易战略等都有重要的现实意义。

学者们普遍关注东亚地区的自贸区建设，探讨中国在贸易自由化进程中的作用（林桂军等，2012；Cheng，2013；华晓红等，2013；余梅，2017；Gregory 和 Gao，2020）。王恬（2004）从东亚经济一体化的角度分析，认为"轮辐"结构对贸易大国的福利效应明显优于贸易小国，因此对贸易大国中国来说，应该积极推进东亚地区的贸易自由化进程。为此，中国应该适时调整产业结构政策，通过优惠政策激发企业的创新能力，满足潜在的市场需求以提升中国在东亚地区的经济影响力。满艺（2011）研究东亚区域经济一体化的"轮辐"结构对中国的经济影响，通过研究东亚地区"轮辐"结构的特点和现状，为中国在东亚范围内制定多重自贸区战略提供了短期、中期和长期三个方面的建议。短期内，中国应该积极发挥自身资源优势，巩固现有的自贸区成果。中期内，应积极推进中日韩自贸区、中印自贸区等建设。长期内，应制定有针对性的贸易战略，促进亚太地区多重自贸区的融合发展。马野青和杨禛彦（2013）研究了东亚地区自由贸易协定中的轮轴效应，认为中国应该巩固和提升轮轴国地位，继续增强中间品行业的产业优势，改变东亚地区以其他经济体为轮轴的贸易体系，提升自身的轮轴国地位，推进东亚自由贸易进程。李冬新（2015）对中日韩 FTA 构建的经济障碍与战略对策进行研究，认为东亚地区自贸区出现重叠现象，即中日韩三国都对外签订了大量自贸协定，使得这些贸易协定出现功能重叠的现象，一定程度上不利于区域经济一体化的发展。通过中日韩三国的产业结构和政策措施等方面的分析，认为中日韩应该紧密合作，争取尽快构建中日韩自贸区。土庭东和钱进（2017）认为中日韩之间构建自贸区已经成为发展趋势，运用 GTAP 模型模拟研究了中日韩自贸区的"轮辐"效应。研究表明：在宏观经济影响方面，以中国为"轮轴"的自贸区有利于显著扩大各成员的 GDP 和进出口，进而提升区域的整体经济水平，并且显著提升福利水平。为此，中国应积极构建以自身为轮轴的自贸区轮辐网络。赵春江和付兆刚（2021）指出 RCEP 与东亚区域合作进展方面，中国、日本和韩国之间互相签署关税承诺，三国的贸易合作有了广阔的平台和基础，带来包括拓宽贸易合作领域、加速贸易合作进程、系牢贸易合作关系的新机遇。

当前，中国的对外贸易进程不断加快发展，在亚太范围的自贸区布局也受到学者越来越多的关注。张学良（2005）认为中国在区域经济贸易谈判中应该争取主动，努力成为区域经济的轮轴国，谋求自身经济的发展，提高国际经济地位。东艳（2006）通过研究东亚经济一体化中的"轮辐"结构，认为中国应该积极发展和巩固自身的轮轴国地位，尽量避免沦为辐条国，构建以中国为"轮轴"的多重自贸区，实现东亚范围的贸易自由化。Zhai（2006）研究了亚洲地区"轮辐"结构的自由贸易协定，指出日本、中国和东盟在争做轴心国方面展开竞争。通过运用 CGE 模型、规模收益等方法进行模拟研究，研究结果表明区域贸易协定不断深化发展对全球自由贸易进程有利。宋玉华和李锋（2008）分析进行亚太地区的自贸协定，认为中国应该结合自身经济发展的特点和基本国情，构建符合自身利益诉求的自由贸易轮辐网络，加强与东盟、APEC 的联系，推进亚太地区经济一体化的进程。彭支伟和张伯伟（2013）分析进行亚太自由贸易区的经济效应，认为中国应该积极推进亚太自贸区的建设进程，实现东亚地区经贸合作向纵深发展，在亚太地区构建以中国为轮轴的自贸区网络。张洪玉（2016）研究了亚太地区价值链分工体系下的自贸区发展情况，认为亚太自贸区的轮辐结构将随着全球价值链的分工而逐步深化发展。赵国钦和万方（2016）认为中国不仅要承担大国责任，遵守和维护现有的世界贸易规则，而且应积极参与全球贸易新规则的谈判和制定，构建多元化的自由贸易框架，在推动亚太地区经济一体化的同时构建以中国为核心的自贸区"轮辐"网络。钱进（2021）分析了《区域全面经济伙伴关系协定》成员在亚太地区的经济规模以及各个成员经济体的产业竞争优势，运用 GTAP9.0 数据库和一般均衡模型，以逐步降低《区域全面经济伙伴关系协定》内部成员之间关税水平的方式，探讨《区域全面经济伙伴关系协定》成员的宏观经济及产业产出情况。

通过整理大量的文献可知，有关自贸区及其"轮辐"结构的研究已经非常丰富，也提供了大量的文献参考及理论支撑。然而，在既有文献的基础上，从多重自贸区的角度，将亚太地区主要的多边自贸区加以整合，并梳理出亚太最终实现完全经济一体化的路径选择方面的研究还需要进一步完善。从当前的研究情况来看，以亚太区域的角度分析多重自贸区轮辐效应的研究还相对较少。

第三节 关于自贸区要素及产业集聚效应的研究

自贸区成立后，区域内部的关税和非关税水平降低，能够显著促进成员的商品及生产要素的自由流动。区域内的产业布局能够得到优化配置，实现产业的合理分工，有利于各个成员发挥自身产业的比较优势。通过提升区域内生产率水平，进而实现规模经济，进一步实现产业集聚，提升区域的整体经济效益，自贸区在资本要素集聚、技术创新及产业升级、化解过剩产能、增强产业竞争力等方面具有重要作用（邓炜，2012；赵灵翡和郎丽华，2020）。国内外的有关学者从资本和劳动力集聚、科技创新集聚、产业集聚等方面进行分析的研究居多，随着区域经济一体化不断向前发展，自贸区对经济发展质量和要素优化的要求随之提高，以下从生产要素集聚及产业集聚等方面进行分析。

一 生产要素集聚效应

生产要素对自贸区的发展非常重要，在要素所有权方面，不同经济体之间争夺稀缺及高端要素，已经成为后金融危机时代国家寻求贸易利益的关键。吸引外国企业的资本投资与开展对外直接投资的方式，既是传统要素集聚模式的升级，也成为新兴科技革命与发达国家制造业回归战略的重要方式。

生产要素包括资本、劳动力、生产技术等方面，自贸区凭借要素和商品的自由流动而产生要素的集聚效应（Baier et al., 2004, 2007；周玲玲、张恪渝，2021）。克鲁格曼等（2002）提出产品贸易能够在一定程度上成为要素贸易，要素分配的不同并不影响其经过贸易环节将一部分生产集中在特定的工业区，即要素集聚造成了生产集中。该研究将贸易与区位理论结合起来，运用模型及数学逻辑分析产业集聚的运作机制，认为工业集聚形成了制造业中心区，完善了马歇尔和韦伯的观点。此外，该研究提出的垄断竞争模型结合传统经济地理学理论，将诸多外生因素考虑在内，证明了低成本、大规模的生产可以较好地形成区域集聚效应。

Pavcnik（2002）认为自由贸易可以扩大以进口为主的生产部门的经济规模，与之对应的是，经济规模的扩大与资源的有效配置紧密联系。张幼文（2003）对经济全球化背景下生产要素的国际流动作了较为全面和深入的论述，从发展中国家实施出口导向发展战略面临困难的实际出发，论证了经济全球化新条件下各国利益不平等的根源，提出用"要素培育""要素组合"和"全球规划"战略取代出口导向型战略。Scott等（2010）、Baier等（2014）认为成员之间的距离越近，则要素禀赋的差异越小，则越容易达成区域贸易协定。张幼文（2013）认为经济全球化的本质是生产要素的国际流动，而中国对外开放的核心就是外部要素的引进，中国能够比其他国家有效抓住全球化历史机遇，其原因在于由改革建立起来的发展导向型经济体制形成了对外部要素流入与国内要素动员的强大集聚能力。Jeffrey等（2016）认为两国要素禀赋差异的大小与区域贸易协定的签订时间呈倒U形关系，要素禀赋在贸易协定刚签订阶段差异越大，产业间贸易越有可能发生，签订贸易协定的时间越短。王庭东和钱进（2017）研究中日韩自贸区的"轮辐"效应，认为"轮辐"背后的实质是生产要素在各个经济体之间的流动与集聚。马超平和张晓燕（2021）认为自贸区的设立不仅促进了全要素生产率的增长，同时还通过企业创新以及资源配置等路径对全要素生产率产生促进作用，即企业创新和资源配置在自贸区与全要素生产率之间发挥中介作用。且从自贸区角度和企业产权属性的角度进行异质性检验可知，自贸区的设立从长远角度看具有更大的积极意义。

在资本方面，以外商直接投资为切入点分析自贸区投资效应的研究居多（金毅等，2010；李荣林等，2011；王原雪等，2020）。Amiti和Konings（2007）在研究印度尼西亚的制造业时发现，企业的全要素生产率受到中间品关税和产出品关税的制约。鲁晓东和杨子晖（2009）基于FGLS对区域经济一体化的FDI效应进行研究，认为其具有"深度一体化"的特征，主要表现在国际直接投资方面。研究结果表明：经济一体化对FDI有直接影响。邱立成等（2009）分析了欧盟经济一体化的投资效应，对FDI的流入与区域经济一体化的关联性进行研究，运用欧盟1996—2006年的面板数据发现两者之间存在正相关性，即区域经济一体化能够促进FDI的引进，而FDI的规模又与成员国的经济水平、服务贸易等相关。Thangavelu和Findlay（2011）认为亚太自贸区的达成能够对外商直接投资产生影响,能够吸引外部资本持续涌入,通过分析还发现这种现象在中国—东盟自贸区更显著。张幼文等(2013)研究要素流动对世界经济增长的影响机理,认为FDI正成为国际贸易的主要方式,要素流动性也随之得到不断提升。与传统经济增长理论强调要素积累而忽视要素流动对经济增长的机理不同,该研究从要素流动的视角出发,研究其对世界经济的作用。周琢(2013)运用时间序列模型和面板模型分别考察了以外商直接投资为载体的生产要素国际流动现象,分析外资企业出口对中国贸易增加值中相关生产要素收益的影响,指出在外资企业出口中,国内以劳动力为主的生产要素获取的收益较少,而以技术和管理为主的外来高端要素能够获得丰厚的利润。王开和靳玉英(2014)利用产品的行业类型研究中国FTA的出口贸易效应,研究表明,自贸区对中国产品出口有促进作用,较高的自由化程度更有利于经济规模的扩大,主要体现在资本密集型和劳动密集型产品上。王庭东(2015)指出,生产要素(如资本、劳动力、技术和自然资源等)的投入在经济增长过程中起到核心作用,在区域经济一体化中,谁拥有稀缺要素和高端要素,使得要素在区域内自由流动并形成要素集聚力,谁就能提升和巩固其经济贸易地位。朱启荣等(2020)运用GTAP模型评估了新冠肺炎疫情对中国宏观经济和产业的影响,并检验了中国应对疫情的对策效果,得到以下结论:疫情对GDP、居民收入和消费支出、社会福利、资本净收益率和外贸的负面影响较大,对中国总产出水平的负面影响也比较明显。

  国内产业也因外商直接投资规模的大小影响区域的集聚效应,同时,资本流动下的世界经济增长与发展特征也因此发生了变化。吴林海和陈继海(2003)研究了中国东部、中部和西部地区FDI的集聚效应,结论是东部地区最大,中部地区次之,而西部地区最小。FDI在地区经济中形成了区域循环经济效应,使得集聚效应总体上促进了地区的经济增长。东艳(2006)研究了中国—东盟自贸区的经济一体化,通过构建古诺竞争模型,对中国、东盟双边的FDI影响因素进行检验,认为FDI的引入受诸如市场开放程度、国内工资水平等因素的影响,提高自贸区的区位优势是优化FDI结构的主要途径。李新安(2006)分析了FDI的集聚效应与中国经济增长的关系,通过建立FDI的内生生产函数模型进行实证研究,结论是FDI的集聚效应通过要素的规模、质量及使用效率等方面影响经济增长,这种效应是正向的,尤其在东部沿海等发达地区的表现更为显著。张幼文（2013）分析了生产要素的国际流动与全球化经济的运行机制，认为世界经济学新体系的建立有其必要性。张幼文（2015）认为要素流动能够影响包括国际贸易数量与结构、国际分工收益分配、经济增长的机制与格局等诸多方面，投资比贸易更能够决定世界经济的发展。指出跨国公司是要素流动的组织者，成为当代世界经济的主角，要素流动下世界经济的增长与发展特征也因此发生了变化。最后提出由于要素流动的时代特征，发展中国家的对外贸易战略需要进行新的理论研究。杨军红（2017）把产业内贸易创新作为中国自由贸易区开放发展的突破口，认为其不仅可以加快中国自贸区高标准网络的搭建，而且对于中国自贸区产业竞争力的提升、全面参与区域经济协调具有重要意义。该研究分析了目前中国自贸区产业内贸易创新的双重迫切性，剖析了产业内贸易创新具有趋势加强、路径创新更加多样、创新领域开放性的特点，最后提出了中国自贸区产业内贸易创新发展的思路。许玉洁等（2021）采用 GTAP 模型模拟了 RCEP 协定对各国宏观经济和制造业发展的影响，指出中国与 RCEP 伙伴国制造业贸易合作稳步发展，贸易竞争性和互补性并存。RCEP 生效可推动中国、东盟、韩国等成员国经贸增长，加快居民福祉增速，同时会对俄罗斯、印度、加拿大带来一定负面冲击。RCEP 生效将显著扩大伙伴国制造业贸易规模，促进中国优势制造产业的进一步发展。

在劳动力方面，人才战略已经上升为中国的经济发展战略。中国非常重视优秀人才的培养以及引进，认识到国家的发展离不开人才的支撑，大量的国外优秀人才不断涌入中国，在不同的地区和行业发挥作用。李光红等（2006）认为高层次人才流动中形成的人才集聚对国家的发展具有重要的推动作用，因此人才集聚有利于生产要素的优化配置和社会生产力的发展，不仅可以实现人才自身的价值，而且还会产生集聚效应，加速科技创新和技术进步，促进经济社会持续高效的发展。李胜会（2008）认为，改革开放以来，我国的东部沿海地区，尤其是珠三角、长三角和环渤海等地区的经济集聚形成了现代工业和服务业的特征。这些区域是我国吸引资金、劳动、技术和知识最密集的地区，已经成为我国吸引外商直接投资和跨国公司总部经济的聚集地。人力资本的集聚通过产品种类数的增加而不断增长，进而促进经济增长，并导致区域间经济差距的扩大。整体来看，要素集聚对劳动生产率的提升有促进作用。张幼文等（2013）分析了要素集聚产生的体制引力，认为经济全球化的根本推动力是生产要素在国际领域的自由流动，中国对外开放的核心是外部要素的引进，中国能够比其他国家有效抓住全球化历史机遇的原因就在于：由改革建立起来的发展导向型经济体制形成了对外部要素流入与国内要素流动的强大集聚能力。林毅夫等（2014）认为东亚及四小龙的经济实现成功赶超，得益于其放弃了不符合自身发展特点的进口替代战略而各自制定了比较优势战略。通过按照各自的资源和要素禀赋积极发展以劳动密集型为主的产业，从而扩大了出口规模，提升了经济外向型水平，使得国内比较优势产业得到充分利用。通过以上研究，林毅夫认为中国的比较优势主要体现在劳动密集型产业，正是资源及要素的比较优势为中国经济的高速增长提供了动力。张恪渝和周玲玲（2021）认为RCEP的建立会对我国宏观经济，如实际GDP、居民福利及进出口等产生积极影响，RCEP的建立对不同区域的经济影响截然不同，劳动力进一步向东南沿海区域转移，将加速"孔雀东南飞"的转移浪潮。

劳动力要素能够在一定区域内部形成集聚效应，对跨区域经济增长及产业结构转型的作用突显。张体勤等（2005）指出，人才以知识型组织为平台产生的集聚效应，是高层次、高存量人力资本的载体，在系统效能所产生的集聚效应方面，整体要大于部分之和。周文良（2007）认为熟练劳动力不能自由流动时，将导致中间品产生集聚现象，那么集聚程度与运输成本之间呈现倒U形关系。如果运输成本降到某一点（持续点）之后，集聚程度与运输成本之间则是单调递减关系。孙浦阳等（2013）研究发现，产业集聚带来的拥塞效应和集聚效应在不同阶段可能处于非均衡状态，拥塞效应在集聚初期占据主导地位，这不利于经济发展，而之后促进劳动生产率提升的集聚效应逐步占据主导地位。徐婧和孟娟（2015）研究了贸易开放、经济增长与人力资本的关系，探讨了贸易开放对经济增长的促进作用是否依赖于人力资本。实证结果显示，贸易开放与经济增长的关系因人力资本水平的不同而表现出显著的区间效应：人力资本水平较低时，贸易开放与经济增长呈负相关；人力资本水平较高时，二者呈显著正相关。这一结果表明，要想更大程度地发挥贸易开放对经济增长的促进作用，加强人力资本积累是前提保障之一。李好和潘小芳（2016）分析印度加入RCEP后的贸易影响时指出，关税作为有效的贸易工具，国家的经济规模、国家间人均收支差距、贸易距离以及国内的人力资源要素禀赋对印度的经济贸易影响显著。提出在区域经济一体化进程中，印度应推动产业结构转型、提高国内人均收入等政策措施。郭沛和吴云霞（2016）比较了中日两国在开展贸易合作时所使用的国内生产要素，结果表明：从附加值贸易的角度来看，虽然中日两国在双边贸易中所使用的资本、劳动（分为高中低三档）等国内生产要素的绝对数量不断增加，但中国对日本出口的产品主要是由资本和低技术劳动来实现的，而日本对中国的出口主要是由资本和中技术劳动这两种生产要素来完成的。日本对中国出口所使用的国内生产要素中高技术劳动的占比相对中国对日本出口所使用的国内生产要素中高技术劳动的占比要高，且这种情况在中日双边制造业贸易和最终品贸易中表现得尤为明显。曹亮等（2022）以企业出口技术复杂度作为企业发展质量的衡量指标，考察了中国—东盟自由贸易区中间品关税减让对中国农业高质量发展的影响。中国—东盟自由贸易区中间品关税减让有助于推动中国农业的高质量发展，且这一影响在逐步加入其他可能影响企业出口技术复杂度的因素后依旧稳健。

在技术创新方面，自贸区的建立提升了区域内部生产厂商的生产率，进而刺激生产者不断研发新技术，促进技术创新。梁琦（2004）认为知识的外在性和知识溢出的空间局限性使得创新发明多是在集聚地发生，产业集聚有利于创新发明活动的产生，而且新知识在重要行业中的产业集聚效应较显著。路江涌和陶志刚（2006）认为投入产出关系是区域集聚经济的主要成因，指出运输成本因技术创新而减少，这就为区域要素集聚并合理布局相关产业提供了依据。王兵和颜鹏飞（2007）实证分析了 APEC 框架下技术效率、技术进步与东亚经济增长的关系，通过运用 DEA 方法指出资本、技术等要素的作用日趋突显，东亚地区全要素生产率的增长要高于其他地区，但是其对劳动生产率的作用要低于发达国家水平。王庭东（2008）认为对于发展中国家而言，尽管对外开放是一条引进稀缺要素（如先进技术与管理）、提高国际竞争力的捷径，然而其前提条件是发展中国家本身吸收能力得到提高（如人力资本），而这是无法通过开放来满足的，必须要通过本国的精心培育才能得以实现。同时，该研究还运用扭曲理论分析了实现培育本国稀缺要素的途径。张幼文等（2013）研究了生产要素的国际流动与经济全球化的关系，以及要素流动的原理及其与贸易和市场结构的关系，并进一步分析了要素收益、要素流入的激励机制以及要素流动下的世界经济运行机制,最后提出了开放型经济要素培育的若干战略。赵亮(2017a;2017b)在研究中国经济新常态下的自贸区动力机制时指出,技术创新成为自贸区发展的新动能,要素驱动效应转变为创新驱动,能够有效消除贸易障碍,释放改革红利。马超平和张晓燕(2021)指出自贸区的设立不仅促进了全要素生产率的增长,还通过企业创新以及资源配置等路径对全要素生产率产生促进作用,即企业创新和资源配置在自贸区与全要素生产率之间发挥中介作用。

经济全球化时代,决定各国贸易收益分配份额的是稀缺要素,谁能够合理利用高端及稀缺要素并有效培育市场,谁就能够获得竞争优势和更为丰厚的经济利润。王庭东(2013)以美欧再工业化与中国要素集聚模式嬗变为视角,通过分析认为中国逐步形成了以低端要素吸引高端要素,以承接发达国家外包、接受FDI为主的要素集聚模式。在新兴科技革命的发展背景下,美欧等发达国家实施制造业再回归战略,以技术为代表的新兴科技革命对中国传统要素集聚模式构成冲击,但为中国企业"走出去"并进行大规模的投资与兼并活动创造了历史性机遇,中国因此获得了发展所必需的稀缺要素。王庭东(2015)分析中日经济中的要素集聚、经济增长时指出,中日追赶型经济具有自身的发展特点,即通过出口导向型的贸易战略来完成相对稀缺的资源集聚效应和经济增长。同时指出,利率和汇率是最应该优先调整的价格变量。费洪平(2017)通过研究当前我国产业转型升级的方向及路径,分析我国国际产业分工格局、新一轮科技革命及产业变革等方面的影响因素,认为加工制造向创新创造转变,比较优势向竞争优势转变,加快促进产业要素向高端化、集群化、国际化等方向发展,进一步拓展延伸、提升、完善供应链,提升高端要素的核心竞争力。领先的科技水平在哪里集聚、高端人才就会在哪里产生集聚,发展的制高点和经济的竞争力就会转向哪里。应该有效吸纳人才、资金、技术等创新要素,加快建设技术创新体系,建立科技成果转化和产业化的体制机制,提供有利契机和发展平台。许培源和罗琴秀(2020)认为自贸区网络的构建对"一带一路"沿线各次区域的GDP、社会福利和进出口贸易等均有显著正向影响,且先行者具有先动优势,有利于中国的产业转型和各次区域比较优势的发挥。

二 产业集聚效应

在后金融危机时代,世界经济出现持续低迷现象,以贸易保护主义为特征的逆全球化问题涌现，导致全球经济面临的不确定性因素也日益增加。世界经济复苏缓慢，国际环境错综复杂，全球贸易持续低迷的主要原因是供需结构的不合理、需求不旺，并且经济增长的动力不足，由主要依靠制造业向依靠服务业转变，同时，中国产业遭受"高端挤压"及"低端挤出"效应的影响。作为区域经济一体化的代表，自贸区通过内部产业发挥成员的比较优势，实现产业的优化升级及合理布局，进而促进产业集聚。

自贸区的要素集聚能够使得相关产业发生集聚效应，产业集聚最早由马歇尔（1964）提出。在对菲尔德地区的手工业类小公司的集聚进行研究之后，马歇尔发现各企业之间有着很强的联系，并且集聚区内的生产活动具有明显的专业化分工特征，他把该类区域称作产业区。Krugman和Anthony（1996）运用新经济地理模型研究经济一体化对区域内部成员的经济影响，认为产业在其作用下形成"中心—外围"结构的集聚力，通过对欧盟的实证分析，发现区域经济一体化对产业集聚有积极作用（Grossman & Hart，1986；Brada & Mendez，1988；DeMelo et al.，1992；Melitz，2003；沈铭辉，2022）。韦伯（1997）作为工业区位理论的创始人，在《工业区位论》一书中提出了工业区位概念，指出区位主要受运输、劳动成本的制约，还会受到集聚、分散因素的影响，产业集聚是产业集中的体现，工业集聚是集聚力与分散力的结合达到平衡时的状态。范剑勇（2006）以产业集聚、劳动生产率等方面为视角，指出规模报酬是影响区域非农产业的关键，集聚效应促进了劳动生产率的提升。潘沁和韩剑（2006）基于引力模型分析，认为区域经济一体化与产业内贸易的联系紧密，在实证检验后得到区域性贸易协定的签订对产业内贸易和产业集聚具有正效应。鲁晓东和李荣林（2009）利用自由资本模型分析区域经济一体化与FDI、国际生产转移之间的关系，比较了北北型、南南型以及南北型区域一体化组织的特点和运行机制，发现成员之间的经济贸易能够促进经济集聚现象，但不利于制造业的空间合理布局。藤田昌久等（2016）探究了各种形式的集聚（从全球到本地）形成的经济原因，从一般性的角度研究集聚行为并提出了一个普遍适用的分析模式，张幼文（2016）从我国成为世界第一贸易大国的发展实际出发，分析了中国的贸易结构中存在的低端分工与低端收益问题，系统阐述了我国从贸易大国迈向贸易强国的战略选择。认为我国应把以要素培育提升在价值链分工中的地位作为微观战略，同时，把以产业创新和国际投资实现产业链分工主导作为中观战略。陈继勇和计飞（2017）研究了加拿大和日本的双边贸易，比较了各自的优势产业，将产业划分为加拿大优势产业、日本优势产业、两国均有的优势产业和其他产业四个类别，认为自贸区的建立为两国的产业发展提供了生存空间。王明涛和谢建国（2022）认为中国—东盟自由贸易协定导致的贸易政策不确定性下降扩大了中国企业出口产品范围，且这一促进效应在企业所有制、贸易方式层面存在异质性。贸易政策不确定性下降促进高生产率企业进入市场，低生产率企业退出市场，进而通过提升企业平均生产率扩大企业出口产品范围。其进一步研究发现，地区制度环境促进的贸易政策不确定性下降对企业出口产品范围具有积极作用。

以东亚地区为例，中日韩三国的产业能够体现较强的互补性，各自的优势产业集聚有利于促进东亚地区双边贸易、经济的发展。全毅和高军行（2009）分析了东亚经济一体化的贸易与投资效应，指出东亚地区产业与经济发展具有相关性，能够与双边贸易形成互补，促进东亚地区的经济发展。钱志权等（2014）基于中国与东亚经济体面板数据的研究得出的结论是东亚生产网络的形成促使区域产业化分工更加细化，对产业及贸易结构的改变产生显著的正效应。该研究还构建了亚太地区样本国家的面板数据模型，其研究表明东亚地区碳排放与贸易结构、经济状况密切相关。王庭东和钱进（2017）分别评估了中日韩自贸区对区域宏观经济及产业产出的影响，认为产业优势互补是自贸区形成的基础和保证。可以预见，中日韩为了经济贸易及产业优势的长远发展，需尽快达成自贸协定。李新兴等（2020）分析了印度加入 RCEP 对中日印三国的影响，倘若印度如期加入 RCEP，中国、印度、日本等 RCEP 成员国的收益可以实现最大化，但印度所担忧的产业遭受冲击、贸易赤字增加等情况也会发生。倘若印度不加入 RCEP，此种情景下 RCEP 成员国整体收益将有所下滑。

近年来，中国在发展对外贸易的同时，注重自身经济结构的改革和产业升级。王蕊和袁波（2013）分析了中国自贸区建设对自身产业发展的影响，认为自贸区能够为双边贸易提供制度保障，同时可以促进中国的经济结构改革和产业升级。余振和葛伟（2014）基于中国—东盟自贸区相关产业的面板数据并结合广义矩估计方法，研究了经济一体化与产业区位效应的关系，结果表明制造业能够产生对中国的集聚趋势，并且有利于优化产业的空间布局，由此产生的区位效应因自贸区内部贸易壁垒的减少而作用突显。程中海和袁凯彬（2017）利用 GTAP 模型及偏效应分解分析了中国—欧亚经济联盟成立 FTA 的经贸效应，发现不同区域在 FTA 下的行业产出水平会因贸易创造效应而出现差异化调整。中国的行业产出主要受双边关税壁垒的影响，而欧亚经济联盟和中亚三国则视具体产业而呈现差异化特征，中国与欧亚经济联盟将出现"多赢"局面。应通过加快推进技术进步和技术创新，提升技术创新能力，推动高新技术产业发展，不断优化产业升级。杜运苏等（2020）从总值贸易和增加值贸易两个角度模拟分析了 CPTPP 对全球制造业分工格局的影响，CPT-PP 生效初期对全球制造业分工格局影响较小，但随着关税削减力度加大和贸易便利化程度提高，其影响会越来越大。中国加入 CPTPP 不仅可以提高"中国制造"在全球制造业分工格局中的地位，还可以扩大该协定的贸易创造效应，使全球制造业出口实现一定幅度增长。在中国不加入的情况下，CPTPP 不仅会影响"中国制造"出口，减少中国制造的世界市场占有率，而且会降低中国制造业的全球价值链地位指数，其中对计算机及电子产品行业的负面冲击尤为显著。

第四节　小结

本章从自贸区经济效应、自贸区"轮轴—辐条"结构、自贸区要素及产业集聚效应等方面对已有文献进行梳理和分类，发现已有的文献在研究对象的选取上更倾向于较成熟的区域性自由贸易协定，缺乏从宏观层面对多重自贸区进行的评价和研究。因此，对策的可执行性和可操作性需要进一步完善。同时，从亚太视角分析多重自贸区贸易效应的文献较少，针对中国自身的"轮轴"自贸区理论的研究还有待进一步深化和完善。基于此，应研究亚太地区主要的自贸区以及中国在区域经济一体化进程中扮演的角色，分析推动自贸区深化发展并形成稳定的"轮辐"网络的最佳方案。中国在亚太自由贸易结构中的作用和地位不断增强，自由贸易战略将有利于同周边国家构建贸易共同体。

此外，已有文献对轮辐效应与产业、要素集聚效应的研究还存在着割裂，实际上，轮辐效应和产业、要素集聚效应之间存在着内部联系。通过要素、产业及"轮辐"分析的结合，将自贸区的要素集聚和贸易效应结合在一起，分析出自贸区贸易网络的背后是要素及产业在轮轴国与辐条国之间的非均衡集聚现象，揭示出亚太多重自贸区竞争的实质。产业及要素集聚是向轮轴国倾斜的，这是因为轮轴国拥有丰富的要素资源，如劳动力和资本等要素资源。本部分的研究进一步完善和发展了对自由贸易区及其贸易结构的研究，同时为下面的现状及实证部分提供了依据和指导。

第三章 理论基础

关于自贸区的既有研究成果为本选题的研究提供了坚实的理论基础，本部分将系统整理并归纳相关理论，构建与研究主题相关的理论分析框架。主要包括自由贸易区、"轮轴—辐条"、一般均衡、全球化要素分类与产业集聚等理论。其中，自由贸易区理论包括自由贸易区定义、贸易创造与贸易转移、福利效应等内容；"轮轴—辐条"理论包括轮辐的构成、特点、南北型自贸区轮辐结构等内容；一般均衡理论包括一般均衡内在机制、GTAP 模型等内容；最后是全球化要素分类及产业集聚理论。

第一节 自由贸易区理论

自由贸易区的相关理论起源于古典经济学的关税同盟理论，通过发展和演化形成了自由贸易区理论，进而出现了自贸区的经济增长理论。本部分主要从自由贸易区定义、贸易创造和贸易转移效应、福利效应等方面展开论述。

一 自由贸易区定义

自由贸易区，是指两个或两个以上的国家或地区通过签订贸易协定，在 WTO 框架下，成员国之间彼此开放国内市场，分阶段、分步骤地降低直至取消大部分货物或服务贸易的关税及非关税，实现彼此之间的贸易自由化（Marshall，1920；Lipsey，1960；Ethier，1998；Krishna & Pravin，1998；徐林清和蒋邵梅，2021）。自贸区能够优化投资和贸易的市场结构，形成贸易自由化的特定区域，是区域经济一体化的一种表现形式。自由贸易区的成立是以自由贸易协定的签订并实施为标志的，自贸协定具有法律约束力，一旦达成协定，各个成员方必须履行所承诺的责任和义务。如果一方违反相关规定，其他成员方可以通过协商或法律途径发出诉求，也会制定一些制裁或报复性的经济政策。目前，世界范围内规模比较大的自贸区有欧盟（European Union）及东盟"10+3"（东盟—中日韩自贸区）、CPTPP、RCEP等。在亚太地区，已经实施或正在谈判的自贸协定数量庞大，每个国家基本上都在签订或正在签订多个自贸协定，这些自贸协定交叠在一起，成为区域经济一体化的重要表现形式。

经济一体化可以实现商品的自由流通和要素的自由流动，进一步实现要素资源的自由配置，促进区域经济贸易的发展，有利于协调财政政策、货币政策。区域经济一体化正在改变全球经济与贸易的格局，通过国家或地区之间的经济联系进一步开放市场，提升投资与贸易的自由化水平（Henrekson et al.，1997；华民等，2002；梁双陆和程小军，2007；方笑君和孙宇，2012；李欣红，2015；全毅，2015；谭宓等，2022）。经济一体化能够将各成员的贸易利益紧密联系起来，加强内部各个经济体之间的经济联系，逐步实现要素和商品的自由流动。无论是发达国家，还是发展中国家，都不能脱离世界经济而独立开展经济贸易，因此，如何利用自身经济优势、参与区域经济与合作并融入全球经济，成为各方广泛关注的焦点。

在国际贸易理论中，根据不同的划分标准，区域经济一体化可以分为不同的类型。美国经济学家Balassa（1961）将经济一体化的进程按照由低到高的顺序划分为四个阶段：第一，贸易一体化，即取消商品流动的限制，可以在区域内自由流动，这是经济一体化的最低形式；第二，要素一体化，即生产要素可以自由流动；第三，政策一体化，即区域内统一经济政策；第四，完全一体化，是高度一体化的阶段，即财政、货币和产业等政策的全面统一，这是经济一体化的最高形式。Tinbergen（1962，1964）认为经济一体化应该通过成员之间的经贸合作降低或减少贸易壁垒与政策障碍，通过相互协调构成最优的经济贸易结构。Kindleberger（1996）认为经济一体化形式有利于区域内部各成员统一并整合经济政策，同时，商品及生产要素可以在区域内自由流动，这将会促进生产要素价格在各个成员之间趋于一致。彼得·罗布森（2001）认为区域经济一体化可以为每个成员充分发挥自己的比较优势产业提供便利，在与其他成员发生贸易时获得比较利益。根据区域经济一体化的表现形式，将经济一体化程度进一步细分，划分为六个阶段（见表3-1）。前一种形式是后一种形式的基础和核心，而后一种形式是前一种形式的扩展和深化。其中，自由贸易区与其他的经济一体化形式不同，实行较严格的原产地规则，享受优惠的关税和自由流动的商品等便利，但是对外不制定统一的关税和经济政策。

表 3-1　　　　　　　　　　　经济一体化形式

类型	优惠贸易安排	自由贸易区	关税同盟	共同市场	经济同盟	完全经济一体化
优惠关税	√	√	√	√	√	√
商品可以自由流动		√	√	√	√	√
共同的对外关税			√	√	√	√
生产要素可以自由流动				√	√	√
统一的经济政策					√	√
所有政策的统一						√

资料来源：根据罗布森（2001）的有关理论整理。

经济一体化形式由低到高依次为：第一，优惠贸易安排（Preferential Trade Arrangement，PTA），属于最低级的经济一体化形式。优惠贸易安排的特点表现在三个方面：非互惠性、贸易政策的非异质性、发达国家给予发展中国家单方面的贸易优惠（Pangariya，2002）。第二，自由贸易区（Free Trade Area，FTA），是当前数量最多的一体化形式，商品可以在区域内部自由流动。其特点有：成员之间的贸易具有互惠性，并针对非成员国保留各自的关税和贸易壁垒；参与 FTA 的国家没有制定共同的对外贸易政策；严格实施原产地规则。第三，关税同盟（Customs Union，CU），对区域外实施统一贸易政策，制定共同的对外关税，但隐蔽的非关税措施容易构成新的贸易壁垒（Makower & Morton，1953；Meade，1955）。第四，共同市场（Common Market，CM），与关税同盟相比，允许劳动力、资本和技术等要素自由流动。第五，经济同盟（Economic Union，EU），属于较高级的经济一体化组织形式，区域内部不仅实现了商品、要素的自由流动，还实施统一的财政政策、货币政策，超越了区域贸易合作的空间范围。第六，完全经济一体化（Complete Economic Integration，CEI），属于最高级的一体化组织形式，是区域经济一体化的最终阶段。

随着区域贸易合作的成员不断增加，根据经济体发展类型的不同，可以将区域贸易组织分为北北型、南南型、南北型等形式。其中，北北型组织，指经济发展水平较高的国家之间建立的贸易合作，该种形式出现的时间最早，也是目前最成功的区域贸易合作方式，主要代表有欧盟（EU）、美加自由贸易区（CAFTA）等。南南型组织，与北北型组织正好相反，指经济发展水平较低的国家之间建立的贸易合作，该种形式出现的时间较晚，但是规模较大，主要代表有南方共同市场（MERCOSUR）。南北型组织，相对以上两种合作方式，指经济实力差距较大的国家之间建立的贸易合作，北美自由贸易区（NAFTA）是其主要代表。表 3-2 是区域贸易协定的分类及其特征。

表 3-2　　　　　区域贸易协定的类型与特征

一体化程度	贸易协定的类型	表现特征	代表性的贸易协定
深层次的一体化	货币联盟	在共同市场的基础上，成员内部实行统一的货币政策及汇率政策	欧元区
	共同市场	在关税同盟的基础上，成员之间实现资本、劳动等生产要素的自由流动	欧盟
	关税同盟	在自由贸易协定的基础上，成员之间进一步实行统一的外部关税措施	南方共同市场
↓	自由贸易协定	成员之间实现贸易自由化的同时，各自保留独立的外部关税	东盟、北美自贸区
	优惠贸易协定	各个成员之间相互提供更低的关税	亚太贸易协定
浅层次的一体化	优惠贸易安排	一部分成员给予另一些成员单方面的、非互惠的关税减让	洛美协定

资料来源：根据萨尔瓦多（2011）、王开和靳玉英（2016）的研究思路整理。

区域贸易协定的发展过程，实际上是经济全球化及自由贸易的缩影。早期的区域贸易协定仅仅涉及货物贸易领域，以降低关税及实现通关便利化作为主要特征，其目的在于实现区域内部贸易、投资等自由流通。

随着世界经济逐步深化发展，服务贸易也得到不断发展，生产与投资逐步实现全球化，世界各国或地区也开始在区域贸易协定的谈判中关注服务贸易等领域，大量综合性的贸易协议不断涌现。综合性区域贸易协定在内容、范围、发展模式和合作方式等方面都呈现多样化的特征，对全球多边贸易自由化进程产生深远影响。

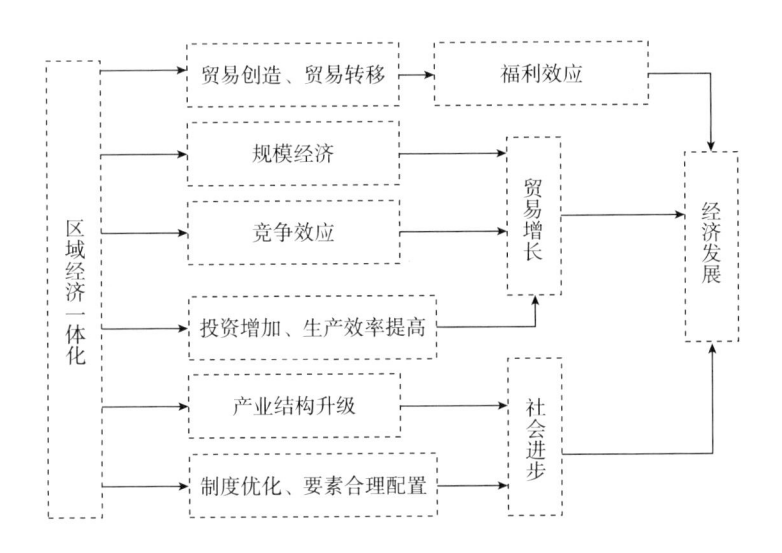

图 3-1 区域经济一体化对成员方的经济影响及传导机制

资料来源：根据相关理论绘制。

经济增长理论认为其动力来源主要有两方面：一是资本、劳动力等生产要素投入的增加对经济增长的带动作用；二是制度变革及技术进步等提升了要素的使用效率，促进生产率得到进一步提升，使得相同的要素投入能够获得更多的经济产出。更进一步来说，经济增长和发展来自福利效应贸易增长和社会进步，其中，福利效应包括贸易创造和贸易转移，贸易增长包括规模经济和竞争效应，社会进步包括投资及生产率提高、产业结构升级和制度优化。

二 贸易创造与贸易转移

20 世纪 50 年代，"贸易创造"（Trade Creation）、"贸易转移"（Trade Diversion）最早由美国经济学家 Viner（1950）在《关税同盟问题》一书中提出。贸易创造效应与转移效应对经济一体化产生的影响不一，贸易创造效应指内部关税的取消能够促使成员国高成本的商品生产被其他低成本相同商品的进口所取代，通过专业化生产，从而形成成员国之间贸易规模的扩大，以及同盟国社会福利的增加。贸易转移效应指从同盟外部低成本产品的进口，转为从同盟内高成本相同产品的进口，由此造成社会福利的损失。这是因为：一方面是生产成本的差异，指成员国从同盟外低成本的进口转为从同盟内高成本的产品进口，导致成本增加；另一方面是消费水平的差异，指成员国对相同产品的消费从同盟外低成本转向同盟内高成本的消费，消费者剩余减少。生产成本和消费水平的叠加，导致资源的自由配置产生扭曲，进而产生贸易转移效应。

自贸区能够产生贸易创造效应和贸易转移效应，这两种效应均作用于成员的宏观经济和产业变化，其中，宏观经济又包括成员的进出口、国内生产总值、贸易条件、福利水平等。贸易创造效应能够使得各成员放弃效率低、成本高的产品生产，转而进口贸易伙伴效率高、成本低的具有比较优势的同类产品，以此满足国内市场。因此，各成员将不断扩大具有比较优势的产品的生产规模，赢得更多的国外消费市场。自贸区的达成将减少成员的贸易成本，刺激市场消费需求，促进贸易和消费水平的提高进而有利于经济增长，对成员国和非成员国的经济都有积极影响，能够提升世界经济福利（张彬等，2010；杨勇，2011；李新兴等，2020）。

贸易创造效应主要体现在：一是生产效应，即一国通过从区域内具有较低生产成本的伙伴国进口同类产品以满足国内市场需求，降低生产成本；二是消费效应，即伙伴国的低成本产品对本国高成本产品的替代，能够使得本国居民对该产品的消费开支减少，消费者剩余增加。贸易创造能够将资源用于更有生产效率的产品，从而推动社会整体福利的增加，形成"1+1>2"的效应。

由图3-2可知，假设存在本国（H）和伙伴国（F）两个国家，均生产同一种商品X，该商品的世界市场价格为P_w。成立自贸区之前，本国征收较高的禁止性关税，使得X产品在国内市场价格达到T_H。由于伙伴国征收较低的关税，使得其市场的X产品价格为T_F。成立自贸区后，通过对X产品实施严格的原产地规则，防止区域外的产品由F国经过转口贸易流入H国。假设该自贸区仍然进口X产品，则X产品在自贸区的售价区间为[T_F，T_H]。如果国际市场X产品较充足时，其在H国国内的

市场价格高于 T_F，则 F 国生产商将 X 产品全部供给 H 国，而本国市场的 X 产品消费由国际市场来满足。无论 H 国市场的 X 产品价格如何变化，F 国市场 X 产品的价格总是 T_F。

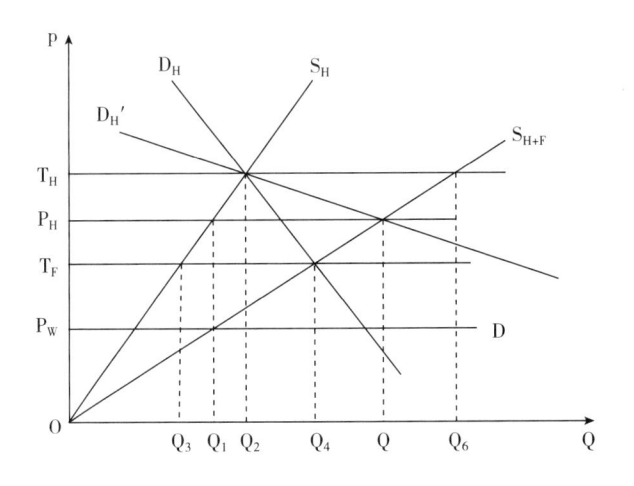

图 3-2　自贸区的贸易创造效应

资料来源：根据成新轩和张玉柯（2006）、王培志（2007）的思路绘制。

自贸区的实际经济效应要看"贸易创造"带来的收益与"贸易转移"产生的损失之间的比较，因此，自贸区可能会降低成员国的福利水平，这在一定程度上也会对世界福利水平造成不利影响。自由贸易区是区域经济一体化最广泛的表现形式，自贸区的"贸易创造"和"贸易转移"效应会让区内缔约国通过原产地规则受益（谢建国，2003；Scott et al.，2010；邓凯，2014；陈林和郝敏，2015；宣善文和赵晓霞，2016；钱进，2017；吴小康和于津平，2021）。

如图 3-3，自贸区对经济增长产生定向的传导机制，这种内在机制能够影响自贸区的诸多方面，进而驱动经济增长。自贸区的主要作用在于消除贸易障碍和产生贸易效应两方面，两者相辅相成并内在联系，共同影响区域经济增长。消除贸易障碍通过减少关税及非关税壁垒的方式实现，可以提升贸易的自由化及便利化水平，降低货物与服务贸易的交易成本，提升区域内部生产要素的流通速度和利用效率，营造便利的营商环境，促进经贸联系。

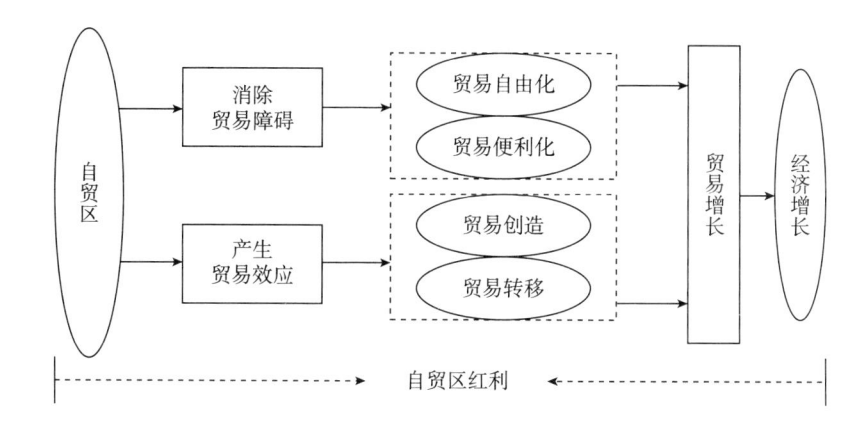

图 3-3 自贸区对贸易增长的作用机制

资料来源：根据赵亮（2017）的研究思路绘制。

经济增长需要开放和自由的市场，而自贸区也为经济增长提供便利的条件，产生溢出效应及虹吸效应。[①] 溢出效应是中国经济增长过程中引进的充裕资金、先进技术和管理经验等所产生的，将中国丰裕的生产要素输出到贸易伙伴国，促进其经济增长，如"一带一路"倡议下对东道国的制造业投资、绿地投资等。虹吸效应主要指经济贸易领域，随着中国经济不断增长，对周边及世界其他经济体产生的贸易吸引力也随之增加，更容易签订双边或多边自贸协定。在经贸合作中，贸易伙伴能够分享中国对内深化改革、对外持续开放的政策红利，提升贸易的自由化和便利化水平，实现经济贸易的互利共赢式发展。

三　福利效应

自贸区的福利效应与贸易创造、贸易转移效应相关，其大小体现在贸易创造效应产生的收益与贸易转移效应产生的损失两者之间的差额。若前者大于后者，世界福利水平上升；反之，世界福利水平下降。福利效应反映自贸区对成员产生的贸易净效应，一般来说，自贸区有利于提升区内的整体福利水平，而区域外部的福利水平在一定程度上出现下降的趋势。

---

① 虹吸效应源于物理学的概念，在国际经济学中是指一国（或地区）由于存在某种优势，对社会经济资源产生强大的吸引力，使得其他地区尤其是周边地区的消费、投资向这一地区靠拢，最终结果是促进该地区的经济贸易快速发展，其他地区则被抑制发展。

如图 3-4，考虑两个国家 W 和 F 的简单情形，S_W 表示 W 国的商品供给曲线，D_W 表示 W 国的商品需求曲线，P_F 表示 F 国的商品生产成本，P_{W+T} 表示 W 国征收进口关税后的商品国内价格，P_1 表示自由贸易时该商品的市场价格，$P_1<P_F$。在自贸区成立之前，F 国的国内商品价格 P_F 比市场价格 P_1 高，所以 W 国不会选择从 F 国进口商品，而是倾向于选择以价格 P_1 从其他国家进口该商品，并征收相应的从量税 T，这部分关税由国内消费者承担。因此，W 国的国内市场价格上升为 P_{W+T}，对应的商品供给数量为 OQ_1，国内消费水平为 OQ_2，需求大于供给，因此将从 F 国之外的其他经济体进口商品 Q_1Q_2。

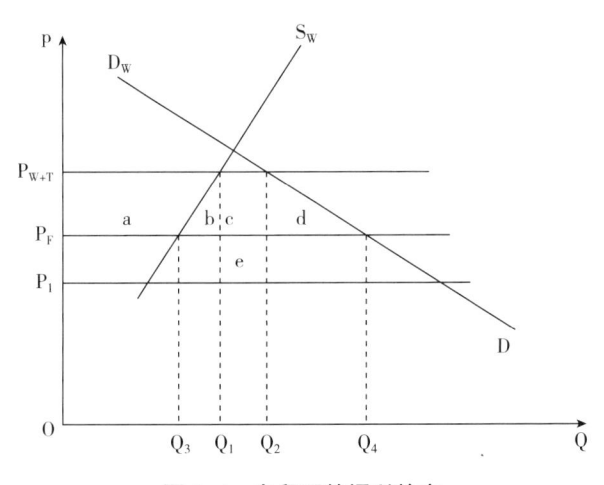

图 3-4 自贸区的福利效应

资料来源：根据自贸区的静态效应绘制。

假设 W 国和 F 国之间建立自贸区，由自贸区的定义可知，两国对内取消关税和非关税壁垒。W 国不会对 F 国的进口商品征收关税，F 国的商品在国内的销售价格为 P_F，但是从区域外部经济体征收的从量税 T 不变。通过分析可知，F 国的商品在 W 国的销售价格 P_F 低于其他国家在 W 国的销售价格 P_{W+T}，因此，W 国不会选择从原来低价的其他国家进口商品，而是全部从 F 国进口。

如果价格为 P_F 时，W 国的产量减少为 OQ_3。其中，Q_3Q_1 是 W 国的国内生产由 F 国进口替代的部分，称为生产效应（Production Effect），W 国的生产者福利减少了 a。同时，P_F 价格下的 W 国消费水平增加为 OQ_4，Q_2Q_4 为消费效应（Consumption Effect），消费者剩余变为 a+b+c+d。在 W

和 F 两国形成自贸区前，c+e 为政府的关税收入，达成自贸区后，由于对内取消关税，这部分关税消失，其中的 c 转移给了国内消费者，e 为贸易转移的损失。

通过分析可知，自贸区给 W 国带来的净福利效应为 (a+b+c+d)-a-(c+e)=(b+d)-e，b+d 为贸易创造效应，e 为贸易转移效应，属于要素资源配置扭曲，给国内带来的福利损失。因此，自贸区对 W 国产生的净福利效应受到贸易创造和贸易转移两者之间大小的影响，即 b+d 与 e 之间的比较。

此外，Krugman（1979）以国家为视角，从商品的异质性及消费者需求多元化的角度分析并推导自贸区的最优关税水平，得出各成员的最优福利水平。假设每个国家生产一种商品，不同商品都是异质性的，则各个国家的效用函数为：

$$U=\left[\sum_{i=1}^{N}C_i^{\theta}\right]^{1/\theta}, 0<\theta<1 \tag{3.1}$$

模型（3.1）中，θ 表示商品之间的可替代性。假定条件是，在同一自贸协定框架下，国家之间取消关税壁垒，但各自设定最优的外部关税。因此，可以计算得到最优关税税率为 $t^*=1/(\varepsilon-1)$，其中，ε 表示自贸区成员对区域外部的出口需求弹性。更进一步，$t^*=1/(1-s)(\sigma-1)$，其中，$s=[(1+t)^{\sigma}+(K-1)]^{-1}$，$\sigma=1/(1-\theta)$ 是商品之间的替代弹性。

所以，每个国家的福利水平为：

$$U=\left[\frac{K}{(1+t)^{\sigma}+(K-1)}\right]\left[(1-K^{-1})+K^{-1}(1+t^{\sigma\theta})\right]^{\frac{1}{\theta}} \tag{3.2}$$

Krugman 通过计算分析得到以下结论：自由贸易能够促使福利最大化；替代弹性越小，自由贸易的成本就越大，导致福利水平下降越快。对于一个国家来说，在一定程度上，签订自贸协定的个数与自身福利水平呈现倒 U 形关系。

第二节 "轮轴—辐条"理论

自由贸易区理论是研究自贸区贸易结构的基础，而"轮轴—辐条"理论是自贸区理论的深化发展。在自由贸易的发展背景下，世界上大多数经济体都在通过双边或多边自贸协定来发展对外贸易，因此各种类型的区域贸易协定不断出现，形成了一个庞大的自贸协定网络。在这个贸易网络中，当一个经济体先后与其他经济体签订自由贸易协定，该国就像车轮的"轮轴"一样，处于轮子的中心，带动轮子旋转。同时，与之签订贸易协定的经济体就像"辐条"，从而形成了"轮辐"（Hub and Spoke，H&S）的贸易结构。处在轴心位置的经济体是这个体系中的轮轴国，成为区域经济贸易的主导者。区域贸易协定网络的"轮辐"结构能够形成具有自我强化的"马太效应"，亚太地区区域贸易协定网络中的轮轴国在贸易及投资等方面获得的特殊优惠待遇，加上贸易转移导致的"多米诺骨牌"效应，使得其自身成为其他国家签订贸易协定的优先选择对象，因此会强化其自身的核心地位。

一　轮辐结构构成

双边自贸协定是形成"轮辐"结构的基础，不同于多边自贸协定，双边自贸协定更容易达成，这是因为：一是各个成员在涉及自身经济利益的敏感问题时协商更灵活，有利于双方开展深层次的经贸合作；二是由于签订协议的成员较少，能够缩短谈判周期、降低贸易成本、提高运行效率。不同国家在"轮辐"结构中的经济效应是不对称的，这也受到各个成员的经济实力、利益分配、谈判策略和贸易规则等方面的差异的影响，"轮辐"结构是自由贸易协定发展到一定阶段的表现形式。

与未体现轮辐结构的区域贸易协定相比，轮辐结构下的自贸区网络更为复杂，由此产生的贸易分配和要素集聚出现的不对称性，经济收益的不平衡性特征逐渐显现。轴心国位于自贸区"轮辐"网络的中心位置，同辐条国签订贸易协定，然而，辐条国之间并未签订贸易协定。轮轴国的产品及要素资源可以在自贸区内自由流动，而辐条国受到原产地规则的限制，其产品及要素资源不能在轮轴国自由流动。因此，在贸易结构及要素分配方面，轮轴国和辐条国存在非对称性特征，轮轴国能够获取更多的贸易利益。轮辐结构对轮轴国最有利，轮轴国也将通过其特殊地位，巩固轮轴国地位，这是因为轮轴国得到的贸易利益要大于辐条国的贸易利益，实际上反映了贸易转移现象所体现的要素集聚及经济利益分配的不对称性。对自贸区的轮辐结构进行引申，在多边自贸协定框架下，轮轴国和辐条国在关税让渡、要素集聚等方面有不同的行为。轮轴国为了实现多边自贸协定，在自贸区成立之初对辐条国做出更多的关税让步，

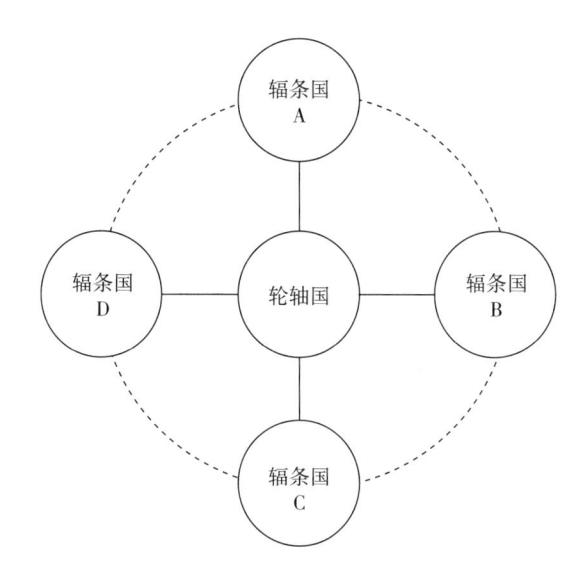

图 3-5　"轮辐"结构图

注：图中实线表示双方签订自由贸易协定，虚线表示双方未签订自由贸易协定。轮轴国与辐条国之间签订自贸协定，而辐条国 A、B、C、D 之间没有签订自贸协定。

资料来源：根据自贸区"轮辐"概念绘制。

吸引辐条国的要素及产业向本国发生偏转，从而获得更多的贸易利益。

因此，一个经济体成为"轮轴"需要满足一些条件：第一，拥有相对较高的经济开放度，这是重要的前提要件。一个经济体的经济自由化程度较高，才会积极与其他经济体签订一系列的自由贸易协定，同时，该经济体也会成为其他经济体或贸易集团争取合作的对象。第二，大型经济体或贸易集团之间的竞争是"轮辐"结构形成的外部要件。如果各个经济体之间的博弈竞争关系程度较低，开放经济体将缺少对外签署自贸协定的市场动力，那么在这种环境下，将很难形成"轮辐"结构。

二　轮辐结构特点

轮辐结构是自贸区深化发展的必然阶段，轮辐结构的特点是区别于一般自贸区的重要标志。根据余川（2011）的思路，从自贸区轮辐结构的发展趋势来看，轮辐结构主要呈现以下特征：非对称性、动态性。

（一）非对称性

在轮辐结构中，轮轴国之间、辐条国之间，以及轮轴国与辐条国之间，都存在着明显的非对称性，主要体现在谈判能力、贸易利益、要素及产业、福利水平等方面。

在谈判能力方面的非对称。由于签订自贸协定的成员可以是国家、地区或经济集团,因此轮轴与辐条可以有不同的对象界定。如果是国家与经济集团之间进行比较,如中国和东盟,则两者之间经济实力存在较大的差距,经济实力和贸易地位不对等。根据当前自由贸易协定的发展趋势,南北型贸易协定成为主流,即区域内的经济大国(轮轴国)同经济小国(辐条国)签订的贸易协定。轮轴国凭借区域内的经济和政治影响力,拥有更强的对外谈判实力,使其能够在与其他经济大国或经济集团开展贸易竞争时,赢得更多的谈判主动权。

在贸易利益方面的非对称。在构成轮辐结构时,通常情况下,轮轴国的贸易规模和经济影响力较大,市场开放度也相对辐条国要高,关税水平较低。随着新辐条国不断加入,轮轴国的贸易利益不断增加,而原辐条国的贸易利益将随之降低。为了避免贸易损失,辐条国将通过签订新的自贸协定,实现新区域贸易平衡。

在要素及产业方面的非对称。因轮轴国在轮辐结构中的特殊地位,使其能够从辐条国得到更便利的消费市场。轮轴国的商品及要素可以自由进入其他辐条国市场,但不对等的是,由于原产地条款的限定,辐条国的产品及要素不但不能自由进入轮轴国市场,也不能自由进入其他辐条国市场,这在很大程度上降低了辐条国出口产品的竞争力。在一定范围内,商品及要素在轮轴国发生集聚效应,进而导致产业的集聚效应。如果越来越多的辐条国选择加入自贸区,则轮轴国所获得的贸易收益将不断增加,相反的是,辐条国的贸易收益将不断减少。随着新辐条国的不断加入,能够留给后加入辐条国的市场容量将越来越小。因此,先进入轮轴国市场的国家具有优势,可以形成要素及产业的集聚优势。

在福利方面的非对称。以三个经济体为例,分析轮辐结构对成员的贸易及福利变化情况,假设轮轴国 H 与辐条国 S_1、S_2 分别签订自贸协定,如图 3-6 所示。

由图 3-6 可知,在区域贸易协定中,XS 表示辐条国商品的出口供给情况,MD 和 MS 分别表示轮轴国的进口需求和进口供给情况,MS_{PTA} 和 MS_{MFN} 分别表示轮轴国在多重贸易协定框架下的进口供给情况,与进口需求曲线的均衡点分别代表自由贸易、区域贸易协定及多边贸易体系下的价格。在起初的"轮轴—辐条"结构基础上,加入新的辐条国 S_2,使得

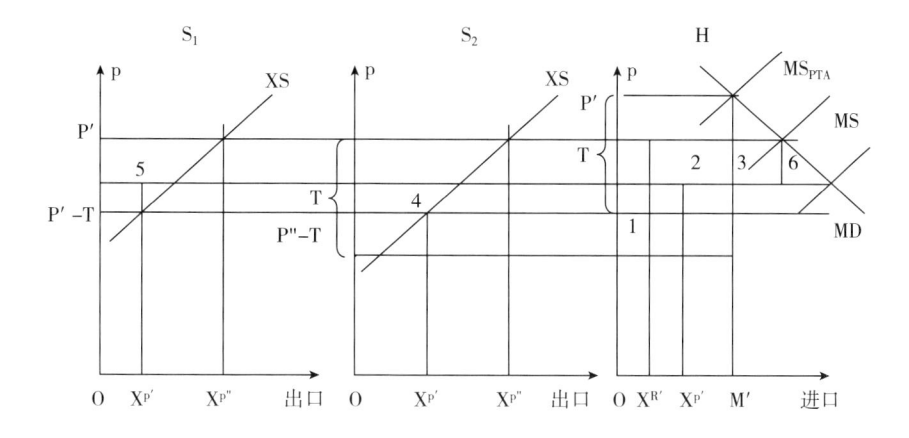

图 3-6　加入第二辐条国后的贸易及福利变化

资料来源：根据 Baldwin（2009）、张彬等（2010）的思路绘制。

原先的辐条国 S_1 对轮轴国 H 的出口数量与出口价格均减少。出口价格由 P' 降低为 $P'-T$，出口数量由 $X^{P''}$ 降低为 $X^{P'}$，由此社会福利降低为梯形面积 5。与之相反的是，新加入的辐条国 S_2 的出口数量与出口价格均增加，由此社会福利增加为梯形面积 4。

对轮轴国来说，协定以外的国家进口商品的价格下降，将导致自身福利受损，为矩形面积 1。协定框架下的辐条国商品价格上升，由此导致轮轴国的福利损失为矩形面积 2 和 3。随着贸易规模不断扩大，社会福利增加为三角形面积 6。也就是说，辐条国数量的增加将导致轮轴国消费者剩余增多。

对辐条国来说，与轮轴国达成贸易协定对自身是有利的，能够扩大其国内企业的出口规模，不对等的是，轮轴国对辐条国的出口量增加更多。随着更多的辐条国进入，单个辐条国企业的出口市场缩小，导致所有的辐条国出口萎缩，最终降低了辐条国市场的整体福利水平。

总之，"轮轴—辐条"结构导致成员的贸易利益及福利水平出现不对等，轮轴国处于优势地位，而辐条国的贸易利益、福利水平与其加入时间成反比。加入越早，消费市场越多，获利也越多，而新加入的辐条国损害了原辐条国的利益。

（二）动态性

这里主要指轮辐结构的扩张性，轮轴国可以通过轮辐结构获得更多的贸易利益,使其有意识地巩固其轮轴国地位,倾向于同其他经济体签订自由贸易协定。随着辐条国的数量不断增加,轮辐结构不断膨胀。同时,辐条国为了改变相对不利的贸易地位,也会与其他国家签订自贸协定来争当轮轴国。在这种动机的影响下,原有的轮辐结构又不断地派生并发展出新的自由贸易网络。

自贸区的轮辐结构使得轮轴国获得更多的经济利益,区域内部并没有消除贸易歧视以实现市场的完全统一。然而,任何轮辐结构都不是绝对稳定的,随着辐条国扩展其自由贸易网络,通过将自身发展为轮轴国而打破原有的轮辐结构。因此,轮辐结构的稳定性取决于区域内部各个成员的经济博弈结果。

如图3-7,首先考虑A、B、C三国之间未签订任何贸易协定的情况,三国的福利水平均为W_N。如果A、B两国达成贸易协定,但都未与C国签订任何协定,那么A、B两国的福利水平由W_N上升为W_1,而C国的福利水平下降,由W_N下降到W_0。因此,A、B两国因自贸协定而受益,C国由此遭受贸易损失。

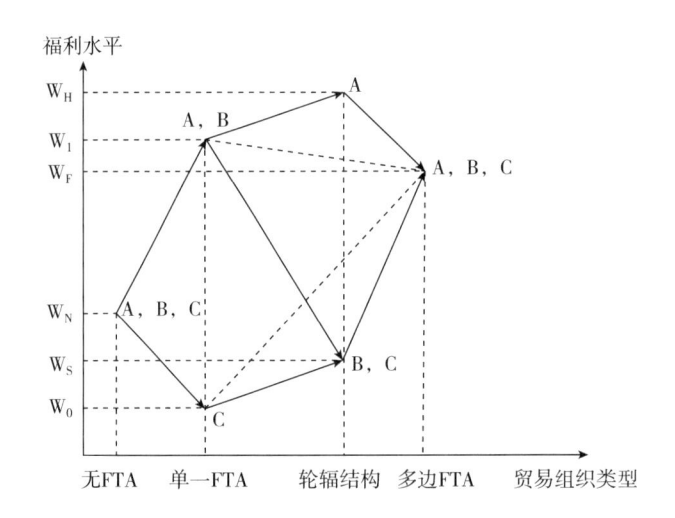

图3-7 自贸区扩张的动态路径及福利

资料来源:根据孙玉红(2007)的研究思路绘制。

其次,如果A、B、C三国达成多边贸易协定,就贸易收益而言,要优于无协定的情形,表现为$W_F>W_N$。对于C国而言,其更倾向选择加入自贸区网络，这样不仅能够避免因其他国家达成贸易协定导致自身贸易受损，还能提升国内福利水平。

最后，讨论轮辐情况。如果 C 国在 A、B 两国达成贸易协定的基础上，选择与 A 国单独形成贸易协定，那么轮辐网络形成。因此，A 国将成为轮轴国，而 B、C 成为辐条国。A 国因其轴心地位，商品可以自由进入 B、C 的市场，福利水平由 W_1 增加到 W_H。B 沦为辐条国，福利水平从 W_1 下降至 W_S。C 国成为辐条国，福利水平由 W_0 增加为 W_S。通过分析可知，B 国的产品市场将因其他辐条国的分摊而萎缩，使其成为利益受损方，促使其倾向与辐条国之间签订贸易协定，以弥补这部分损失。

轮辐结构对轮轴国的经济贸易最有利，值得一提的是，轮轴国为了自身的经济利益，会不断强化其轮轴国地位。通过签订新的双边贸易协定而不是扩大原有的自由贸易网络提升福利水平，这在一定程度上表明轮轴国将成为多边贸易自由化的障碍。对辐条国来说，单一的双边自贸协定对其自身的福利水平提升最明显，这成为经济体谋求构建自贸区的动机。同时，对于区域外部的经济体，多边自由贸易是最有利的贸易状态。

通过以上对自贸区轮辐理论的研究，我们可以发现轮辐结构的特点是具有动态性，因此轮辐网络是不稳定的，是动态发展和变化的。这就不能简单地以双边贸易协定的方式判定轮辐结构的归属，而是应该从贸易协定框架下各个成员的国内市场规模、自身经济实力、对外贸易开放度等方面进行综合考量，区域贸易大国更可能成为轮轴国。由于轮轴国和辐条国在贸易利益上的不平衡分配，以及生产要素和相关产业发生集聚偏转现象，轮轴国为了自身利益会强化现有的轮辐网络，而辐条国则为了避免遭受更多的贸易转移带来的不利影响，选择打破现有的轮辐网络平衡，这就形成了轮轴国和辐条国在构建轮辐网络时的博弈现象。

三　南北型自贸区轮辐结构

当前的自贸区大多以南北型合作为主，结合研究主题，在亚太范围内，中日韩自贸区、RCEP、CPTPP 等也都属于南北型的组织形式。由于轮轴国相对辐条国具有明显的比较优势，因此在自贸区进程中，大多数经济体倾向于实现自由贸易区并争做轮轴国，以此获得更多的贸易利益。通过轮辐理论可知，轮轴国将倾向于选择签订更多的双边自贸协定，巩固及强化自身的贸易地位和经济影响力，形成以其为中心的轮辐自贸区网络。同时，辐条国为了争做轮轴国，会选择与其他辐条国签订双边自贸协定，成为新的轴心，从而打破原来对自身贸易格局不利的轮辐结构，避免陷入"辐条"陷阱。因此，在世界范围内，将会有更多的国家主动选择或被动接受自贸协定的谈判，这也是自贸区得到迅速扩张的重要原因。以南北型自贸区轮辐结构为例，假设 S_1 是一个发达国家（如美国），而 S_2 是南南型贸易组织（如东盟），自贸区轮辐结构产生的市场准入条件对生产者和消费者的不同效应见表3-3。

表3-3　　　　　　　　自贸区轮辐结构产生的市场准入

		市场		
		轮轴国	辐条国 S_1	辐条国 S_2
生产者	轮轴国	来自 S_1、S_2 更多的竞争	优惠进入 S_1 市场	优惠进入 S_2 市场
	辐条国 S_1	进入轮轴国市场的收益较少	受到轮轴国更多的竞争压力	遭受 S_2 的市场歧视
	辐条国 S_2	进入轮轴国市场的收益较少	遭受 S_1 的市场歧视	受到轮轴国更多的竞争压力
消费者		获得 S_1、S_2 更多的商品	从轮轴国获得更多的商品（潜在的贸易转移）	从轮轴国获得更多的商品（潜在的贸易转移）

资料来源：根据孙玉红（2007）的研究思路整理。

以上对自贸区的研究是以轮辐结构为基础的，研究轮辐结构的构成能够帮助我们理解轮辐结构的定义及内在联系。同时，通过对其特点进行研究，可以把握轮辐自贸区的动态发展过程，以及贸易利益的不对称性分配，比较各个成员构建轮辐网络的动机。此外，上述南北型自贸区轮辐结构的例子，能够较好地体现亚太多重自贸区的经济合作形式。

第三节　一般均衡理论

一般均衡理论是模拟分析GTAP模型的理论依据，由著名经济学家瓦尔拉斯提出，该理论以商品市场和要素市场为主要的研究对象，通过构建方程和模型分析市场的供求关系及均衡状态。根据一般均衡理论，市场达到均衡状态的条件为：一是消费市场均衡，即消费者根据自身的预算约束进行消费，通过商品和要素的价格调整，达到最优的消费组合，实现效用的最大化；二是生产市场均衡，即生产者追逐利润的最大化，在资本、劳动及技术水平给定的条件下，实现要素资源的最优配置；三是消费市场及生产市场、商品市场及要素市场都达到均衡状态，不存在超额需求等例外情况，实现商品市场和要素市场的出清状态。

一 一般均衡内在机制

（一）商品及要素市场均衡

要素市场通过要素收入影响居民、政府和企业，经过内在机制形成私人消费、政府消费和储蓄。商品市场由投资需求、进出口和商品的调动等方面组成，并结合要素市场的作用机制共同为商品市场服务（见图3-8）。

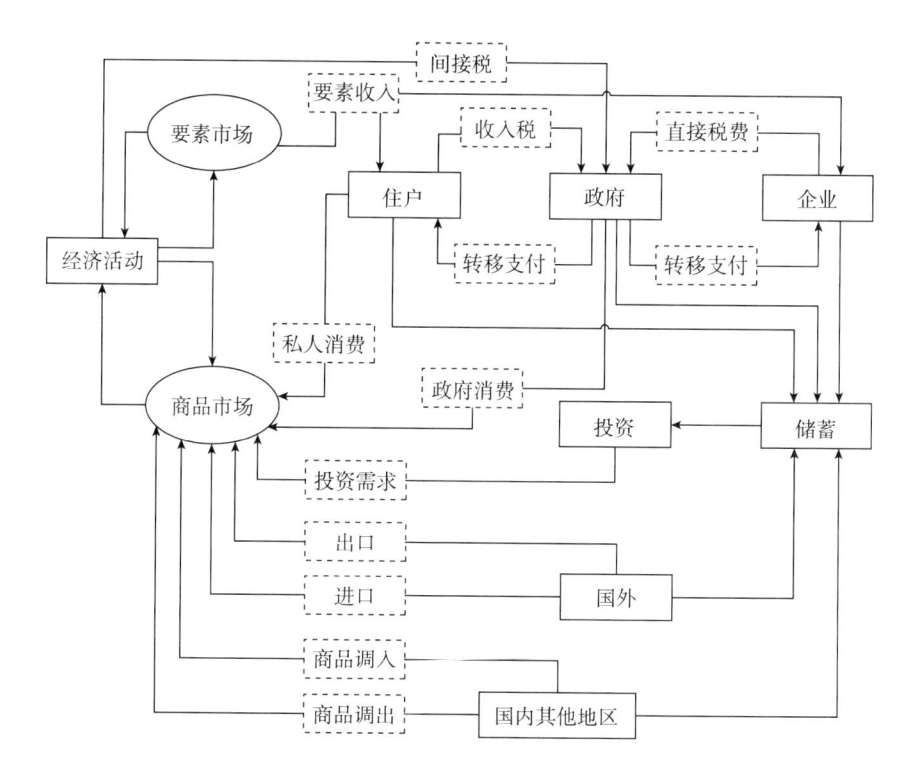

图3-8 一般均衡模型的内在机制

资料来源：根据细江敦弘等（2014）的一般均衡理论绘制。

（二）消费市场均衡

根据黄凌云和刘清华（2008）、李海明（2015）的研究思路，以居民的效用函数为例，通过柯布—道格拉斯（Cobb Douglas）生产函数来表示消费市场均衡。同时，商品和要素价格均为外生给定的，并且满足两个条件：

$$\text{Max} U = \prod_i X_i^{\alpha_i}; \quad \sum_i P_i^x X_i = \sum_i P_h^f F_h \tag{3.3}$$

式（3.3）中，U 表示效用水平，h 表示要素，i 表示商品，X 表示居民消费商品的数量，F 表示居民要素禀赋的数量，P 为商品需求价格和要素市场价格，α 表示商品在总效用中的比重，x 和 f 分别表示商品和要素分类。在此，引入拉格朗日函数求解模型的最大化：

$$L(X;\varphi) = \prod_i X_i^{\alpha_i} + \varphi \left(\sum_i P_h^f F - \sum_i P_i^x X_i \right) \tag{3.4}$$

对式（3.4）取一阶导数，得到：

$$\frac{\partial L}{\partial X_i} = \alpha_i \frac{\prod_j X_j^{\alpha_j}}{X_i} - \varphi P_i^x = 0, \quad \forall i \tag{3.5}$$

$$\frac{\partial L}{\partial \varphi} = \sum_i P_h^f F_h - \sum_i P_i^x X_i = 0 \tag{3.6}$$

联立方程组，消除拉格朗日因子，得到均衡解为：

$$X_i = \frac{\alpha_i}{P_i^x} \sum_i P_h^f F_h, \quad \forall i \tag{3.7}$$

对消费市场的理论分析，是从居民和消费者的角度进行的，这有利于分析亚太多重自贸区框架下的消费市场一般均衡的内在机制。亚太多重自贸区轮辐网络的轮轴国和辐条国的划分依据之一是成员的国内消费市场规模，这也在一定程度上阐释了轮轴国和辐条国在各自消费市场产生的均衡解也不同。

（三）生产市场均衡

根据李荣林等（2011）的研究思路，假设有 X 和 Y 两个国家，都运用生产要素 K_i 和 L_i 进行国内生产，价格分别为 r_i 和 w_i（$i=1,2$），区域内部的投资企业在两个国家的利润函数表示为：

$$L = p_1 q_1 + p_2 q_2 - m(r_1, w_1) q_1 - m(r_2, w_2) q_2 - v[m(r_1, w_1), m(r_2, w_2)] \tag{3.8}$$

p_1 和 p_2、q_1 和 q_2 分别是商品的价格与产量水平，$m(r_i, w_i)$ 是生产的边际成本，$v(m_1, m_2)$ 是固定投资额。由利润最大化条件，得到均衡价格：
$$p_i(1-1/\varepsilon)=m(r_i, w_i) \tag{3.9}$$

其中，ε 是需求弹性。对 FDI 流量及流向产生影响的不仅有贸易壁垒，更重要的是国家间要素禀赋的相似程度。"中心—外围"理论[①]认为，区域贸易协定能够促进贸易投资的创造效应。假设各国的消费者具有共同的需求偏好，其效用函数为：

$$U_i = \left(\sum_{i=1}^{n}\sum_{j=1}^{n}(q_{ij})^{\frac{\sigma-1}{\sigma}}\right)^{\frac{\sigma}{\sigma-1}}, \sigma > 1 \tag{3.10}$$

q_{ij} 表示 i 国消费 j 国的商品数量，假设市场属于垄断竞争且规模报酬递增。经过运算并整理，得到贸易协定在 t 时间的潜在利润：

$$\pi_t = \sum_{i=1}^{n}\xi_{it} + \sum_{i=1}^{n}\mu_{it} - \delta_t \tag{3.11}$$

在区域经济一体化进程中，在一定程度上贸易协定的规模与成员国的利润成正比，这也解释了自由贸易协定不断涌现的成因。

更进一步，邓慧慧和桑百川（2012）考虑国家关税水平，假设贸易协定有 N 个经济体，分别为 1，2，3，…（N≥3）。i 国向 j 国征收进口关税 $t_{ij}>0$，只考虑两种生产要素：劳动力和资本。劳动力的总量是 L，i 国的劳动力为 L_i，j 国的劳动力为 L_j。假定市场完全竞争，并运用规模报酬不变的技术生产简单的同质商品，且运输成本忽略不计。i 国消费者效用由二次拟线性函数形式表示为：

$$U_i = \alpha\int_0^n q_i(x)dx - \frac{\beta-\gamma}{2}\int_0^n [q_i(x)]^2 dx - \frac{\gamma}{2}\left[\int_0^n q_i(x)\right]^2 + q_0 \tag{3.12}$$

其中，$q_i(x)$ 表示 i 国对工业品 $x(x\in[0, n])$ 的需求量，q_0 表示其对农业品的消费量。$\alpha>0$ 表示市场的消费者对不同类型工业品的偏好弹性，$\beta>\gamma>0$ 意味着消费者偏向于消费更多的商品种类，γ 表示制成品的替代弹性。

消费者的预算约束条件：

$$\int_0^n p_i(x)q_i(x)dx + q_0 = y + \overline{q_0} \tag{3.13}$$

y 表示消费者的劳动报酬，$p_i(x)$ 是工业品 x 在区域 i 的价格，通过运算得到区域 j 对区域 i 的纳什需求为：

[①] 普雷维什（1950）把世界分为中心国家和外围国家两大体系，即由发达国家构成的中心体系和由发展中国家构成的外围体系。

$$q_{ij}=a-(b+cn)p_{ij}+cP_j \tag{3.14}$$

a、b、c 分别为工业品的需求量、价格灵敏度及替代弹性，p_{ij} 是 i 国生产的产品在 j 国的消费价格，p_j 是国家 j 的价格指数，由此得到市场反需求函数：

$$p_{ij}=\frac{2[a+(b+cn)t_{ij}]+c\sum_{k}^{k\neq i}n_k(t_{kj}-t_{ij})}{2(2b+cn)} \tag{3.15}$$

国家 i 的平均关税为：

$$t_i=\sum_{k}^{k\neq i}n_k(t_{kj}-t_{ij}) \tag{3.16}$$

由企业利润最大化的一阶条件，可以求得工资和资本利率的表达式：

$$\omega_j(\lambda)=\frac{2L(bm+cL)}{m^2}\left[\sum_i\theta_i\left(\frac{1}{2}\frac{2a+\sum_j t_{ij}\frac{L_j}{m}}{2b+c\frac{L}{m}}\right)^2\right] \tag{3.17}$$

$$r_i=\frac{L(b+cn)}{2F(2b+cn)^2}\sum_j\theta_j\left[2(a-bt_{ij})+cn\left(\sum_k^{k\neq i}\lambda_k(t_{kj}-t_{ij})\right)\right]^2 \tag{3.18}$$

受居民效用最大化和企业利润最大化的共同影响，得到各变量达到均衡状态时的最优解，并得到区域 j 的工人消费者剩余 $S_j(\lambda)$：

$$S_j(\lambda)=\frac{a^2L}{2bm}-\frac{aL}{m}\left(\sum_i\lambda_i p_{ij}\right)+\frac{(bm+cL)L}{2m^2}\left(\sum_i\lambda_i p_{ij}^2\right)-\frac{cL^2}{2m^2}\left(\sum_i\lambda_i p_{ij}\right)^2 \tag{3.19}$$

i 国福利函数 $v_i(\lambda)$ 主要涵盖消费者剩余、厂商的利润总和、本国的关税收入：

$$\begin{aligned}v_i(\lambda)&=S_i(\lambda)+\sum_{k=1}^{n}\left(\prod ik+t_{ik}q_{ik}\right)\\&=\frac{a^2L}{2bm}-\frac{aL}{m}\left(\sum_i\lambda_i p_{ij}\right)+\frac{(bm+cL)L}{2m^2}\left(\sum_i\lambda_i p_{ij}^2\right)-\frac{cL^2}{2m^2}\left(\sum_i\lambda_i p_{ij}\right)^2\\&+\sum_{i=1}^{n}\left\{\frac{2L(bm+cL)}{m^2}\left[\sum_i\theta_i\left(\frac{1}{2}\frac{2a+\sum_j t_{ij}\frac{L_j}{m}}{2b+c\frac{L}{m}}\right)^2\right]\right\}+\sum_{k=1}^{n}(t_{ik}q_{ik})\end{aligned}$$

$$\tag{3.20}$$

世界福利水平为：

$$V = \sum_{i=1}^{n} v_i(\lambda) \tag{3.21}$$

对生产市场的理论分析，是通过生产企业的角度，有利于研究亚太不同自贸区框架下生产市场的一般均衡内在机制。生产过程中运用到的高端要素和稀缺要素，对生产市场产生一定的偏转效应。根据生产函数和厂商追求利润最大化等条件，有利于分析贸易创造和贸易转移带来的福利净效应。从生产市场的视角分析关税水平对生产者的作用机制，在一定程度上反映了轮轴国和辐条国之间关税水平的不对称性，即轮轴国因其轮轴地位会在关税方面让渡一部分利益给辐条国。

二 GTAP模型

一般情况下，研究自由贸易协定的经济效应分为事前分析和事后评估两种，而主要以全球贸易分析模型（Global Trade Analysis Project, GTAP）为分析工具的自贸区事前评估，属于可计算一般均衡理论实践运用的一种研究工具。GTAP模型是由美国普渡大学研发并广泛应用于国际贸易领域的定量分析工具，其数据库涵盖世界大多数经济体的经济、贸易和产业等方面，包括要素市场、价格市场、商品市场和服务贸易等领域。该模型能够直观地研究自贸区内部各个成员的宏观经济与产业变动情况，以及观察自贸区对区域外部经济体的影响。

GTAP模型包括两个主要部分，即模型主程序（GTAP Agg.exe、Run GTAP.exe、GTAP.TAB）和模型数据库。该模型同时包含两个国际部门，即全球银行账户和国际运输部门。模型主程序可以模拟运算世界各国或地区的贸易、产业和要素数据，为主程序的运行提供数据支持，其数据包括三方面：各个国家或地区的投入产出表、贸易数据、GTAP项目研究的贸易支持和保护数据。在实际操作中，按照研究的需要，GTAP数据库将区域进行分组，并通过一般均衡模型的前提条件计算贸易的利得和损失（Hertel，1997）。GTAP模型的假设条件为：（1）进口方面，成员国与非成员国的进口以及国内生产都属于不完全替代关系；（2）出口方面，弹性较大；（3）降低关税措施不会对居民收入及汇率产生实质影响；（4）贸易伙伴国的进出口商品能够一一对应；（5）出口的供给弹性无穷大，关税增减带来的变化可以完全反映在商品的进口价格上。

近些年来，GTAP模型被广泛应用于经济贸易及政策模拟中，评估贸易自由化及区域经济一体化的经济福利成为许多学者研究的方向。GTAP模型属于比较静态模型,通过设定贸易政策的外部冲击,求解经济贸易政策变动前后的均衡,分析其对各个经济体产生的不同经济效果。该模型通过自贸区成员对非成员的经济、贸易等方面的冲击(主要以关税减让或政府补贴等形式实现),假设市场完全竞争,生产的规模报酬不变,生产厂商是价格的接受者,而且生产的成本最小化,与之相对的是,居民消费效用最大化,以此来衡量各个经济体投入和产出变化的均衡状态。根据一般均衡理论,政府和居民的收入与支出在不同部门和地区实现宏观闭合的循环机理(见图3-9)。

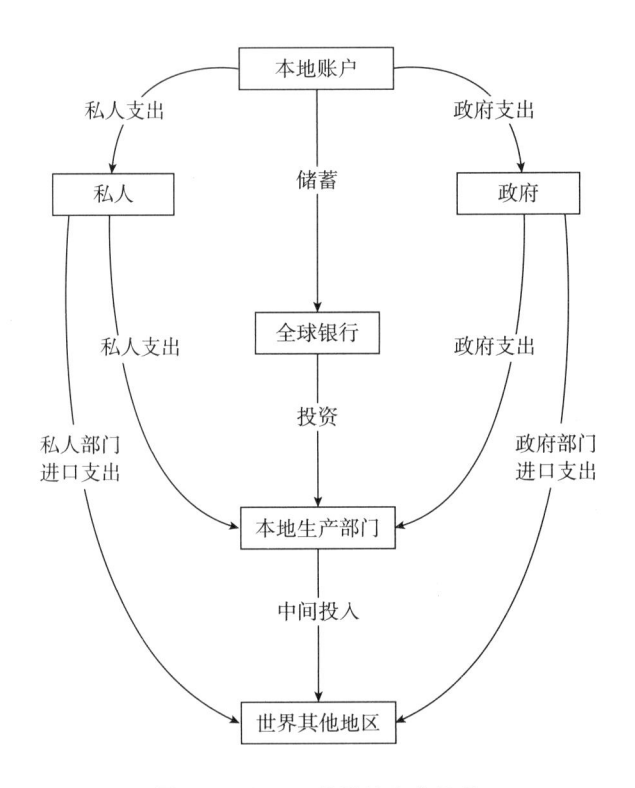

图3-9 GTAP模型的内在机理

资料来源:根据霍尔斯等(2009)的一般均衡理论绘制。

GTAP模型是基于各国(或地区)的投入与产出情况构成的,能够详细阐述各个国家(或地区)的生产、消费及政府支出状况,并经由国际商品贸易和经济联系，将不同的子模型有机结合，形成多地区、多部门及多要素的一般均衡模型。该模型在进行政策仿真时，可以同时探讨各国各部门的进出口、国内生产总值、福利水平变化及产出变动水平等方面的影响。GTAP 模型能够对自由贸易进行定量分析并具有良好的政策效果，对政策选择及决策提供可行且符合实际的建议。

基于国内外相关研究的最新进展并结合研究目的，本书运用普渡大学 2015 年发布的 GTAP 第 9 版数据库，该数据库在 GTAP 第 8 版数据库的基础上进行了更新，涵盖 140 个地区和 57 个部门的数据。相较于 GTAP 8.0 版本，其涵盖的地区得到进一步细分。该数据库增加了文莱、波多黎各、贝宁、卢旺达、约旦、牙买加、多米尼加共和国、特立尼达和多巴哥、几内亚、布基纳法索、多哥等国家的数据信息，完善了中国、日本、韩国、澳大利亚、印度、巴西、新西兰、巴基斯坦、尼日利亚、莫桑比克、挪威、白俄罗斯、土耳其、哥伦比亚、赞比亚、坦桑尼亚、马拉维、巴拉圭和塞内加尔等国家的投入产出表，并进一步完善了一些国家政府的税收规则。

通过分析可知，一般均衡理论是实证模型的理论基础，通过一般均衡的内在机制理论，可以了解一般均衡思想的内部传导机制，尤其是在消费市场和生产市场，消费者效用最优化、生产者利润最大化能够促使两个市场最终实现均衡状态。对 GTAP 模型的分析，有利于了解 GTAP 模型的数据库及产业，便于指导模拟内容的展开。

第四节　全球化要素分类与产业集聚理论

研究区域经济发展，离不开对区域内部生产要素及产业集聚的分析。要素集聚是产生经济活动并推动经济增长的重要条件，而产业集聚能够衡量一个国家经济发展的结构性差异，在自贸协定框架下，这种结构性差异主要体现在产业的优势互补。由于区域内部取消关税壁垒，商品和要素能够自由流动，成员可以使用较低成本、更优质量的要素进行生产。同时，形成要素禀赋及产业集聚效应，推动区域经济一体化发展。其中，要素禀赋包括初级要素、高端要素和稀缺要素，劳动力、资本要素属于初级要素，技术、管理要素属于高端要素，产业集聚包括产业竞争和产业互补（见图 3-10）。

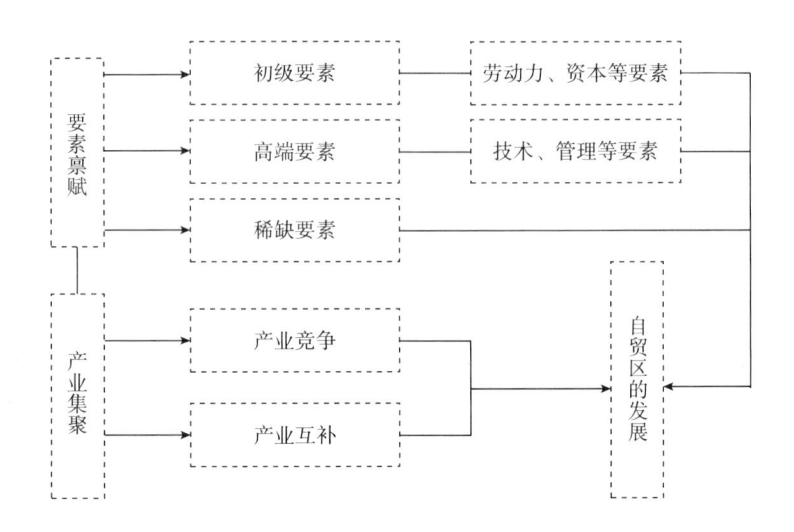

图 3-10　要素禀赋及产业集聚对自贸区的影响

资料来源：根据要素禀赋及产业理论绘制。

一　全球化要素分类

经济增长的微观基础是要素流动，要素流动是否充分，决定了商品的边际生产率。当前，全球经济一体化进程不断深化发展，而要素也不仅局限在国家或区域内部，更多的是跨区域的全球配置。要素流动将对世界经济重新布局，其稀缺度及规模成为关键因素。此外，要素流动有利于闲置要素得到重新利用，通过要素流动合理优化要素结构，刺激经济增长。根据要素流动性强弱，可以分为极高流动性（资本、技术、管理等）、较高流动性（高素质劳动力）、较低流动性（一般加工型劳动力）和无流动性（土地与自然资源）等类型。

随着全球经济不断向前发展，各个经济体对贸易发展质量和要素优化的要求随之提高，充分利用要素集聚对于经济发展的推动作用愈发显现。有关生产要素的研究已经形成相对完善的理论体系，早期研究主要集中于国际贸易理论，其代表有 18 世纪英国经济学家亚当·斯密的绝对优势论、英国经济学家大卫·李嘉图的比较优势论、20 世纪初瑞典著名经济学家赫克歇尔和俄林提出并创立的 H—O 理论，以及后期美国经济学家克鲁格曼关于规模经济的贸易学说。其中，H—O 理论对生产要素影响经济发展有系统的解释，该理论克服了之前贸易理论中存在的局限性，指出生产要素不仅只有劳动力，还包括如资本、土地以及其他生产要素等，这些要素都在生产中发挥了重要的作用。要素禀赋理论的基本概念分为狭义和广义两个方面，狭义的要素禀赋论主要用生产要素的丰缺来解释国际贸易产生的原因以及一个国家的贸易类型，而广义的要素禀赋论则在狭义要素禀赋论的基础上又增加了要素价格的均等化学说。

赫克歇尔和俄林提出来的要素禀赋理论认为，在国际贸易中，一个国家应该生产并出口通过丰裕要素生产的商品，进口通过稀缺要素生产的商品。比如，一个国家的劳动力要素丰富，应该生产并出口劳动力密集型产品；相反，一个国家的资本要素丰富，则应生产并出口资本密集型产品。随着该理论的深化发展，生产要素也不仅局限于劳动、资本等，还包括生产技术、土地收入等要素，这些均是比较优势形成的基础，也是国际贸易发展的基础。Kindleberger（1937）认为资本向区域内集聚的原因有三个：第一，区域内宽松的投资条件有利于成员企业进行跨国投资，占据更广阔的市场，实现规模经济。同时，由于成员之间的技术水平和生产标准相似，可以形成较好的跨国投资与生产经营环境，进一步吸引跨国公司的资本。第二，成员企业面临更多的市场竞争，通过提高产品的技术含量和质量等提升投资行为以维持商品的市场份额。第三，自贸区以外的经济体为了避免贸易转移造成的出口减少，选择投资自贸区内的成员国。区域内的贸易采取原产地标准对商品收取相应关税，使得自贸区以外经济体的商品失去在自贸区内的价格竞争力，区域外经济体的企业要想避开关税只能选择在区域内部投资建厂。

自贸区的贸易便利性，降低了生产要素的流动成本。生产要素因其自身的属性，分为区域性要素和非区域性要素两种，而这种划分是以要素能否自由流动为依据的。区域性生产要素指短期内无法在区域间自由流动的，如政府政策、企业区位选择和自然资源等要素；非区域性要素可以通过区域间的流动在生产中发挥重要作用，如资本、技术和劳动力等要素。随着经济全球化不断深化发展，从传统的国际贸易理论视角已经不能有效地解释国际经济的诸多行为，相关研究如国际直接投资与跨国公司、国际金融、国际产业转移等方面对要素流动的研究也越来越丰富。美国著名的管理学家迈克尔·波特（2000）在批判和继承有关国际贸易理论的基础上，提出了"国家竞争优势理论"（又被称为"钻石模型"）。他将生产要素分为两种，即初级要素和高级要素，初级要素主要是指一国先天所拥有或仅需简单的投资就能获得的要素（如自然资源和一般的劳动力资源),而高级要素是通过长期投资或发展而创造出来的要素(如实物资本、人力资本、基础设施或知识等),这就为更加全面地认识国际经济的诸多行为提供了理论依据。

当前,经济全球化不断深入发展,其本质特征和核心表现是要素流动(张幼文等,2013,2015;马超平和张晓燕,2021)。主要有以下原因:第一,要素流动伴随产品流动,如果商品流动是外在表现,那么要素流动就是内在现象。第二,要素流动伴随产品从生产到消费的方方面面,是区域成员经济联系的纽带,超越并主导产品的流动发展。第三,要素流动涵盖的定义广泛,不仅体现在资本、人力、技术等方面,还在信息、营销、管理等方面有影响。此外,张幼文等系统阐述了全球化要素分类,将其分为要素流动、要素引进、要素集聚、要素培育和要素规划等内容。认为中国应通过对外开放引进稀缺要素资源;通过国内改革释放闲置要素资源;通过扩大内需培育高级要素资源,应积极参与经济全球化、建设开放型经济、坚持和平发展、推动合作共赢。因此,全球化的本质在于要素流动,而高级要素的流动和配置更加合理,将使得区域内部的收益更多,要素流动对不同发展程度的国家产生的影响不同。

如图3-11,DC代表发达经济体,LDC代表发展中经济体,实线代表初始状态,世界生产可能性曲线是两个经济体的生产可能性曲线的加总。通过分析可知,资本要素 ΔK 由发达经济体流向发展中经济体,促进发展

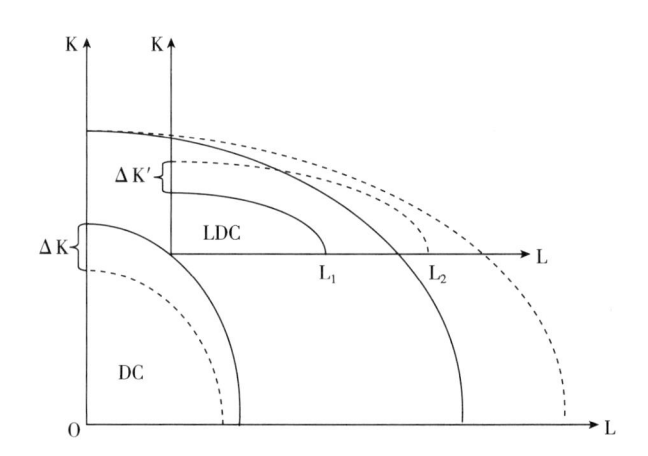

图3-11 要素从发达国家流动到发展中国家的世界生产可能性曲线扩张

资料来源:根据张幼文等(2013)的研究思路绘制。

中经济体的闲置劳动力由 L_1 增加为 L_2。由于资本要素并未因此产生变化，而劳动力要素呈现扩张趋势，因此导致世界生产可能性曲线向外扩张。究其原因，产生这种现象的本质因素是要素流动刺激闲置要素使其得到重新利用，体现在投入产出过程中企业生产能力的提升。

如图 3-12，发达经济体 DC_1 的资本要素 ΔK 流动到发达经济体 DC_2，促使资本增加 $\Delta K'$，鉴于要素差异的影响，要素流动有利于 DC_2 闲置资本的重新利用，因而 $\Delta K' > \Delta K$。两国的劳动力要素并未因此产生变化，世界生产可能性曲线的劳动力要素不变，而资本要素规模扩大，导致整个曲线向外延伸。

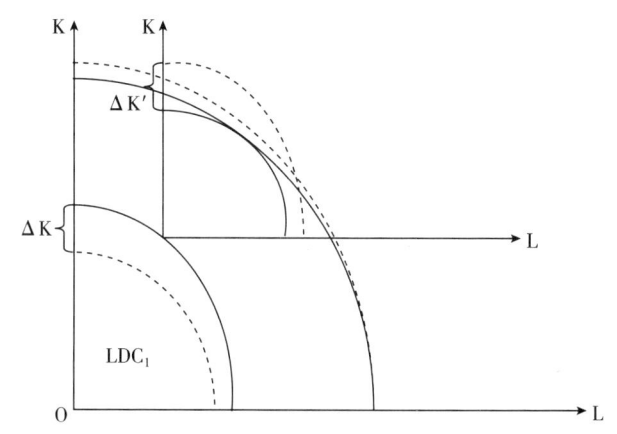

图 3-12　要素在发达国家间流动导致世界生产可能性曲线扩张

资料来源：根据张幼文等（2013）的研究思路绘制。

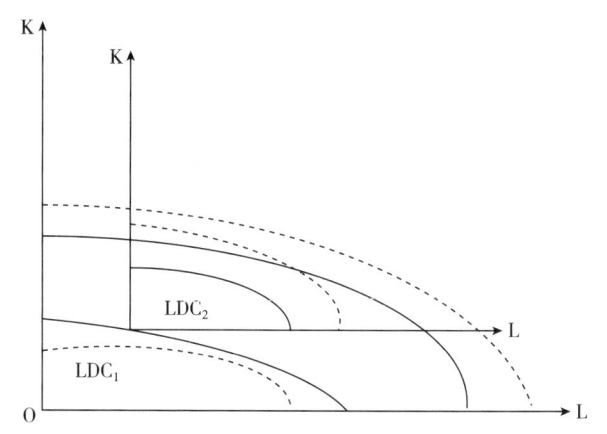

图 3-13　要素在发展中国家间流动导致世界生产可能性曲线扩张

资料来源：根据张幼文等（2013）的研究思路绘制。

当前，发展中经济体占据多数，相互之间的经济有竞争，也有互补。要素流动不仅有利于促进闲置劳动力要素的重新配置，还能够带动闲置资本的流转，进而在世界生产可能性曲线上表现为资本和劳动力两个方向的向外延伸（由 LDC_1 变为 LDC_2）。然而，就资本而言，发达经济体产生要素集聚相对发展中经济体容易，跨国资本多流向发达经济体，因此，发展中经济体对世界经济增长的作用并不显著。

通过分析可知，要素流动对全球的经济增长和自由贸易进程作用明显，能够提升要素的边际生产率，刺激经济发展。同时，也能完善和优化要素资源的配置效率，带动产业结构进一步调整，促进经济增长。此外，要素流动还能够刺激闲置要素资源使其得到重新利用，增加劳动力要素的供给规模，最终导致世界生产可能性曲线不断向外扩张。因此，经济全球化背后的根源是要素资源流动，符合要素收益规律。要素的稀缺性影响要素价格，从而决定要素收益。这是因为：一方面，发达经济体拥有更多的高端要素及稀缺要素，而发展中经济体拥有更多的低级要素，这种要素流动模式决定了发达经济体能够获得更多的经济利益，产生利益的不对称性分配现象；另一方面，要素流动使得发展中经济体在与发达经济体开展贸易合作时，有机会获得高端稀缺要素资源，优化自身要素禀赋结构，提升产品竞争力。

二 产业集聚

产业集聚（Industry Cluster）是指相同产业在一定的区域范围内聚集，导致资本、劳动力要素得到不断集合的过程，产业集聚能够产生外部经济、创新效益和竞争效益等。产业集聚问题的研究产生于 19 世纪末，由阿尔弗雷德·马歇尔（1964）提出"内部经济"和"外部经济"两个重要的概念，其对产业集群进行研究时又提出产业区理论。在对菲尔德地区的手工业类小公司的集聚行为进行研究之后，马歇尔发现各企业之间具有很强的相互联系，并且集聚区内的生产活动专业化分工表现为明显的特征，他把该类区域称作产业区。埃德加·胡佛于 2004 年在其著作《区域经济学导论》中提出产业集聚最佳规模论，指出产业不是越集聚越好，存在一个最优点。在这个最优点之前，如果集聚企业较少，即集聚规模较小，则达不到集聚最优水平；反之，如果超过最优点，集聚企业较多，则可能导致集聚的整体效应下降。约瑟夫·熊彼特（2009）将技术创新和产业集聚进行有效结合，对经济周期及经济波动进行解释，认为技术创新成为经济周期的主要因素。创新带动区域产业集群,能够形成聚集效应。同时,产业集聚也能够带动产业创新,而技术创新是在企业间的相互合作与竞争中实现的,因此应加大研发投入水平,不断进行技术创新。

迈克尔·波特(2000)运用企业竞争优势与钻石模型,探索一个国家如何形成整体竞争优势,并使其在国际市场上具有较强的竞争力。他认为,影响一个国家某一个行业的国际竞争优势因素有以下六个方面:生产要素、支持产业、企业战略、需求条件、政府和机会(见图3-14)。这些因素内在影响并相互作用,共同构成动态的竞争环境。如果一个经济体的产业可以有机联系,将有利于刺激具有竞争力的新产业产生。要素结构是产业结构的形成路径,通过"干中学"并引进稀缺要素资源,可以促进产业结构产生集聚效应。在经济全球化背景下,经济全球化的新技术革命改变了国际分工的原有规律,导致产业结构不平衡,出现扭曲现象。

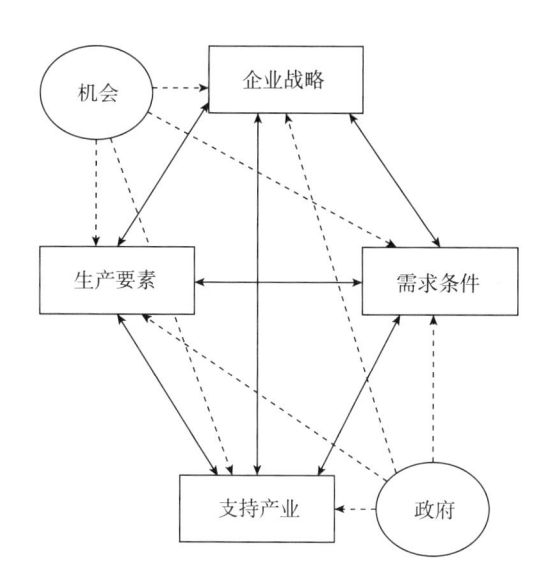

图3-14 钻石模型内在联系机制

资料来源:根据波特(2000)的研究思路绘制。

此后,克鲁格曼等(2002)运用新经济地理模型研究经济一体化对区域内部要素集聚的影响,表明产业在其作用下形成"中心—外围"的集聚力,并通过对欧盟的实证分析认为自贸区对产业集聚有积极作用。影响产业集聚主要是向心力和离心力的共同作用,向心力包括本地市场效应和价格效应,离心力来源于市场竞争,主要指集聚导致的企业增加导致竞争加剧。

如图 3-15,集聚力、离心力与贸易自由化的程度呈现反向关系,在集聚力和离心力的共同作用下,会出现一个均衡点,这是集聚力和离心力对贸易自由化共同作用的均衡值。"中心"经济体与"外围"经济体之间存在彼此联系、相互作用的关系,共同构成有机统一的世界经济体系。

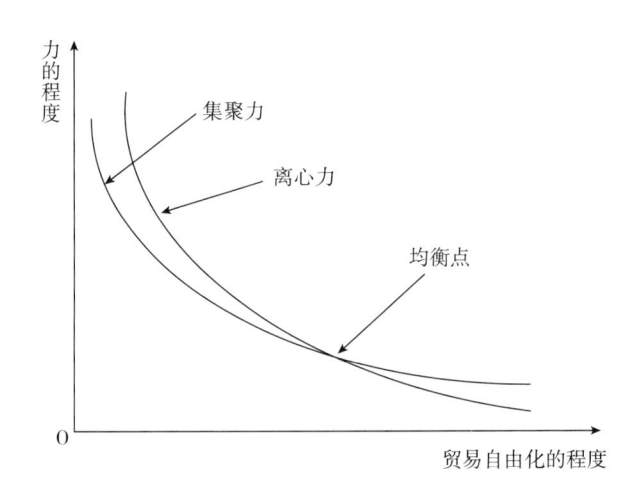

图 3-15 集聚力、离心力对自由贸易的影响

资料来源:根据克鲁格曼(2002)的研究思路绘制。

产业结构调整和优化升级能够引起国际分工格局的改变及产业转移的发生,以国际贸易与国际投资的形式将一些产业(集中在制造业或劳动密集型产业方面)转移到欠发达国家或地区。阿尔弗雷德·韦伯(1997)提出工业区位论,首次建立了一套有关集聚的规则和概念。以经济区位为视角,将生产、流通和消费等经济活动基本环节的工业活动作为研究对象,探究工业区位原理,解释人口在地域间大规模移动以及人口与产业的集聚机制。韦伯将影响工业区位的因素分为两类:一类是"区域性因素",分布于工业各个区域;另一类是"集聚因素",他将这种集聚因素视为一种优势,认为其能够为生产提供廉价资源,降低单位成本。

作为研究对象的人力资源、资本等要素，以及通过模拟分析所体现的宏观经济变动，均离不开要素集聚效应的影响。在经济全球化的发展趋势下，要素流动以及要素在区域内部的集聚为成员带来经济收益，而要素的非对称性集聚又会带来产业的不均衡集聚，进而形成自贸区的轮辐结构，对轮轴国和辐条国产生的贸易收益也是不同的。此外，下面章节分析的产业竞争力、GTAP 模型的产业变动情况均运用到产业集聚理论，产业的集聚效应能够为成员带来更多的产业优势。

第五节 小结

本章包括自由贸易区、"轮轴—辐条"、一般均衡理论、全球化要素分类与产业集聚理论等相关理论。首先，对自由贸易区理论进行分析，以自贸区的定义、自贸区的贸易创造效应与贸易转移效应、福利效应等为视角，研究了自贸区对成员国的经济影响及作用机制。其次，探讨了自贸区的"轮辐"理论。通过轮辐的构成、特点对轮辐结构产生的贸易利益及经济地位的不对称性产生了较深的理解，所举的南北型自贸区贸易网络的案例，为后续章节的分析提供了参考。再次，以一般均衡理论作为实证研究的理论基础，从一般均衡的内在机制和 GTAP 模型两方面分析，其能够对后面的实证部分提供指导。最后，本书以全球化要素分类及产业集聚理论，研究要素及产业能够剖析轮辐网络产生不对称性贸易利益的深层原因，有利于制定可行的政策措施。

通过理论研究指导亚太多重自贸区贸易网络的构建，既是适应全球经济一体化潮流、参与国际竞争的必然要求，也是适应亚太内部成员经济相互依存、发挥内部经济潜力、增强内部经济增长的稳定性和效率、减少对外依赖的必然措施。以上理论分析，系统归纳和发展了有关本选题的理论研究，为后续研究提供了理论指导和方法借鉴。

第四章 亚太多重自贸区的贸易网络现状

从亚太经济一体化的实践来看，亚太经济一体化起步较晚、进展缓慢、制度化水平低。目前，亚太地区[①]的经济一体化主要以东盟及"10+N"[②]、CPTPP 和 RCEP 等形式推进，各个经济体不断扩大经济合作领域，亚太地区的贸易与投资的自由化、便利化获得了历史性发展机遇。随着亚太地区自由贸易网络的不断深化发展，各个经济体的产业分工日趋细化，贸易合作更加紧密，有利于亚太自由贸易区的最终达成。

本章主要分析亚太多重自贸区的发展及特点，以时间为轴分析亚太地区已经达成或正在谈判的自贸区贸易网络，探索自贸区深入发展的合作机制。目前，亚太地区已经形成的自贸区贸易结构包括以新加坡为轮轴的东南亚联盟、以东盟为轮轴的"10+3"及区域全面经济伙伴关系协定、以日本为轮轴的跨太平洋伙伴关系协定。亚太地区正在谈判的自贸区贸易网络包括中日韩自贸协定、亚太自贸协定等形式。由于 APEC 属于经济合作组织，且属于亚太自贸区的初级阶段。故分析亚太多重自贸区的贸易网络，有助于解决亚太地区"意大利面碗"问题，以及推动亚太地区的经济一体化进程，并最终实现亚太自贸区这一终极目标。

第一节 亚太多重自贸区的发展概况

在 WTO 谈判进程停滞不前的背景下，以签订双边自贸协定为主的区

[①] 亚太地区横跨太平洋，涵盖亚洲东部及南部、美洲地区西部、大洋洲等地区。主要包括亚洲的中国、新加坡、俄罗斯、韩国、朝鲜、日本、马来西亚、文莱、柬埔寨、印度尼西亚、越南、老挝、菲律宾、泰国和中国香港、中国澳门及中国台湾；大洋洲的澳大利亚和新西兰；美洲的美国、加拿大、墨西哥、哥伦比亚、哥斯达黎加、厄瓜多尔、危地马拉、洪都拉斯、尼加拉瓜、巴拿马、萨尔瓦多、智利和秘鲁等经济体，这些国家或地区均位于环太平洋范围内。

[②] 这里的"10+N"指东盟对外签订的 6 个"10+1"贸易协定。

域自由贸易协定因其灵活性和高效率而不断涌现。目前，亚太地区是世界范围内贸易量最大的区域，各个经济体正在积极谋求相互间的经贸合作。亚太经济一体化开端于 APEC，之后，从东盟"10+1"到"10+3"，东盟自由贸易区的成立加快了区域经济一体化进程，进而到"10+6"的 RCEP。与 RCEP 规模相当的是 CPTPP，也成为亚太地区主要的自贸协议，亚太经济一体化经过以上区域贸易形式得以不断深化发展。

一 亚太多重自贸区的发展历程

自由贸易形式是经济一体化的重要阶段，当代世界经济一体化的发展开始于第二次世界大战之后。在欧洲共同体的带动和影响下，世界经济一体化进程不断发展。进入 21 世纪后，亚太地区的自由贸易区不断涌现。

（一）亚太地区的自由贸易进程

签订具有排他性及便利性的双边自由贸易协定成为亚太各个经济体发展对外贸易的有效途径，并且大多数成员希望构建以自身为轮轴的自贸区贸易网络。笔者在总结已有文献的基础上，将亚太地区的经济一体化进程划分为三个阶段。

1. 初始发展阶段（1949—1972 年）

该阶段自 1949 年开始，历经 23 年，成立了两个重要的区域贸易协定：经济互助委员会和欧洲煤钢联盟。这个阶段成立 RTA 的目的主要在政治层面，政治倾向性高于经济目的。此外，拉丁美洲出现了一些由发展中国家组成的自由贸易协定，但是大多数都以失败告终，原因在于美国的强烈反对。作为世界经济贸易强国的美国，最初坚决反对任何的区域经济合作形式，主张利用多边贸易谈判实现贸易自由化发展。

2. 平稳发展阶段（1973—1991 年）

在这一时期，签订的区域经济协议由国家层面的政治及安全考量逐步转向以经济发展为导向，且多数为几个地理距离相近的国家组成的关税同盟或多边自贸区形式，双边贸易协定较少。此阶段的标志性协议是欧洲统一市场和亚太经合组织（APEC），此外，欧共体在这一阶段迅速扩张，并实现了向欧盟的过渡。欧盟的成立为非洲及拉美地区的区域经济合作提供了参考，经过区域经济融合发展并形成新的贸易协定，如南方共同市场、安第斯共同体等。然而，亚太地区的经济一体化进程较为缓慢，直到 1989 年才形成亚太经合组织，又于 1992 年成立东盟自由贸易区。

3. 蓬勃发展阶段（1992年至今）

该阶段的区域经济一体化主要由发展中国家引领，亚洲的自由贸易进程正成为世界经济贸易新的增长极。然而，不同发展类型的国家之间产生的分歧较大，目前WTO谈判仍处于停滞状态。为此，WTO多数成员国通过签订双边或多边区域贸易协定的方式开展对外贸易。在这一阶段，区域经济一体化的进程不断加快，不仅表现在数量的增加、规模的扩大，还体现在区域经济一体化的发展逐步深化，这一阶段呈现的主要特点是双边贸易协定不断涌现。

由表4-1可知，21世纪以前，区域贸易协议的增长幅度较小，尤其是20世纪80年代以前，区域经济一体化进程更为缓慢。然而，进入21世纪，2000—2021年世界区域贸易协议数量激增，达494个，推动世界经济一体化的作用明显。全球范围内的自由贸易进程进入高速发展期，多数经济体谋求加入区域自由贸易建设中。目前，亚太地区初步形成了以东盟为轮轴的自由贸易网络，这是现阶段亚太范围内各个成员在经济、政治、文化等诸多因素相互作用的结果。

表4-1　　　　　　1950—2021年世界RTA数量　　　　　单位：个

时期	RTA数量
1950—1979年	15
1980—1999年	68
2000—2021年	494
总计	577

资料来源：根据WTO网站（https://www.wto.org/）整理。

亚太地区的自由贸易进程可以追溯到20世纪60年代，澳大利亚与新西兰于1965年签订亚太地区的第一个双边自贸协定。此后，东盟在1975年发出倡议并签订《东盟特惠贸易安排协定》，并于1992年建立东盟自贸区。随着东盟在区域经济中逐渐发挥主导作用，其与中国、日本、韩国、澳大利亚、新西兰和印度等周边国家分别签订了自由贸易协定。目前，东盟与其他六国正在进行区域全面经济伙伴关系协议的谈判，进行区域内部经济规则的整合和贸易的融合，扩大服务业的相互开放并创造公平自由的贸易和投资环境。在北美地区，美国最早的双边贸易协议是与以色列在1985年签订的货物贸易协定，之后，美国与加拿大于1988年达成双边贸易协定，并于1993年成立由美国、加拿大和墨西哥组成的北美自贸区。

(二) 以中国为轮轴的双边自由贸易区建设

中国的自由贸易战略是在国家不断开放并深入发展对外贸易的过程中提出的。国家非常重视自由贸易区建设，多次在重要会议中强调自贸区建设。党的十七大、十八大和十九大都对自贸区建设提出方略，在新时代、新形势下，党的十九大报告明确表示中国支持多边贸易体制，促进贸易和投资的自由化、便利化水平，推进自由贸易区建设，支持建设开放型世界经济，推动经济全球化朝着更加开放、包容、普惠、平衡、共赢的方向发展。

为了顺应时代发展的潮流，进一步扩大改革开放的成果，提升对外开放的广度和深度，扩大中国参与区域经济一体化的影响力，目前中国正在努力推进自贸区建设，构建亚太地区的多重自贸区贸易网络。2012年以后，中国的贸易规模不断扩大，投资便利化水平持续提升。随着中国不断融入全球经济一体化进程，国内的关税水平不断下降，使得通过降低关税水平来增加贸易规模的空间越来越小。自加入WTO以来，中国的贸易和营商便利化水平得到显著提升。从国家层面来看，中国处在世界银行统计的全球营商环境排名的中游水平[1]，进一步提升的空间较大。据2020年世界银行《全球营商环境报告》显示，2018—2019年中国营商环境国际排名由78名提升至31名，连续两年跻身全球营商环境改革步伐最快、改善幅度最大的十大经济体之列。当前，国内外发展环境发生深刻复杂的变化，需要在巩固改革成果的基础上，不断打造营商环境新高地，为高质量发展和高水平市场经济注入新的活力和动力。因此，中国应该及时把握时机，积极利用自身优势资源，努力参与到构建自贸区的进程中，加快实施自贸区战略，在亚太经济一体化的竞争中占据主动，从而维护自身的经济利益和国家利益，推动亚太经济一体化的深度发展。

表4-2　　　　　中国的FTA发展与现状（截至2021年底）

现状	中国的FTA类型	中国的FTA动态
已经签订（21个）	内地与港澳更紧密经贸关系安排	2017年签订，2018年1月1日实施
	中国—智利FTA	2005年11月18日签订，2006年10月1日实施
	中国—巴基斯坦FTA	2006年11月18日签订，2007年7月1日实施

---

[1] 不包括中国香港、中国台湾等地区。

续表

现状	中国的 FTA 类型	中国的 FTA 动态
已经签订（21个）	中国—新西兰 FTA	2008 年 4 月 7 日签订，2008 年 10 月 1 日实施
	中国—新加坡 FTA	2008 年 10 月 23 日签订，2009 年 1 月 1 日实施
	中国—秘鲁 FTA	2009 年 4 月 28 日签订，2010 年 3 月 1 日实施
	中国—东盟 FTA	2009 年 8 月 15 日签订，2010 年 1 月 1 日实施
	中国—哥斯达黎加 FTA	2010 年 4 月 8 日签订，2011 年 8 月 1 日实施
	中国—冰岛 FTA	2013 年 4 月 15 日签订，2014 年 7 月 1 日实施
	中国—瑞士 FTA	2013 年 7 月 6 日签订，2014 年 7 月 1 日实施
	中国—韩国 FTA	2015 年 6 月 1 日签订，2015 年 12 月 20 日实施
	中国—澳大利亚 FTA	2015 年 6 月 17 日签订，2015 年 12 月 20 日实施
	中国—东盟 FTA（"10+1"）升级	2015 年 11 月 22 日签订，2019 年 10 月 22 日实施
	中国—格鲁吉亚 FTA	2017 年 5 月 13 日签订，2018 年 1 月 1 日实施
	中国—智利 FTA 升级	2017 年 11 月 11 日签订，2019 年 3 月 1 日实施
	中国—马尔代夫 FTA	2017 年 12 月 7 日签订
	中国—新加坡 FTA 升级	2018 年 11 月 12 日签订，2019 年 10 月 16 日实施
	中国—巴基斯坦 FTA 第二阶段	2019 年 4 月 28 日签订，2019 年 12 月 1 日实施
	中国—毛里求斯 FTA	2019 年 10 月 17 日签订，2021 年 1 月 1 日实施
	中国—柬埔寨 FTA	2020 年 10 月 12 日签订，2022 年 1 月 1 日实施
	《区域全面经济合作伙伴关系协定》（RCEP）	2020 年 11 月 15 日签订，2022 年 1 月 1 日实施
正在谈判（10个）	中国—海合会 FTA	2004 年 7 月启动谈判，2016 年 12 月第 9 轮谈判
	中国—挪威 FTA	2008 年 9 月启动谈判，2019 年 9 月第 16 轮谈判
	中日韩 FTA	2012 年 11 月启动谈判，2019 年 11 月第 16 轮谈判
	中国—斯里兰卡 FTA	2014 年 9 月启动谈判，2017 年 1 月第 5 轮谈判
	中国—以色列 FTA	2015 年 3 月启动谈判，2019 年 11 月第 7 轮谈判
	中国—摩尔多瓦 FTA	2017 年 11 月启动谈判，2018 年 9 月第 3 轮谈判
	中国—巴拿马 FTA	2018 年 6 月启动谈判，2019 年 4 月第 5 轮谈判
	中国—韩国自贸协定第二阶段谈判	2018 年 7 月启动谈判，2019 年 4 月第 4 轮谈判
	中国—巴勒斯坦 FTA	2018 年 10 月启动谈判，2019 年 2 月第 1 轮谈判
	中国—秘鲁自贸协定升级谈判	2018 年 11 月启动谈判，2019 年 8 月第 3 轮谈判

续表

现状	中国的 FTA 类型	中国的 FTA 动态
正在研究（8个）	中国—巴新 FTA	/
	中国—孟加拉国 FTA	/
	中国—哥伦比亚 FTA	2012 年 5 月启动可行性研究
	中国—斐济 FTA	2015 年 11 月启动可行性研究
	中国—尼泊尔 FTA	2016 年 3 月启动可行性研究
	中国—加拿大 FTA	2016 年 9 月启动可行性研究
	中国—瑞士 FTA 升级联合研究	2017 年 1 月启动可行性研究
	中国—蒙古国 FTA	2017 年 5 月启动可行性研究
优惠安排（1个）	《亚太贸易协定》	前身为《曼谷协定》，于 1975 年签订，是发展中国家之间达成的一项优惠贸易安排，现有成员国为中国、孟加拉国、印度、老挝、韩国和斯里兰卡

资料来源：根据中国自贸区服务网及相关信息整理。

中国的自由贸易区建设从无到有、从少到多，目前已初步形成规模。中国对外自贸协定大多签订于近十年，截至 2021 年底，中国对外已签署自贸协定 21 个，共涵盖 26 个国家或地区。其中，中国—东盟 FTA 是中国对外商谈的第一个自贸协定，也是东盟作为整体对外商谈的第一个自贸协定，目前已成为发展中经济体之间建立的世界最大自贸区。中国—智利 FTA 是中国与拉美经济体达成的第一个自贸协定；中国—新西兰 FTA 是中国与发达国家签订的第一个自贸协定；中国—冰岛 FTA 是中国与欧洲国家签订的第一个自贸协定。中国以"亲、诚、惠、容"的原则作为同周边国家的外交方针，强调与周边经济体分享贸易红利，与世界共同进步，亚太经济一体化建设符合中国"合作共赢"的发展理念及主张。进入经济发展新时代，中国不断推进改革开放进程，同其他国家一道推动经济全球化发展，成为构建全球经济贸易体系的重要参与者。

二 亚太多重自贸区的发展特点

构建自由贸易区已是当今世界经济一体化不断发展的必然趋势，并在经济全球化进程中不断深化发展及呈现明显的特点，亚太自由贸易进程已经得到世界的广泛关注。亚太各方不仅同地理位置毗邻的经济体达成自由贸易区，还与跨区域经济体开展贸易合作，使得这些区域贸易协定交叉并重叠在一起，呈现错综复杂的发展趋势。亚太自由贸易进程的主要特征不仅表现为以区域贸易协定为主的规模不断扩大，还在协定类型、涵盖内容及成员国轮辐地位等诸多方面体现自身的发展特点。

第一，区域贸易协定涵盖的内容逐渐多元化。20世纪之前达成的区域贸易协定的内容通常只会涉及货物贸易，以及成员之间的关税及非关税壁垒条款，较少涉及服务贸易的内容。然而，当前的贸易协定涉及面广、涵盖内容丰富，不仅包括服务业开放、投资便利化、知识产权保护等细则条款的规定，甚至还制定了劳工标准、环境保护及社会制度安排等方面的约束机制。

第二，区域贸易协定覆盖的空间范围持续扩大。早期达成的贸易协定大多是距离相近的经济体之间达成的。这种现象也能够对传统的区域经济一体化理论进行解释，即如果经济体相距较近，签订贸易协定能够产生更大的贸易创造效应，促进成员获得更多的经济利益。随着世界自由贸易进程的持续推进并深入发展，以及投资、贸易的便利化水平不断提升，自20世纪90年代以来，自由贸易也超过了空间范围的局限，跨区域贸易协定不断增加。在亚太地区，中国与智利、韩国与欧盟、美国与韩国之间的自由贸易协定，都是跨区域自贸协定。此外，正在谈判并受到学术界广泛关注的RCEP、CPTPP等都属于洲际贸易协定。

第三，"南北型"区域贸易协定不断涌现。发达经济体与发展中经济体在开展贸易合作时可以实现较好的优势互补，然而，早期达成的区域贸易协定通常是以"北北型""南南型"为主，贸易方式主要表现为产业结构的竞争性与对称性。随着亚太区域经济一体化的多元化发展，"南北型"区域贸易协定正在不断涌现，表现为成员之间经济结构的互补性与非对称性。其中，"北北型"贸易协定的特点是成员方的经济较为发达、市场运行机制较健全，能够通过彼此相互开放的市场，充分发挥自身的规模经济优势，促进彼此之间的产业发展。"南南型"指经济发展水平较低的国家之间建立的贸易合作，相对于发达经济体，由于发展中经济体存在生产技术比较落后、金融市场不发达、国内市场较狭小、产业互补性不强等诸多问题，该种形式的贸易协定尚未实现政策预期。"南北型"贸易协定由发达国家和发展中国家组成，逐渐占据全球经贸合作的主导地位，得到迅速发展。"南北型"贸易协定中的发达国家与发展中国家的经济规模存在明显差距，经济结构能够形成有效互补，二者可通过垂直型国际分工和产业间分工实现双赢，提升区域的总体福利水平。该类型贸易协定不仅能够实现传统的区域贸易协定所涉及的福利效应，还可以形成成员产业的有效互补、改善地区经济结构、维持贸易政策的持续性等诸多非传统利益。

第四，区域贸易协定得到深化发展并形成"轮轴—辐条"结构。在亚太地区，美国、加拿大、日本、新加坡、中国等国家处于或正在处于自由贸易网络的核心"轮轴国"地位，与之签订贸易协定的成员则处于"辐条国"地位。"轮辐"结构随着区域贸易协定的增加及深化发展而不断衍化，形成复杂的自由贸易网络。

第二节 亚太地区已经达成的自贸区贸易网络

由于"轮辐"结构的特点具有动态性，轮辐网络是不稳定的，是动态发展和变化的。因此，不能简单地以双边贸易协定的方式判定轮辐结构的归属，而是应该从贸易协定框架下各个成员的国内市场规模、自身经济实力、对外贸易开放度等方面进行综合考量，由此区域贸易大国更可能成为轮轴国。本节分析以新加坡为轮轴的东南亚联盟、以东盟为轮轴的"10+1"及"10+3"、以日本为轮轴的跨太平洋伙伴关系协定等内容，均属于已经达成的自贸区贸易网络，也是亚太地区比较有代表性的正式签订并实施的自贸协定。

一 以新加坡为轮轴的东南亚联盟

东南亚国家联盟（Association of Southeast Asian Nations，ASEAN），简称东盟，成员国包括马来西亚、印度尼西亚、泰国、菲律宾、新加坡、文莱、越南、老挝、缅甸和柬埔寨共10个国家。1967年8月，新加坡、印度尼西亚、泰国、马来西亚和菲律宾共同宣告成立东南亚国家联盟，随着1984年1月文莱加入，相继又产生了四个"东盟新成员国"，分别为越南（1995年加入）、老挝（1997年加入）、缅甸（1997年加入）和柬埔寨（1999年加入），东盟成员规模延续至今。作为东南亚地区以经济合作为基础，集政治、经济、安全等方面为一体的经济合作组织，东盟起初建立的主要目的是维护地区的政治安全，后来逐渐转向区域经济合作。

1992年1月新加坡、印度尼西亚、马来西亚、泰国、文莱、菲律宾六国签署"东盟自由贸易区"（ASEAN Free Trade Area，AFTA）的协定，确定在2008年前建成东盟自贸区。之后东盟提前实现各方商品零关税的时间，于2003年1月签署《CEPT AFTA消除进口关税协定的修改框架》，该协议中规定取消东盟"老六国"清单中60%的商品关税，该六国的平均关税由AFTA成立之初的12.76%下降为1.51%，因此ASEAN已经在事实上成立。东盟成员国中，新加坡的经济总量最大，对外贸易最紧密，成为东盟经济向前发展与开展对外贸易合作的重要推动者。东盟的网络结构属于南北型贸易合作形式，新加坡是发达国家，其他成员属于发展中国家。

二 以东盟为轮轴的"10+1"及"10+3"

20世纪90年代初，东盟率先倡议开展区域经济合作，目前形成了以其为核心的多种合作机制，其中，东盟与中国、日本、韩国、澳大利亚、新西兰和印度等国分别实现"10+1"，与中日韩三国形成"10+3"合作框架，这些都是在东盟倡导下并以其为轮轴形成的自由贸易轮辐网络。作为亚太地区重要的发展中大国，中国与东盟从20世纪90年代开始展开对话协商，于2002年11月率先加入《东南亚友好合作条约》，标志着中国成为首位以非成员国的身份与东盟达成战略伙伴关系的国家，形成东盟"10+1"机制。此后，双方继续开展谈判和对话，主要包括领导人会议、部长级会议机制和工作层对话合作机制等内容。2010年，中国—东盟自贸区（China—ASEAN Free Trade Area，CAFTA）正式达成并实施，成为发展中经济体之间开展贸易合作、实现共赢的范本。中国—东盟自贸区成为当前世界上人口总量最多的自贸区，又是发展中经济体之间达成的最大自贸区。中国与东盟双方经过20多年的共同努力，政治互信明显强化，经贸合作效果显著，在各个领域的合作不断拓展和深化，发展前景广阔。

当前，中国—东盟自贸区迎来深入发展的机遇，李克强总理在2013年的中国与东盟领导人会议上倡议启动自贸区升级谈判。同时，习近平主席在访问东盟国家期间，倡议构建中国与东盟经济体的经济与贸易命运共同体。2015年中国与东盟完成自贸协定的升级谈判，成为中国在现有自贸体系基础上达成的第一个升级自贸区。新的自贸区形式涵盖内容更加广泛，对已有协议内容进行完善和改进，是双方继续开展并深化经贸合作的共同愿望和现实需求。目前中国成为东盟的第一大贸易伙伴，东盟是中国的第三大贸易伙伴，双边投资已达 1600 亿美元。然而，在中国探索对外自由贸易合作的过程中，虽然在区域经济一体化进程中取得了一定的成果，同时制定了自由贸易战略，但是与中国目前经济一体化的布局不相符，没有形成系统和有机的体系，东盟在这一点上值得中国借鉴。

近年来，全球经济一体化进程不断加快，东盟也意识到构建多元化的贸易合作方式及推动区域经济自由贸易的重要性。东盟与中日韩领导人就"10+3"合作模式举行会谈，主要就 21 世纪东亚地区的前景、发展和合作问题交换了意见，东盟"10+3"合作进程由此启动。该合作机制每年定期举行外长会议、财长会议、领导人会议等，成为构建东亚经济共同体的重要方式。在东盟"10+3"机制中，中国扮演了重要的角色，支持东盟在 RCEP 谈判中发挥主导作用，推动"10+3"内部贸易投资的自由化和便利化。此外，东盟还与美国、澳大利亚、新西兰、加拿大、欧盟、俄罗斯和印度等国家构建伙伴关系。

中国与东盟大多数国家的产业结构相似，生产和加工的商品以资源和劳动密集型的中低端产品为主，相互之间相似的出口结构存在一定的竞争关系，这就导致资源和要素的扭曲配置。随着中国产业结构的转型升级，以及中国对外开放的贸易政策，这种竞争关系将逐渐弱化。然而，日韩两国主要生产和出口以资本和技术等高端要素为核心的商品，能够与中国、东盟形成产业结构的优势互补。事实上，日韩的商品加工地大多设立在中国和东盟，这就为"10+3"模式深化合作与签订多边贸易协定奠定了基础。

无论是"10+1"，还是"10+3"，东盟在与中日韩的合作机制中，都成为推动区域经济增长和自由贸易进程的建设者和主导者，扮演着轮轴国的角色。这是因为，从轮辐的定义上看，东盟分别与中日韩建立"10+1"合作机制，发挥轴心作用，推动亚太地区的自由贸易进程。然而，随着中国经济不断崛起，国内市场需求日益扩大，中国已经成为世界第二大经济体和最大的发展中国家，在与东盟、日韩等经济体合作的同时，"轮辐"结构也在发生一定的变化。全球高端要素资源及产业集聚偏转于中国和日韩等国，东盟也受限于自身市场规模不大、需求不足等问题，为中国构建以自身为轮轴的自由贸易网络提供了动力，这也为后面的实证分析提供了方向。

三 以日本为轮轴的"全面与进步跨太平洋伙伴关系协定"（Comprehensive Progressive Trans-Pacific Partnership，CPTPP）

由APEC成员中的新西兰、新加坡、智利和文莱四国于2002年发起，美国于2009年参与谈判，澳大利亚等国也加入到谈判中，实现由"P4"向"P8"模式的转变。2015年底，TPP取得了实质性进展，各成员经过前期的谈判和磋商，就协议的内容初步达成一致，并于2016年初正式签署生效。值得一提的是，美国根据自身的贸易战略调整，于2017年初退出该协议，从而导致TPP的暂时搁浅。此后，2017年11月11日，日本与越南两国在越南岘港举行新闻发布会，共同宣布除美国外的11国就继续推进TPP正式达成一致，11国签署新的自由贸易协定，名字改成"全面且先进的TPP"，但其基本属性不变。

CPTPP是亚太地区重要的经济合作形式，其发展能够影响亚太经济一体化进程。该协议涉及面广、自由化程度高，对成员的要求比一般的自由贸易协定高，具有较强的约束机制，被称为"高门槛"的贸易合作形式。CPTPP协议的谈判领域包含货物贸易、服务贸易等领域，涉及的关税扩展到非关税领域、政府规制等，还对劳工、中小企业等方面的内容进行规定。CPTPP内部主张成员之间的贸易市场高度开放，区域内的贸易施行"零关税"政策，这就使得CPTPP形成了显著的投资区位效应。2020年CPTPP覆盖约5亿人口，GDP总和约为13.5万亿美元，从贸易规模来看，目前CPTPP成员的货物贸易总量占全球15.2%。虽然CPTPP成员在产业方面存在一定的竞争关系，但是多数产业能够体现较强的互补优势，日本、澳大利亚等发达经济体的产业优势集中在以资本或技术密集型为主的制成品，而马来西亚、越南等发展中经济体的产业优势则体现在以劳动密集型为主的初级产品。

此前，TPP被认为是美国重返亚太的重要战略。然而，美国特朗普政府废除了奥巴马政府大力倡导的TPP协议，从而逆转了多年来以美国为动力源泉的全球贸易自由化进程。值得一提的是，经济全球化是大势所趋，美国缺席CPTPP并不能成为区域贸易自由化深入发展的障碍。纵观当前世界经济形势，虽然WTO的相关贸易规则已不能充分满足当前国际贸易发展的需要，且谈判成果一直停留在多哈回合，但是大多数国家还是认为遵循世贸规则，并推动区域经济一体化是实现经济全球化的唯一选择。当前，CPTPP 成员国中的新加坡、马来西亚、越南和文莱等国家在东盟框架内与中国签订自由贸易协定。其他成员如秘鲁、智利、新西兰和澳大利亚也同中国建立广泛联系，分别与中国签订了双边自由贸易协定。日本作为东亚的重要经济体，也在同中韩两国协商构建多边自由贸易区。除此之外，CPTPP 成员中，只有位于北美的加拿大、墨西哥两国尚未同中国开展自由贸易的相关谈判。鉴于中国经济影响力的不断提升，没有中国参与的 CPTPP 将不可能完全实现其对外宣称的效力，因此，澳大利亚、新加坡等国极力邀请中国加入 CPTPP。如果中国应邀加入，将会在未来面临 CPTPP 的主导权之争，从而形成"轮辐"效应。[①]

四 区域全面经济伙伴关系协定（Regional Comprehensive Economic Partnership，RCEP）

"二战"后，国际经贸规则主要由欧美等发达经济体制定，随着发展中经济体的参与日益增多，世界经济已经步入后金融危机时期的深度调整阶段。由于欧盟、北美自贸区的成功经验，以及世界经济贸易自由化的客观规律和发展趋势，区域贸易协定的规模呈现不断扩张的趋势，贸易自由化带来的经济及贸易的增长效应愈加明显。然而，随着 WTO 谈判受阻，以及出现了英国脱离欧盟、美国退出 TPP 等一系列"逆全球化"的现象，双边贸易协定成为各国应对经济增长乏力、贸易增速放缓的经济合作现象。值得一提的是，双边贸易协定的规模不断扩大并交织在一起，很容易形成"意大利面碗"效应，这不仅降低了区域经济的贸易活力及运行效率，而且不利于多边区域的经济一体化进程。为此，"多边"贸易战略又重新成为各国贸易谈判和经济博弈的焦点，世界自由贸易的发展形成了"多边—双边—多边"的模式。

RCEP 由东盟倡议并主导，在东盟"10+3"机制下，邀请新西兰、澳大利亚、印度等国共同成立区域贸易协定，即"10+6"模式。该协定通过降低关税水平及贸易壁垒的方式，推动亚太自由贸易进程。2013 年，RCEP 谈判正式开启，目前各方还处在谈判阶段。2016 年在海南召开的博鳌亚洲论坛年会上，李克强总理在开幕式的主旨演讲中提到，RCEP 属于亚洲范围内规模最大、成员最多的区域贸易安排，并呼吁亚太各国与

---

① 中国已与大多数 TPP 成员分别签署协议，这就类似于自行车的"轮辐"结构，中国为轮轴，其他国家为辐条，形成 FTA "轮辐"网络。为了实现区域经济一体化，轮轴国将让渡一部分经济利益，并谋求区域经济的主导权。

中国尽快达成相关协议。[①] 2018年3月5日，中国国务院总理李克强在政府工作报告中提出，应早日结束区域全面经济伙伴关系协定谈判，并指出中国愿同有关方推动多边贸易谈判进程。2018年5月，各成员方在新加坡举行第22轮谈判，在货物、服务、投资和规则等领域展开深入磋商。历经8年谈判，RCEP于2020年11月15日签署，经过各方共同努力，于2021年11月2日达到生效门槛。RCEP的生效实施，标志着全球人口最多、经贸规模最大、最具发展潜力的自由贸易区正式落地，充分体现了各方共同维护多边主义和自由贸易、促进区域经济一体化的信心和决心，将为区域乃至全球贸易投资增长、经济复苏和繁荣发展做出重要贡献。

RCEP与其他自由贸易协定相比，具有以下特点：一是RCEP以出口导向型的东亚新兴经济体为主，其贸易规则对东亚生产网络及区域产业价值链的完善和优化具有积极意义；二是RCEP在一定程度上是APEC的继承和发扬，主要表现在市场开放性、贸易规则、政策措施等方面；三是RCEP不是综合性的自贸协定的整合，大部分经济体都在同时进行着其他双边或多边自由贸易谈判。[②] RCEP仍然面临诸多困难和挑战，各成员方在经济利益诉求方面存在较大的差异，且经济发展水平各异，产业结构也各有优势。RCEP的人口及经济总量均占世界近1/3，如果达成并实施，将成为全球范围内规模最大的自贸区。RCEP具有整合亚太地区已有自由贸易区的特点，将对亚太自贸区的最终实现起到推动作用，并有利于亚洲经济的进一步开放与融合。目前，RCEP谈判的焦点主要是市场准入方面，在货物贸易领域，各国还存在争议，开放水平还未能达成共识；在投资领域，谈判则取得了明显的进展，但保留措施、准入清单等内容还需要进一步完善。此外，各方在规则领域也存在分歧，如知识产权的标准制定难以达成一致。由于各成员的经济发展差异较大，要实现一个高水平的贸易协定并非易事。

中国经济的迅速崛起为RCEP成员提供了广阔的贸易市场，在一定程

---

① 博鳌亚洲论坛（Boao Forum for Asia，BFA）由亚洲地区25个国家和澳大利亚发起，于2001年2月27日在海南省博鳌镇召开大会并宣布成立。论坛为非官方、非营利、定期、定址的国际组织，为政府、企业及专家学者等提供一个共商经济、社会、环境及其他相关问题的高层对话平台，海南博鳌为论坛总部的永久所在地。

② 根据人民网，http：//world.people.com.cn资料整理。

度上可以使其减少对欧美等国家的出口依赖，降低对欧美的贸易依存度，而 RCEP 的达成也将为提升区域整体经济实力、扩大国际影响力、提升国际政治和经济地位等发挥重要作用。中日韩等国的优势产业多为资本或技术密集型为主的制成品，而印度和东盟多为劳动密集型为主的初级产品。多方博弈的结果是，小国及欠发达经济体将跟随以几个经济实力较强的经济体所形成的多轮轴自贸区。因此，中国、韩国和日本等国很难单独成为轮轴国，最可能的情形是中国和其他经济体联合组成轮轴国集团，凭借中国的广阔市场和巨大的经济潜力，由中国代替东盟成为 RCEP 的主导者，为推动 RCEP 深化发展并实现共赢式发展提供新动力。

第三节　亚太地区正在谈判的自贸区贸易网络

斯密认为分工是市场交换的基础，也是提高劳动生产率的重要因素。在此基础上，李嘉图提出比较优势是决定国际生产网络布局的关键。区域经济博弈可以实现成员的"竞争性合作"模式，也会形成"攀比效应"，造成一定程度的经济失衡。如果全球经济失衡超过一定限度，将打破原有的经济平衡可以调节的运行机制，从而引发经济危机。因此，全球经济再平衡是一个相对的概念，没有绝对化的平衡，也不是去贸易化，更不是反全球化。去贸易化不符合国际贸易的相关理论，更违背人类社会发展的一般规律，这种再平衡不具有任何意义。同时，全球经济再平衡不是简单的双边贸易再平衡，而是整体经济发展的再平衡。全球生产网络不是简单的双边问题，而是"网络状"的多边结构。随着多边自贸协定的深入发展，亚太地区逐步形成了以"轮轴—辐条"为主要特征的复杂网络结构，并且随着区域贸易协定数量的不断增加而逐步深化发展。

一　中日韩自贸协定

尽管 WTO 成为推动全球经济增长和贸易自由化的重要力量，但由于其涉及的成员众多、自身运转机制繁杂、各项议题的达成需要根据"一揽子接受"原则，即只有在各个成员方经过谈判并一致同意的基础上才能签订相关协议，这就面临谈判周期长、化解分歧难等诸多困境。因此，区域经济一体化将成为弥补 WTO 运行机制的替代方式，其中，自贸区是区域经济一体化的主要表现形式，包括贸易、投资、服务等方面，以优惠的投资、政策将各个成员联系在一起，通过经济融合促进成员国政治、文化等方面的交流，最后形成利益共同体。然而，由于受到2008年国际金融危机的冲击，以及世界经济发展不平衡的影响，亚太地区各个经济体的贸易发展产生了较多不确定性。同时，欧美等发达经济体的市场需求出现萎缩，制造业逐步回迁，贸易保护主义有所抬头，给世界经济的复苏与发展，尤其是以出口导向型为主的亚洲经济体增添了不小的压力。在此背景下，中国经济正处在改革和发展的攻坚期，面临经济下行压力及经济进入"新常态"等国内经济发展形势，正遭遇前所未有的新挑战。值得一提的是，中国实施的自贸区战略是"一带一路"倡议下应对贸易保护主义"逆全球化"现象的有效方式。

中日韩自贸协定（China-Japan-Korea Free Trade Agreement, CJKFTA）的倡议起始于2002年的中日韩三国领导人峰会，于2004年11月启动可行性研究，2012年11月正式启动中日韩自贸区谈判，目前，三国已就货物、服务等领域的重要方面取得了积极进展。2015年11月，三国领导人会晤后均提出应加快推进自贸区谈判，力争尽快达成高规格、共赢互惠的贸易协定。[①] 2019年11月28—29日，中日韩自贸区第十六轮谈判首席谈判代表会议在韩国首尔举行，这是迄今为止最新的一次谈判进展。三方围绕货物贸易、服务贸易、投资和规则等重要议题深入交换了意见，取得积极进展。中日韩自贸区达成，将极大促进商品和要素在区域内部自由流通，大幅削减三国之间的关税税率，降低企业的运行成本、开拓市场空间、刺激市场消费，总体上提升三国的经济实力和福利水平。其优势主要表现在三个方面：第一，自贸区能够有效实现三国的产业优势互补、优化产业结构、提升投资及贸易水平等。2020年中国GDP为14.73万亿美元，排名世界第二。日本GDP以5.05万亿美元排名世界第三。韩国GDP为1.63万亿美元，排名世界第四。三国之和为21.41万亿美元，占全球GDP的25.28%，超过了四分之一。第二，从工业增加值来看，按照现价汇率，2020年中国工业增加值为5.57万亿美元，排名世界第一。日本工业增加值为1.48万亿美元，排名世界第三。韩国工业增加值为5337亿美元，排名世界第六。三国之和为7.5837万亿

---

① 中华人民共和国商务部："加快实施自贸区战略，构建开放型经济新体制"，中国新闻网．http://www.chinanews.con.cn/cj/2016/03-23/7808919.shtml。

美元，占全球工业增加值的 32.2%。第三，从制造业增加值来看，2020 年中国制造业增加值为 3.85 万亿美元，排名世界第一。日本制造业增加值为 1.05 万亿美元，排名世界第三。韩国制造业增加值为 0.41 万亿美元，排名世界第五。三国制造业增加值之和为 5.31 万亿美元，占全球制造业增加值的 37.78%。

中日韩自贸协定是三国共同推动的多边贸易合作方式，作为东亚地区的重要经济体，三国之间至今还未签订多边自由贸易协定。值得一提的是，中日韩三国在对外贸易政策、市场规模和历史文化等方面都有很大的相似度，为自由贸易协定的签订提供了基础保障。[①] 目前，中韩双方在 2015 年 2 月结束自贸区相关内容的谈判，标志着中韩自贸区成功达成。2015 年 6 月，中韩双方正式签订贸易协定。中韩自贸区历经 14 轮的艰苦谈判于 2015 年 12 月正式生效，由此成为东北亚地区首个自由贸易协定，也成为中国倡议构建亚太自贸区理念以来达成的首个自贸区。中韩自贸区的达成不仅对中韩两国的贸易发展有积极的推动作用，也为中日韩自贸区的实现提供了参考，对东亚的自由贸易进程起到引领作用。根据韩国资料显示，韩国肯定了中韩自贸区的实施效果，两国贸易商品呈现多元化。[②] 然而，尽管中韩自贸区已经达成并顺利实施，东亚已成为全球重要的经济活动中心，但东亚的自由贸易进程已经明显落后于欧盟及北美自贸区。此外，韩国在本土部署"萨德"导弹防御系统，以及日本在钓鱼岛事件上的一意孤行，都使得各方矛盾升级，导致谈判进程缓慢或停滞，成为影响三国之间建立政治互信的屏障。

推进中日韩自贸区建设对东北亚经济一体化进程，以及三国经济贸易的发展都将产生重要影响。中日韩三国互为重要的贸易投资伙伴，在产业方面能够实现优势互补，拥有完整的产业分工体系。中国承接日韩两国转移的加工制造业，并逐步成为全球的"制造工厂"，而日韩占据中高端价值链的比较优势。进一步来说，中国、韩国和日本三国分别处于产业价值链的低端、中端和高端领域，经济互补性强，三国在新能源、技术创新及服务贸易等领域的合作潜力巨大。然而，在 WTO 多哈回合谈

---

① 日韩国土面积较小，资源也相对匮乏，两国分别于"二战"后和 20 世纪 60 年代制定了贸易立国的发展战略，并进行一系列有利于本国发展的经济改革，这与中国自 1978 年实行改革开放政策，尤其是在 2001 年加入 WTO 以后的对外贸易政策诉求一致。

② 韩联社，http://www.yonhapnews.co.kr。

判受阻的历史背景下，自贸区已经成为区域经济一体化的重要形式。2008年全球金融危机之后，世界经济格局呈现欧美亚"三极"态势，其中，北美和欧洲的经济一体化均已实现，而亚洲的经济一体化进程缓慢。作为东亚乃至亚洲最具活力的中日韩三国，东北亚地区形成了"三国鼎立"的局面。

中日韩是东亚最活跃的三个经济体，经济贸易合作紧密，产业优势互补明显，建立自贸区并深入发展后将产生"轮辐效应"，而"轮辐效应"是自由贸易区发展到一定阶段的表现形式。中国在"轮辐"结构中的作用和地位日益显现，其自由贸易战略将对亚太地区的其他经济体产生重要影响。中国的国内市场规模庞大，经济总量稳居世界第二位，对外贸易额规模不断扩大。推动构建中日韩自贸区轮辐网络是东北亚经济一体化纵深发展的必然选择，将成为各方博弈的结果，这就为中国争取轮轴国地位提供了方向。

二 亚太自贸协定

世界大多数国家将签订自贸协定视为对外经济的既定战略，如何获得自身经济利益的最大化已成为核心议题。不同于以往的自由贸易形式，新兴的自贸协定涉及的内容广泛而全面，不仅包括商品贸易，还涵盖服务贸易及金融、投资等领域。亚太自贸协定的基础是于1989年成立的亚太经合组织（Asia-Pacific Economic Cooperation，APEC），包括21个成员国和3个观察员经济体，成为目前亚太地区影响力最大、级别最高、内部机制最完善的贸易合作形式。[①] 亚太自由贸易协定（Free Trade Agreement of the Asia-Pacific，FTAAP）的倡议出现在2010年的APEC会议上[②]，目前，2016年11月在秘鲁利马举行的APEC第二十四次领导人非正式峰会上，21个经济体联合发表了《亚太自贸区利马宣言》，通过了

[①] 按照加入的先后时间，APEC成员方分别包括1989年加入的美国、澳大利亚、新加坡、韩国、日本、加拿大、新西兰、文莱、印度尼西亚、马来西亚、菲律宾和泰国；1991年加入的中国、中国香港和中国台湾；1993年加入的墨西哥和巴布亚新几内亚；1994年加入的智利；1998年加入的俄罗斯、秘鲁和越南。

[②] FTAAP的提出有其深刻的历史背景，由于2008年国际金融危机的影响，世界经济贸易格局发生巨大变化，而亚太地区的新兴经济体也扮演了越来越重要的作用，其人口及经济规模在世界范围内占据较高的比重。FTAAP的发起主要是由于WTO多哈回合谈判进程受阻，导致双边及多边自由贸易协定不断涌现，各个经济体所签订的FTA产生"意大利面碗效应"，对非成员国的经济贸易产生歧视的差别待遇，同时，对原产地的相关规定也增加了跨国企业的贸易成本。

FTAAP 的战略研究方案，制定了发展目标及规则，为达成亚太自贸区制定了框架，同时建立了工作机制以适时推进 FTAAP 的尽快达成。2017 年 11 月，亚太经合组织第二十五次领导人非正式会议在越南岘港举行，会议提出 APEC 成员致力于推进并最终实现亚太自贸区。深入推进区域自由贸易及经济一体化进程，共同构建和平、稳定、活力、联动和繁荣的亚太命运共同体。2021 年 6 月 5 日，亚太经合组织（APEC）第二十七届贸易部长会议以视频方式召开。本次会议是在新冠肺炎疫情仍在发展、全球和区域经济发展面临诸多严峻挑战的形势下，召开的一次重要会议，也是 2021 年亚太地区区域经贸合作机制首场部长级会议。本次会议主要讨论了共同应对新冠肺炎疫情、支持多边贸易体制等 APEC 各经济体及国际社会高度关注的议题，达成了很多重要共识。

FTAAP 成立的目标是避免区域内自由贸易向碎片化发展，因此达成协议的基本前提是能够制定一个基本符合各方共同利益的方案。然而，各个成员在经济、贸易、国内体制、对外政策等方面还存在较大分歧，对亚太自贸区的利益诉求也不尽相同。所以，在亚太既有的多边贸易体系（如 RCEP、CPTPP 等）基础上进行融合与扩展，成为各方共同努力的方向。目前，在亚太地区，CPTPP 与 RCEP 属于规模较大的多边贸易协议，在一定程度上，哪一个率先达成，其将获得区域经济的主导权。

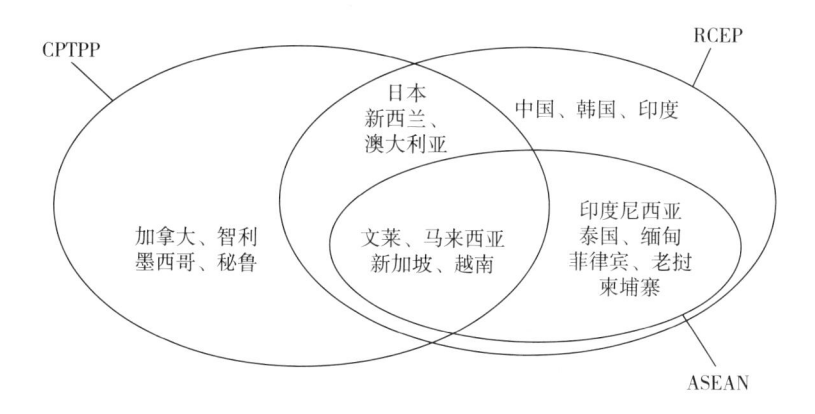

图 4-1　CPTPP、东盟与 RCEP 的成员对比

资料来源：根据 CPTPP、东盟与 RCEP 的成员绘制。

亚太自贸区涵盖的经济体众多，是 RCEP 基础上的扩展，也是 APEC 深化发展的最终路径。亚太自贸区的构建将使其成为继东盟、欧盟、北美自贸区之后，又一个区域性自由贸易形式。亚太自贸区的轮辐网络结构也因成员众多而变得更加复杂，中国、日本和美国等国家在政治和经济方面存在竞争和博弈关系，单轮轴形式将很难成为推动亚太自贸区轮辐结构持续发展的模式。随着中国自身经济实力和国际地位的不断提升，由中国积极推进并倡导，通过中国同其他几个重要的经济体合力共建亚太自贸区轮辐网络，将成为各方经过博弈后的占优策略。中国、美国的国内市场能够为亚太地区提供广阔的市场机会，日本、韩国等国可以提供先进的技术和管理经验，东盟等经济体可以在产业领域与美国、日本等国的优势互补。此外，中国的丰裕劳动力资源和美国、日本等国的充裕资本资源、科技水平等方面实现优势互补。多轮轴形成的亚太自贸区轮辐网络结构，将成为区域经济发展的新模式，推动世界经济一体化深入发展。

从全球自由贸易网络化的发展趋势来看，"轮辐"结构的形成、发展及运转机制等方面都对成员国和非成员国的经济贸易、福利水平等产生重要影响，对世界经济一体化的布局起着举足轻重的作用。因此，自贸区的积极推动者不仅有美欧等发达经济体，还有中国与东盟等发展中经济体。作为世界经济发展和贸易增长速度最快的经济体，中国还没有在区域经济中，尤其是亚太经济一体化中扮演与其地位相称的主导或发起者角色。从 2001 年加入 WTO 以来，中国积极参与和推动亚太区域的自由贸易谈判，成为区域经济一体化中签订自由贸易协定浪潮的重要推动力量。中国在区域自由贸易"轮辐"结构中的作用和地位也日益显现，其自由贸易战略将对亚太地区的其他成员产生积极影响。

第四节 小结

本章从亚太地区自由贸易区的实际出发，分析了多重自贸区的贸易网络现状及特点，有利于全面而系统地研究亚太多重自贸区的发展现状。通过由浅及深的分析方式，以亚太地区主要的多重自贸区的达成或谈判为时间轴进行梳理。已经达成的自贸区贸易网络包括以新加坡为轮轴的东南亚联盟、以东盟为轮轴的"10+1"及"10+3"、以日本为轮轴的跨太平洋伙伴关系协定、区域全面经济伙伴关系协定等，正在谈判的多重自贸协定包括中日韩自贸协定和亚太自贸协定等。

  经济全球化与区域经济一体化是全球经济发展的两大趋势，当前，亚太地区的经济一体化得到空前发展，多重自由贸易区相继涌现。然而，亚太地区涉及的国家众多，各个经济体的发展程度差异较大，贸易诉求不尽相同，各种自贸区相互交叠，区域贸易合作的"碎片化"现象凸显。本章厘清了亚太区域经济一体化进程及自由贸易区的发展脉络，有助于全面了解亚太多重自贸区的贸易网络现状，并为后面的实证研究提供现实逻辑和研究过渡。

第五章　中日韩自贸区贸易效应的实证分析

同欧盟和北美自贸区相比，东北亚的区域经济合作有待进一步强化。目前，由中日韩主导的东北亚地区尚未建立统一的区域经济组织，区域经济一体化进程十分缓慢。中日韩三国是全球重要的经济体，作为贸易大国，三国的产业存在较强的互补性。然而，作为世界第二大经济体及最大的发展中国家，中国尚未在区域经济中，尤其是东北亚经济一体化进程中扮演与其地位相称的主导者角色。随着中国不断深化的对外开放战略，以及不断增强的经济实力和国际影响力，中国在"轮辐"结构中的作用与地位逐渐显现，对外深入推进的自由贸易战略将对东北亚地区产生重要影响。中国在构建中日韩自贸区贸易网络中寻求主动，对中国经济的发展与对外贸易的布局等方面意义深远。

本部分从中日韩的贸易规模及要素、产业竞争力、自贸区贸易效应模拟等方面展开论述，其中，中日韩产业竞争力指标包括产业内贸易指数、出口产品相似度指数、贸易竞争力指数等，中日韩自贸区贸易效应的模拟分为区域划分及产业分组、情景设定和模拟分析等内容。

第一节　中日韩的贸易规模及要素分析

21世纪中期，东亚出现"雁形模式"，共分为三段，以生产技术密集型产品的日本作为"雁头"，以生产资本密集型、低端技术密集型产品的亚洲"四小龙"[①] 作为"雁身"，以生产劳动密集型产品的东盟、中国作

---

① 亚洲"四小龙"包括中国香港、中国台湾、韩国及新加坡四个经济体，1997年亚洲金融危机的爆发，使得大多数亚洲国家陷入经济衰退。然而，这四个国家和地区通过吸收发达国家的资本和技术，大力发展劳动密集型产业，一跃成为亚洲发展势头最强劲的经济体，成功避免陷入经济危机。

为"雁尾"。这三种经济体的经济发展水平有差距，相互之间能够体现较好的分工与合作。"雁形模式"的特点是，创新技术、高端资本依次由"雁头""雁身"和"雁尾"的顺序进行转移，产生这种现象的原因可以用产品生命周期理论（product life cycle）[①]进行解释，即成熟技术和稀缺资本随着要素流动而发生转移。该结构成为当时东亚经济的发展奇迹，引领区域经济的发展潮流，然而，随着东亚产业分工模式的改变，区域经济一体化的贸易合作方式也随之改变，因此"雁形模式"逐步解体。

一 中日韩的贸易现状

中国一直致力于达成三国之间的自贸区，但由于受到经济、政治等因素的影响，中日韩自贸区的建设进程还比较缓慢。中日韩三国地处东亚地区，近年来三国之间的投资和贸易迅速增长，经济互补性强。加快推动中日韩自贸区建设不仅对三国的经济发展有重要意义，而且对东亚、亚太，乃至世界经济一体化也会产生积极影响。

（一）中日韩双边贸易额情况

中日两国自1972年恢复邦交正常化，经过40多年的发展，双边贸易规模不断扩大。据日本有关资料显示，中国是日本的第二大出口目的国及最大的贸易逆差来源国。2021年中日贸易总额3714亿美元，同比增长17.1%。其中，中国对日出口1658.5亿美元，同比增长16.3%；中国自日进口2055.5亿美元，同比增长17.7%。中国企业对日非金融类直接投资4.4亿美元，同比增长48.6%。日本对华实际投资39.1亿美元，同比增长16%。中国企业在日本新签工程承包合同额3.8亿美元，同比下降12.6%；完成营业额4.1亿美元，同比增长4.6%。

中韩两国于1992年正式建立外交关系，25年间两国经贸取得全面发展，经贸合作不断深化和扩大。根据两国近些年的相关资料显示，中韩的双边贸易得到迅猛发展，这是多重因素形成的结果，而两国的产业优势互补及地理距离相近等方面是主因。当前，中国是韩国最大的贸易伙伴国、出口对象国及进口来源国，而韩国成为中国第一大进口及最重要的投资来源国之一。2021年中韩双边贸易3623.5亿美元，同比增长

[①] 由美国哈佛大学教授Vernon于1966年提出，指产品的市场寿命是一种新产品进入市场到被淘汰的整个过程，包括引入期、成长期、成熟期、衰退期四个阶段。这个周期在经济发展水平不同的国家中，所处的阶段也是不同的，这会出现技术水平的相对差距，体现了同种产品在不同经济体中的竞争地位不同，从而促进了国际贸易及国际分工的产生。

26.9%。其中，中国对韩出口1488.6亿美元，同比增长32.4%；自韩进口2134.9亿美元，同比增长23.3%。中国企业对韩非金融类直接投资3.4亿美元，同比增长28.7%。韩国对华实际投资40.4亿美元，同比增长11.9%。中韩新签工程承包合同额为9.1亿美元，同比增长21.4%；完成营业额4.4亿美元，同比下降40.1%。

（二）中日韩双边贸易分别在对外贸易额的占比情况

中国、日本和韩国是东北亚地区的重要经济体，在区域内部乃至世界，三国都成为推动经济发展的助推剂。中日韩的空间距离较近，在经济、政治和文化等方面紧密合作并融合发展，经济贸易能够实现较强的优势互补。近年来，中日韩三国之间的双边贸易额逐年攀升，其中，中日、中韩的贸易规模比日韩两国之间的贸易规模大（中日韩的双边贸易额占各自贸易额的情况见图5-1）。

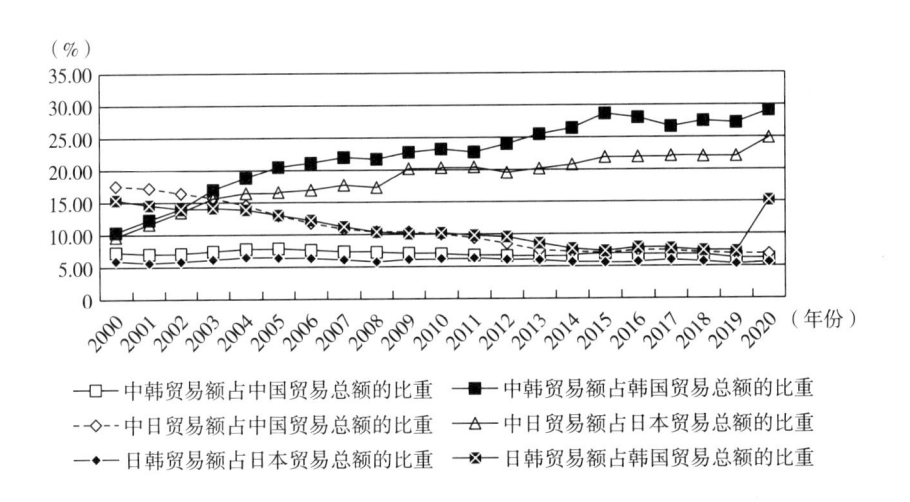

图5-1 2000—2020年中日韩双边贸易额占各自贸易额的比重

资料来源：根据联合国货物贸易数据库绘制。

通过分析可知，中韩方面，2000—2020年两国贸易额占中国贸易总额的比重变动趋势不明显，基本维持在10%之内，表明年均增长幅度不大。2000年为7.27%，2005年达到峰值7.87%，之后的2010年开始降到7%以内，到2015年又达到近5年的最大值6.98%，2020为6.14%。然而，两国贸易额占韩国贸易总额的比重变动趋势较明显，由2000年的

10.37%增加到2020年的29.10%，总体上看，呈现逐年增加的特点。因此，韩国对中韩贸易产生更多的依赖，且中韩贸易有利于提升其对外贸易额水平，改善自身贸易结构，这也在一定程度上解释了韩国同中国签订自贸协定的原因。中日方面，两国贸易额占中国贸易总额的比重不断下降，由2000年的17.53%下降到2020年的6.83%，说明中国对中日的双边贸易依赖度降低。相反，两国贸易额占日本贸易总额的比重从2000年的9.68%增加到2020年的24.87%，说明中日贸易对日本对外贸易的作用更明显，造成这种现象也在一定程度上说明，日本通过与中国开展贸易合作有利于提升其贸易水平。日韩方面，两国贸易额占日本贸易总额的比重变动趋势不明显，基本维持在5%—6%，但两国贸易额占韩国贸易总额的比重不断降低，仅2020年为15.16%。

总体来说，中韩、中日之间的贸易规模占中国对外贸易总额的份额一直处于较低水平，波动幅度不大。然而，韩日与中国之间的双边贸易额分别占各自对外贸易的份额存在不断上升的发展趋势，并且近几年处于20%左右，这在一定程度上表明中国对韩日的经济贸易作用更明显。值得一提的是，韩国比日本更显著，很大程度上取决于中韩两国的经贸往来密切和历史文化相似等因素。

（三）中日韩对外贸易依存度分析

通过商务部国别报告信息整理，中日韩三国的贸易合作方式主要以加工贸易为主。2020年，在对外贸易方面，由高到低依次是：中国为4.65万亿美元、日本为1.28万亿美元、韩国为0.98万亿美元。中日韩在区域及世界经济中的作用显著，值得一提的是，中国的经济总量位居世界第二位，在区域经济中扮演的角色更加重要。此外，在世界中高等收入经济体中，中国占比超过50%。由此可知，三国之间建立自贸区将有利于双边贸易额的进一步提升，推动区域经济一体化的发展进程。

由图5-2可知，2000—2020年，韩国对外贸易依存度一直处于较高水平，中国次之，而日本历年的贸易依存度都比较低，近年来，三个国家的贸易依存度都有下降的趋势。改革开放以来，中国通过积极吸引外商直接投资，改进自身生产技术，对外贸易依存度维持在合理水平。从曲线的趋势上看，2002年以前的波动较平缓，2006年达到峰值的64.77%，2009年受金融危机的影响，下降至43.59%，之后又出现缓慢上升，2020年为34.51%。日本的贸易依存度是三个国家的最低水平，2014年达到最大值38.60%，2020年为31.07%。韩国的情况则不同，贸易依存度一直较高，基本处于60%以上的水平，2011—2013年甚至连续三年超过了100%，其中，2011年为峰值，达110%，2020年为69.22%。由此可知，韩国对外贸易的依赖程度是三国中最高的。

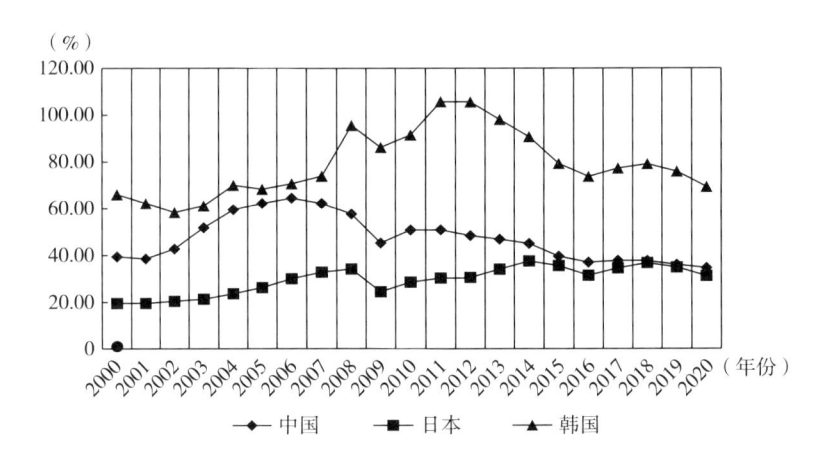

图5-2 2000—2020年中日韩对外贸易依存度分析

资料来源：根据世界银行WDI数据库绘制。

二 中日韩的要素分析

H—O理论认为，一国或地区应充分利用自身的丰裕要素进行生产并出口商品，而引进稀缺要素满足国内消费。这就是说，中日韩三国应根据各自的要素资源实现合理分工，中国的劳动力、自然资源等要素与日韩的高端技术、管理经验等要素能够形成优势互补。实现中日韩自贸区不仅能够使得商品可以以低关税或零关税的方式自由流通，作为商品内在属性的要素也随之发生流动，因为生产要素的自由流动是以商品流通的方式体现的，以此促进自由贸易不断深化发展。因此，自由贸易的本质是生产要素得到自由流动。中日韩三国的要素情况如表5-1所示。

在要素资源方面，中国与日韩形成优势互补，以中日为视角，中日经济合作所产生的要素集聚主要通过两国的对外贸易战略来实现，以此推动经济增长。在FDI净流入额方面，2020年中国引进外资的规模较大，为2124.76亿美元，数值上远大于日韩两国之和，内因是资本要素是中国

表 5-1　　2020 年中日韩 FDI、固定资本及劳动力情况比较

国家	FDI 净流入额（亿美元）	占 GDP 比重（%）	劳动力人口数量（百万个）	占总人口比重（%）	固定资本额（亿美元）
中国	2124.76	1.44	792.40	56.16	63135.09
日本	627.23	1.24	68.31	54.28	12794.76
韩国	92.24	0.56	28.44	54.93	5096.01

注：GDP 额及固定资本额以 2010 年为基期的不变价美元计。
资料来源：根据世界银行 WDI 数据库整理。

的稀缺要素，这是要素禀赋上的差异决定的。从数值上看，日韩两国的规模都较小，这也在一定程度上说明日韩在资本要素方面比中国有更多的比较优势。同时，中国正在快速推进的工业化建设为日韩的资本流入提供了有利条件。在固定资本方面，2020 年中国为 6.31 万亿美元，是日韩固定资产之和的近三倍，这主要源于中国国内市场的发展需要，刺激了固定资本额的不断需求。在劳动力方面，中国是世界人口最多的国家，劳动力资源非常充裕，2020 年为 7.92 亿人，而日韩两国相较中国则劳动力资源不足，目前面临人口老龄化及人工成本高等问题，这方面使得三国之间能够形成较好的要素优势互补。此外，相对日韩来说，中国的自然资源储备丰富，这方面也会产生一定的互补性。在 FDI 净流入额占 GDP 比重方面，中国占比达到了 1.44%，而韩国还不到 1%，说明 FDI 对中国的影响比日韩更重要。

第二节　中日韩的产业竞争力分析

中日韩对区域内部商品市场、资本市场等具有较强的依赖性，而中日韩自贸区能够充分发挥各成员的产业比较优势，这使得东北亚经济一体化具有现实的可行性。中日韩三国的产业优势互补已经成为推动东北亚区域经济一体化并最终达成自贸区的推动力，中国的资源、劳动密集型产品与日韩的资本、技术密集型产品具备优势互补。

一　中日产业分析

20 世纪后期，日本推行"贸易立国"政策，根据自身的发展国情及

时改变国内产业政策，将产业重心由轻工业过渡到重工业。目前，日本的产业优势主要是资本及技术密集型产业，在高端制造业及科技领域拥有核心竞争优势，主要生产及出口资本密集型商品。

据日本海关统计，2018年日本货物进出口额为14865.7亿美元，比2017年（下同）增长8.5%。其中，出口7382.0亿美元，增长5.7%；进口7483.7亿美元，增长11.3%。贸易逆差101.7亿美元，下降138.8%。分国别（地区）看，2018年中国、美国和韩国是日本前三大出口贸易伙伴，出口额分别为1439.9亿美元、1400.6亿美元和525.1亿美元，其中对中国和美国出口增长8.4%和3.9%，对韩国出口下降1.5%，占日本出口总额的19.5%、19.0%和7.1%。日本进口排名靠前的国家依次是中国、美国和澳大利亚，2018年日本自三国进口1735.4亿美元、815.5亿美元和456.9亿美元，分别增长5.5%、13.0%和17.4%，占日本进口总额的23.2%、10.9%和6.1%。分商品看，机电产品、运输设备和化工产品是日本的主要出口商品，2018年出口额为2574.0亿美元、1726.8亿美元和611.1亿美元，增长5.5%、5.2%和13.4%，占日本出口总额的34.9%、23.4%和8.3%。矿产品、机电产品和化工产品是日本的前三大类进口商品，2018年进口额为1985.6亿美元、1739.1亿美元和667.8亿美元，增长21.4%、6.7%和14.2%，占日本进口总额的26.5%、23.2%和8.9%。

2018年日本与中国双边货物进出口额为3175.3亿美元，增长6.8%。其中，日本对中国出口1439.9亿美元，增长8.4%；自中国进口1735.4亿美元，增长5.5%。日本与中国的贸易逆差为295.5亿美元。日本对中国的主要出口产品是机电产品、化工产品和运输设备，2018年出口额分别为620.1亿美元、165.2亿美元和139.2亿美元，增长10.3%、18.5%和11.7%，占日本对中国出口总额的43.1%、11.5%和9.7%。日本自中国进口的主要商品为机电产品、纺织品及原料和家具玩具，2018年进口额分别为789.0亿美元、218.8亿美元和107.5亿美元，增长4.7%、2.0%和1.3%，占日本自中国进口总额的45.5%、12.6%和6.2%。在日本市场上，中国的劳动密集型产品占有较大优势，如纺织品及原料、鞋靴伞和箱包等轻工产品，这些产品在日本进口市场的占有率均在60%左右，在这些产品上，中国产品的主要竞争对手来自其他亚洲国家和地区（如越南、泰国、中国台湾）以及意大利、美国等国家。

二 中韩产业分析

据韩国海关统计，2019年韩国货物进出口额为10455.8亿美元，比2018年（下同）下降8.3%。其中，出口5422.3亿美元，下降10.4%；进口5033.4亿美元，下降6.0%。贸易顺差388.9亿美元，下降44.2%。分国别（地区）看，中国、美国和越南是韩国出口排名前三位的国家，2019年出口额为1362.0亿美元、733.4亿美元和481.8亿美元，占韩国出口总额的25.1%、13.5%和8.9%，对中国出口下降16.0%，对美国出口增长0.9%，对越南出口下降0.9%。中国、美国和日本是韩国进口排名前三位的国家，2019年进口额为1072.3亿美元、618.8亿美元和475.8亿美元，自中国和美国进口增长0.7%和5.1%，自日本进口下降12.9%，占韩国进口总额的21.3%、12.3%和9.5%。韩国贸易逆差主要源于日本、澳大利亚、德国和中东的一些产油国家。贸易顺差主要来自中国香港、中国和越南，2019年顺差额分别为301.3亿美元、289.7亿美元和271.1亿美元。分商品看，机电产品、运输设备和贱金属及制品是韩国主要出口商品，2019年出口额分别为2245.3亿美元、846.4亿美元和471.6亿美元，其中机电产品下降14.4%，运输设备增长0.3%，贱金属及制品下降8.0%，占韩国出口总额的41.4%、15.6%和8.7%。矿产品、机电产品和化工产品是韩国前三大类进口商品，2019年进口额为1433.3亿美元、1413.3亿美元和435.4亿美元，分别下降12.0%、2.5%和6.1%，占韩国进口总额的28.5%、28.1%和8.7%。

2019年韩国与中国双边货物进出口额为2434.3亿美元，下降9.4%。其中，韩国对中国出口1362.0亿美元，下降16.0%；自中国进口1072.3亿美元，增长0.7%。韩国与中国的贸易顺差为289.7亿美元。机电产品、化工产品和塑料橡胶是韩国对中国出口的主要产品，2019年出口额分别为707.8亿美元、199.7亿美元和109.3亿美元，下降19.6%、10.5%和5.5%，三类产品合计占韩国对中国出口总额的74.7%。韩国自中国进口排名前三位的商品为机电产品、贱金属及制品和化工产品，2019年进口额为538.5亿美元、122.4亿美元和103.2亿美元，增长6.8%、0.6%和下降9.9%，占韩国自中国进口总额的50.2%、11.4%和9.6%。在纺织品及原料、家具这类劳动密集型产品上，中国继续保持优势，主要竞争对手是越南、印度尼西亚、日本等国家。

三 日韩产业分析

日韩两国在产业上存在竞争关系，主要集中在高端制造业及资本、技术密集型方面。虽然日韩两国在产业上存在竞争关系，如以资本、技术密集型产业为基础的高端制造业等，但是中国作为中日韩自贸区最具潜力的市场，日韩两国的强强联合有利于开拓中国市场。中日韩三国是东亚经济的重要支柱，也是亚洲经济发展的主要引擎。中日韩在产业分工上更多的是互补关系，即中国与日韩两国能够发挥各自的产业优势，推进东北亚经济一体化不断向前发展。

近年来，中日韩三国的贸易结构发生了一定的改变，中国对日本的出口主要是加工贸易，如机械制造、电子产品等，对韩国的出口商品也由附加值较低的初级产品过渡为附加值较高的半成品或制成品。中国的出口商品主要以资源及劳动密集型为主，如纺织业、加工业等，而日韩主要生产及出口资本、技术密集型商品。其中，日本主要生产中高档技术密集型及资本密集型商品，在制造业领域拥有核心竞争力，而在自然资源及劳动力资源方面具有比较劣势。韩国的中档技术密集型及电子类商品是其竞争优势，但纺织及服装是其"短板"。中日韩三国在产业上互补性强，这也是自贸区形成的基础和保证。

为了便于分析，下面运用SITC分类方法对中日韩的产业情况进行分析，此方法的编码体系能够细化商品的分类情况，目前应用广泛，尤其是对产业内贸易的分析。本书运用的数据来源于联合国数据库，分类方法是"标准国际贸易产品分类"第四次修改版本（SITC Rev.4），将贸易商品分为10类，即SITC-0-SITC-9。使用的代码及注释分别为：SITC-0（食品及活动物）、SITC-1（饮料及烟草）、SITC-2（非食用原料）、SITC-3（矿物燃料、润滑油及相关原料）、SITC-4（动物油、植物油、脂肪及蜡）、SITC-5（化学品及有关产品）、SITC-6（按原料分类的制成品）、SITC-7（机械及运输设备）、SITC-8（杂项制品）和SITC-9（未分类的货品及交易）（具体分类见本书附录A）。其中，0—5类是以劳动或资源密集型为主的初级品，6—9类是以资本或技术密集型为主的制成品。

四 产业内贸易指数

产业内贸易指数（Intra-industry Trade Index，简称IIT）由Grubel和Lloyd（1975）提出，该指数成为衡量产业内贸易的主要维度，通过将不同的贸易模式按照产业类型进行分类，可以较好地衡量产业内贸易水平，表达式为：

$$GL_i = 1 - |X_{ij} - M_{ij}|/(X_{ij} + M_{ij}) \quad (5.1)$$

GL_i 值越接近 1，说明两国的贸易模式越倾向于产业内贸易；反之，越接近 0，则说明产业间贸易是主要的贸易模式。进一步地说，$GL_i > 0.5$ 表明产业内贸易占优势，$GL_i < 0.5$ 表明产业间贸易占优势，$GL_i = 0.5$ 表明产业贸易分布较平均。

由表 5-2 可知，中日两国在 SITC-0 和 SITC-1 方面属于产业间贸易，即食品及活动物、饮料及烟草等存在优势互补，而 SITC-1-SITC-2、SITC-1-SITC-3、SITC-5-SITC-7 属于产业内贸易，存在一定的竞争关系，此外，SITC-4 和 SITC-9 等方面的产业贸易分布较平均。中韩的产业间贸易为 SITC-0、SITC-3 和 SITC-4 等方面，在 SITC-2、SITC-6-SITC-8 等属于产业内贸易。日韩的产业间贸易为 SITC-1，产业内贸易为 SITC-3-SITC-6、SITC-9 等方面。总的来说，中日韩三国在大多数产业上能够形成产业间贸易，形成优势互补，促进双边及多边贸易的发展。

表 5-2　　　　　　　　2020 年中日韩的产业内贸易指数

国家	0	1	2	3	4	5	6	7	8	9
中日	0.18	0.37	1.00	0.84	0.46	0.63	0.86	0.76	0.58	0.50
中韩	0.36	0.67	0.97	0.55	0.32	0.63	0.88	0.67	0.80	0.46
日韩	0.37	0.04	0.63	0.72	0.69	0.62	0.94	0.58	0.52	0.83

资料来源：根据 UN COMTRADE 数据整理计算。

五　出口产品相似度指数

出口产品相似度指数（Export Similarity Index，简称 ESI）是 Finger 和 Kreinin（1979）首先提出的，用来比较两个经济体的出口产品（或产业）在世界市场的相似性程度：

$$ESI_{ij,w} = \sum \text{Min}(X_{iw}^k/X_{iw}, X_{jw}^k/X_{jw}) \quad (5.2)$$

其中，k 指 i 国（或地区）在世界市场出口第 k 种产品（或产业）所占的市场份额；X_{jw}^k/X_{jw} 指 j 国（或地区）出口第 k 种产品（或产业）所占的份额。该指标的取值为 $0 \leq ESI \leq 1$，一般认为，ESI 越接近于 1，两国（或地区）的竞争越激烈。若 $ESI = 1$，表示两个经济体的出口产品

（或产业）结构完全相同，两国在第 k 种产品（或产业）存在激烈的市场竞争；若 $ESI=0$，则表示两个经济体的出口产品（或产业）结构完全不同。更进一步地说，$0.5<NX_{ij}<1$ 时，表示较强的竞争关系；$NX_{ij}=0.5$ 时，表示具有竞争中性；$0<NX_{ij}<0.5$ 时，表示较弱的竞争关系。

由表5-3可知，中日韩的大多数产品存在较小的竞争关系，在SITC-1（饮料及烟草）和SITC-4（动物油、植物油、脂肪及蜡）等方面完全不存在竞争关系，而以SITC-7（机械及运输设备）为主的资本、技术密集型产品存在较大的竞争关系。日韩处于产业价值链的中高端位置，在机械及运输设备方面相对中国更具竞争优势。此外，中日韩在SITC-6（按原料分类的制成品）也存在较弱的竞争关系。

表5-3　　　　　　　　2020年中日韩的出口产品相似度指数

国家	0	1	2	3	4	5	6	7	8	9
中日	0.02	0.00	0.01	0.01	0.00	0.11	0.14	0.50	0.20	0.01
中韩	0.01	0.00	0.01	0.01	0.00	0.13	0.10	0.58	0.07	0.06
日韩	0.01	0.00	0.01	0.05	0.00	0.16	0.12	0.60	0.05	0.00

资料来源：根据UN COMTRADE数据整理计算。

六　贸易竞争力指数

贸易竞争力指数（Trade Competitiveness Index，简称TCI）也称为净出口指数法（Net Export，简称NX），用来衡量一个经济体的某种产品（或产业）在国际市场上是否具备竞争优势，表达式为：

$$NX_{ij}=(X_{ij}-M_{ij})/(X_{ij}+M_{ij}) \tag{5.3}$$

其中，NX_{ij} 为 i 国第 j 种产品（或产业）的贸易竞争指数，X_{ij} 是 i 国第 j 种产品（或产业）的出口额，M_{ij} 是 i 国第 j 种产品（或产业）的进口额。如果 $NX_{ij}>0$，表明 i 国第 j 种产品（或产业）为净出口，且该产品（或产业）生产效率比国际平均水平高，数值越大，竞争优势也将越大；反之亦然。如果 $NX_{ij}<0$，表明 i 国第 j 种产品（或产业）为净进口，该产品（或产业）的生产效率比国际平均水平低，数值越大，表明竞争劣势也越大。该指标的取值范围为 $-1 \leq NX_{ij} \leq 1$，一般认为，$NX_{ij}=0$ 时，表示竞争力接近平均水平；$NX_{ij}=1$ 时，表示该产品（或产业）只出口、不进口；$NX_{ij}=-1$ 时，表示只进口、不出口；$0.5 \leq NX_{ij}<1$ 时，表示极强的竞争优势；$0.25 \leq NX_{ij}<0.5$ 时，表示较强的竞争优势；$0 \leq NX_{ij}<0.25$ 时，

表示微弱的竞争优势；反之，$-1 \leqslant NX_{ij} < -0.5$ 时，表示极大的竞争劣势；$-0.5 \leqslant NX_{ij} < -0.25$ 时，表示较大的竞争劣势；$-0.25 \leqslant NX_{ij} < 0$ 时，表示较小的竞争劣势。

由表 5-4 可知，中国在 SITC-6、SITC-8 和 SITC-9 等产业拥有较为明显的比较优势，而 SITC-2-SITC-4 等产业存在较大的竞争劣势。日本的比较优势产业为 SITC-6、SITC-7 和 SITC-9，而 SITC-0-SITC-4 等产业存在较大的比较劣势。韩国的 SITC-5-SITC-7 等为其竞争优势产业，而 SITC-2-SITC-4 等产业存在较大的竞争劣势。由此可知，中日韩三国能够实现产业的优势互补，中国的原料按分类的制成品、杂项制品，日本的机械及运输设备、未分类的货品及交易，韩国的非食用原料、化学品及有关产品等方面形成较为明显的优势互补，且大多集中在以资本或技术密集型为主的制成品，这能反映出中国正在实现产业结构的转型升级。

表 5-4　　2020 年中日韩的贸易竞争力指数

国家	0	1	2	3	4	5	6	7	8	9
中国	-0.21	-0.43	-0.90	-0.78	-0.79	0.09	0.35	0.21	0.63	0.39
日本	-0.79	-0.76	-0.63	-0.87	-0.74	0.00	0.11	0.32	-0.30	0.58
韩国	-0.62	0.15	-0.65	-0.55	-0.89	0.18	0.15	0.25	-0.23	0.25

资料来源：根据 UN COMTRADE 数据整理计算。

通过分析可知，中日韩的产业能够形成优势互补，这表现在中国拥有丰富的劳动力资源及巨大的潜在市场等优势，而日本和韩国同属发达国家，拥有充裕的资金和先进的生产技术水平等优势。中日韩之间不同的产业结构能够促进三国之间的经济贸易，构建中日韩自贸区是开展经贸合作的重要方式，有利于投资便利化及贸易自由化，进一步推动区域经济一体化的发展。

第三节　中日韩自贸区贸易效应的模拟分析

中日韩自贸区的贸易效应分析主要从区域划分及产业分组、情景设定和模拟分析等方面展开。

一 区域划分及产业分组

为了便于分析,将数据库中的地区及产业重新划分,如表5-5所示。

表5-5　　　　　　　　GTAP数据库的地区分类

编号	新分类	包含地区
1	中国	中国
2	日本	日本
3	韩国	韩国
4	欧盟	欧盟28国
5	东盟*	新加坡、越南、柬埔寨、菲律宾、泰国、印度尼西亚、缅甸、马来西亚和老挝
6	北美地区	美国、加拿大和墨西哥
7	亚洲其他地区	除"10+6"之外的亚洲其他经济体
8	世界其他地区	除以上分类以外的世界其他地区

注:*文莱数据样本较少,且未列入GTAP数据库中,故此处以东盟9国列示,对结论影响不大。

资料来源:根据GTAP数据库整理。

如表5-5,通过对GTAP 9.0版数据库的地区进行重新分类,即分为中国、日本、韩国、欧盟、东盟、北美地区、亚洲其他地区及世界其他地区,有利于直观地分析中日韩自贸区不同贸易结构的经济效应。

表5-6　　　　　　　　GTAP数据库的产业部门分类

序号	部门分类	涵盖范围
1	种植业	水稻、小麦、谷物及其他相关产品、蔬菜、水果、坚果、油料作物、糖类作物、农作物及相关产品、加工大米、植物纤维
2	畜牧业	牛羊马牲畜、动物制品及其他相关产品、奶、毛及丝制品、牛马羊肉、肉制品及其他相关产品
3	能源业	森林、渔业、煤、石油、天然气、矿产及相关产品
4	食品加工业	动植物油脂、乳制品、糖、食物制品及其他相关产品、饮料及烟草制品
5	其他加工业	纺织品、服装

续表

序号	部门分类	涵盖范围
6	低端制造业	皮革制品、水制品、纸制品、金属制品、机动车及零配件、交通运输设备及其他相关产品、制造业其他产品
7	高端制造业	石化及煤制品、黑色金属、有色金属及相关产品、矿产制品及其他相关产品、化学橡胶品、塑料、电子设备、机械设备及其他相关产品
8	基础设施与建设业	水、电力、天然气制造及零售、建筑
9	交通与通信业	旅游、海运、空运、通讯、交通及其他相关服务
10	其他服务业	金融及其他相关服务，保险、商务服务及其他相关服务，娱乐及相关服务，政府、法院、医疗、教育

资料来源：根据 GTAP 数据库整理。

通过表 5-6 可知，将产业划分为种植业、畜牧业、能源业、食品加工业、其他加工业、低端制造业、高端制造业、基础设施与建设业、交通与通信业、其他服务业等。

二 情景设定

为了比较中日韩三国在"轮辐"结构自贸区中的影响，分别设定以下六种情况，包括无轴、单轮轴和双轮轴模式：（1）中日韩自贸区内部还未形成"轮辐"结构；（2）中国为轮轴国，日韩为辐条国；（3）日本为轮轴国，中韩为辐条国；（4）中日为轮轴国，韩国为辐条国；（5）中韩为轮轴国，日本为辐条国；（6）日韩为轮轴国，中国为辐条国。

中日韩自贸区内部将实现商品和要素的自由贸易，为了体现成员的贸易效应以及轮轴国和辐条国不同的贸易地位，将关税（tms）作为唯一的政策冲击变量（Variable to Shock），并设定轮轴国对辐条国的关税水平为 0，轮轴国之间的关税水平为 0，辐条国对轮轴国的关税水平为 5%，辐条国之间的关税水平为 5%。[①]

三 模拟分析

模拟分析部分分为宏观经济及产业变动两方面，其中，宏观经济又

[①] 从商品流动性的角度分析自贸区的轮辐结构，相对辐条国来说，轮轴国应该做出更多的贸易优惠和关税让步，主要体现为关税设置的非对称性。由于以后各章的模拟设定不变，故仅在此处展示。

分为国内生产总值、进出口贸易、贸易条件和福利水平等方面。

(一) 宏观经济分析

1. 国内生产总值

中日韩自贸区内部还未形成"轮辐"结构时,对韩国(1.74%)和日本(1.70%)的GDP变动最有利,而中国的变动为0,区域外部的其他地区均为负效应。中国为轮轴时,中国(0.32%)和日本(0.19%)的GDP增长率较接近。日本为轮轴时,只有日本(2.14%)的GDP呈现正增长。中韩为轮轴时,中国和韩国的GDP变动正效应最大(分别为0.21%和2.04%)。日韩为轮轴时,对日本的GDP变动(2.02%)最有利。然而,中日为轮轴和日韩为轮轴时,分别对韩国和中国的GDP产生了负效应(分别为-0.89%和-0.64%)。无论以上哪种情形,均对日本产生正影响,对中日韩区域之外的经济体产生负影响。总体上看,未形成轮辐结构的自贸区对区域整体的GDP增长最有利(见表5-7)。

表5-7　　　　　　　　　国内生产总值变化情况　　　　　　　　单位:%

国家或地区	情形一	情形二	情形三	情形四	情形五	情形六
中国	0.00	0.32	-0.53	0.11	0.21	-0.64
日本	1.70	0.19	2.14	1.81	0.07	2.02
韩国	1.74	-0.59	-0.69	-0.89	2.04	1.94
东盟	-0.45	-0.14	-0.18	-0.34	-0.25	-0.28
欧盟	-0.23	-0.06	-0.14	-0.20	-0.09	-0.17
北美地区	-0.27	-0.08	-0.13	-0.23	-0.13	-0.17
亚洲其他地区	-0.42	-0.09	-0.25	-0.32	-0.19	-0.35
世界其他地区	-0.26	-0.05	-0.15	-0.21	-0.10	-0.20

资料来源:作者根据GTAP软件模拟得到。

2. 进出口贸易

中日韩自贸区内部还未形成"轮辐"结构时,对韩国的进出口产生的促进作用最明显。中国为轮轴时,韩国进出口变动的增加幅度最大。日本为轮轴时,日本进出口的增加率最明显。中日为轮轴对中国的进口(2.08%)和出口(1.57%)、日本的进口(3.38%)和出口(1.94%)最有利。中韩为轮轴对韩国的进口(3.66%)和出口(2.42%)最有利。

日韩为轮轴的情形也会对韩国最有利。总体来看，无论哪种情形，均对区域内部中国和日本的进出口产生正效应，且进口增加幅度大于出口增加幅度，而对区域外的各个经济体均产生负效应（见表5-8）。

表5-8　　　　　　　　　进出口变化情况　　　　　　　　单位：%

国家或地区	情形一 进口	情形一 出口	情形二 进口	情形二 出口	情形三 进口	情形三 出口	情形四 进口	情形四 出口	情形五 进口	情形五 出口	情形六 进口	情形六 出口
中国	2.85	2.05	1.15	0.95	0.78	0.57	2.08	1.57	1.91	1.44	1.55	1.06
日本	3.73	2.23	0.82	0.64	1.70	0.73	3.38	1.94	1.17	0.93	2.05	1.02
韩国	4.43	2.89	0.59	0.28	-0.11	-0.19	1.36	0.75	3.66	2.42	2.96	1.95
东盟	-0.49	-0.31	-0.12	-0.09	-0.11	-0.06	-0.34	-0.22	-0.27	-0.18	-0.26	-0.15
欧盟	-0.27	-0.16	-0.06	-0.05	-0.16	-0.11	-0.22	-0.14	-0.10	-0.06	-0.21	-0.13
北美地区	-0.43	-0.10	-0.12	-0.05	-0.18	-0.06	-0.35	-0.10	-0.20	-0.05	-0.27	-0.06
亚洲其他地区	-0.71	-0.58	-0.09	-0.08	-0.39	-0.32	-0.49	-0.40	-0.31	-0.26	-0.60	-0.49
世界其他地区	-0.36	-0.19	-0.06	-0.05	-0.17	-0.11	-0.27	-0.16	-0.15	-0.08	-0.26	-0.14

资料来源：作者根据GTAP软件模拟得到。

3. 贸易条件

中日韩自贸区内部还未形成"轮辐"结构时，日本（1.43%）的贸易条件改善最明显，其次是韩国（0.86%），而中国（-0.13%）的贸易条件恶化。中国为轮轴时，中国（0.25%）和日本（0.19%）的贸易条件得到改善，而韩国（-0.36%）出现恶化。日本为轮轴时，只有日本（1.89%）自身的贸易条件得到改善。中日为轮轴时，日本（1.56%）的贸易条件得到明显改善。中韩为轮轴时，中国（0.08%）和韩国（1.13%）的贸易条件改善幅度最大。日韩为轮轴时，日本（1.76%）的贸易条件改善最多。然而，中日和日韩为轮轴时，韩国（-0.63%）和中国（-0.67%）的贸易条件分别出现恶化。无论哪种情形，日本的贸易条件均得到不同程度的改善，而区域外部的经济体出现一定程度的恶化（见表5-9）。

表 5-9　　　　　　　　　貿易条件変化情况　　　　　　単位：%

国家或地区	情形一	情形二	情形三	情形四	情形五	情形六
中国	-0.13	0.25	-0.51	0.04	0.08	-0.67
日本	1.43	0.19	1.89	1.56	0.06	1.76
韩国	0.86	-0.36	-0.42	-0.63	1.13	1.07
东盟	-0.25	-0.07	-0.10	-0.18	-0.14	-0.17
欧盟	-0.04	-0.01	-0.01	-0.03	-0.02	-0.02
北美地区	-0.13	-0.05	-0.03	-0.10	-0.08	-0.06
亚洲其他地区	-0.25	-0.05	-0.14	-0.17	-0.12	-0.22
世界其他地区	-0.10	-0.01	-0.03	-0.06	-0.06	-0.08

资料来源：作者根据 GTAP 软件模拟得到。

4. 福利水平

中日韩自贸区内部还未形成"轮辐"结构时，日本（163.79 亿美元）的福利增加最明显。中国为轮轴时，中国（75.64 亿美元）的福利水平提升较多。日本为轮轴时，只有日本（201.95 亿美元）的福利水平得到提升且非常显著。中日为轮轴时，对日本（175.60 亿美元）最有利。中韩为轮轴时，对韩国（99.42 亿美元）最有利。日韩为轮轴时，对日本（190.15 亿美元）最有利。然而，中日为轮轴时，韩国（-22.37 亿美元）的福利水平下降。日韩为轮轴时，中国（-60.49 亿美元）的福利水平下降。因此，中韩为轮轴将成为三方经济博弈的结果，对区域内部的各方产生正效应，而对区域外部均产生负效应，进一步印证了自由贸易区建立后的贸易创造效应。但是，中日为轮轴和日韩为轮轴时，区域内的贸易创造效应大于贸易转移效应，而中韩为轮轴只有贸易创造效应，且效应最大。无论哪种情形，日本的福利水平均得到提升，而区域外的其他地区福利水平下降（见表 5-10）。

表 5-10　　　　　　　　福利变化情况　　　　　　　単位：亿美元

国家或地区	情形一	情形二	情形三	情形四	情形五	情形六
中国	60.59	75.64	-51.89	69.19	67.04	-60.49
日本	163.79	29.75	201.95	175.60	17.94	190.15
韩国	87.38	-10.34	-14.87	-22.37	99.42	94.89

续表

国家或地区	情形一	情形二	情形三	情形四	情形五	情形六
东盟	-36.28	-9.23	-17.30	-26.70	-18.81	-26.89
欧盟	-31.58	-10.07	-9.99	-24.77	-16.88	-16.81
北美地区	-49.55	-18.66	-9.77	-37.92	-30.28	-21.39
亚洲其他地区	-30.56	-5.02	-17.39	-21.37	-14.22	-26.58
世界其他地区	-61.35	-4.13	-19.51	-33.80	-31.68	-47.06

资料来源：作者根据 GTAP 软件模拟得到。

（二）产业变动分析

中日韩三国作为东亚重要的三个经济体，且三国在产业上存在一定的互补性。中国的经济市场广阔，具备在劳动密集型产业方面的竞争优势，而日韩的比较优势产业主要体现在资本及技术密集型方面。随着中国对外开放进程的不断加快和深化，其吸引 FDI 的总量也逐年增加，中国已从单一的依靠廉价劳动力逐步过渡到具有一定资本和技术支撑的产业结构。一般而言，中国的劳动密集型产品，与日韩的资本、技术密集型产品等具有比较优势，而轮辐结构将引起不同产业的产出变化，具有比较优势的产业将因此获益、产出增加，而具有比较劣势的产业将遭受一定程度的损失。

1. 中日韩自贸区未形成"轮辐"结构

中日韩自贸区内部还未形成"轮辐"结构时，中国的比较优势产业主要集中在其他加工业（0.93%）、种植业（0.73%）和食品加工业（0.54%），而高端制造业（-0.40%）成为主要的比较劣势产业。日本仅在基础设施与建设业（0.74%）、高端制造业（0.19%）和其他服务业（0.01%）的产出增加，而其他产业的产出均有不同程度的降低，其中，其他加工业（-2.55%）、畜牧业（-1.42%）和种植业（-1.40%）等方面表现明显，与中国形成较为明显的产业优势互补。韩国的食品加工业（2.93%）、基础设施与建设业（1.88%）、畜牧业（1.47%）成为优势产业，而种植业（-2.34%）和低端制造业（-2.12%）产出下降明显。通过比较分析中日韩三国的产业情况可知，三国在产业方面能够体现明显的优势互补。对于中日韩自贸区以外的区域，东盟以低端制造业（0.24%）和高端制造业（0.16%）为主的制造业成为优势产业，而其他加工业（-1.86%）受到的冲击较大。欧盟的交通与通信业（0.08%）的产出增加较多，而其他加工业（-0.22%）、基础设施与建设业（-0.11%）产出下降明显。北美地区的低端制造业（0.12%）和高端制造业（0.10%）成为优势产业，而种植业（-0.27%）、基础设施与建设业（-0.17%）成为比较劣势产业。亚洲其他地区与世界其他地区的优势产业为低端制造业（0.26%）（见表5-11）。

表5-11　　　　　中日韩自贸区未形成"轮辐"结构时

各国和地区的产业变化　　　　　　单位:%

产业	中国	日本	韩国	东盟	欧盟	北美地区	亚洲其他地区	世界其他地区
种植业	0.73	-1.40	-2.34	-0.01	-0.08	-0.27	-0.01	-0.08
畜牧业	0.19	-1.42	1.47	-0.04	-0.03	-0.01	0.02	-0.03
能源业	-0.14	-0.91	-0.49	0.10	-0.01	0.02	0.08	0.01
食品加工业	0.54	-0.35	2.93	-0.22	-0.06	-0.08	-0.04	-0.11
其他加工业	0.93	-2.55	0.98	-1.86	-0.22	-0.07	-0.35	0.02
低端制造业	-0.17	-0.60	-2.12	0.24	0.04	0.12	0.26	0.26
高端制造业	-0.40	0.19	0.80	0.16	0.01	0.10	-0.33	0.06
基础设施与建设业	0.28	0.74	1.88	-0.34	-0.11	-0.17	-0.21	-0.14
交通与通信业	-0.02	-0.05	-0.16	0.09	0.08	0.01	0.08	0.03
其他服务业	-0.01	0.01	-0.10	0.02	0.00	0.00	0.07	0.00

资料来源：作者根据GTAP软件模拟得到。

2. 中国为轮轴国，日韩为辐条国

中国同日韩两国存在产业的优势互补，中国的轻工业及加工业等劳动密集型行业与日韩的高科技及服务业等行业形成互补优势。

表5-12　　　　中国为轮轴时各国和地区的产业变化　　　单位:%

产业	中国	日本	韩国	东盟	欧盟	北美地区	亚洲其他地区	世界其他地区
种植业	0.70	-0.70	-1.74	-0.04	-0.07	-0.31	-0.04	-0.09
畜牧业	0.14	-0.58	1.97	-0.06	-0.02	-0.05	0.00	-0.04

续表

产业	中国	日本	韩国	东盟	欧盟	北美地区	亚洲其他地区	世界其他地区
能源业	-0.15	-0.13	0.09	0.06	0.02	0.04	0.03	0.01
食品加工业	0.54	-0.25	2.58	-0.32	-0.06	-0.09	-0.09	-0.12
其他加工业	0.69	-2.20	2.61	-1.91	-0.10	-0.01	-0.38	0.06
低端制造业	-0.39	0.87	1.23	-0.12	-0.10	-0.04	-0.06	-0.04
高端制造业	-0.23	-0.04	-0.47	0.30	0.08	0.10	0.08	0.06
基础设施与建设业	0.13	0.08	0.04	-0.05	0.00	-0.03	-0.02	0.00
交通与通信业	-0.04	-0.06	0.10	0.04	0.02	0.00	0.04	0.01
其他服务业	0.02	-0.02	-0.17	0.02	0.00	0.00	0.01	0.00

资料来源：作者根据 GTAP 软件模拟得到。

中国为轮轴时，中国的比较优势产业主要集中在种植业（0.70%）、其他加工业（0.69%）、食品加工业（0.54%），而低端制造业（-0.39%）、高端制造业（-0.23%）成为主要的比较劣势产业。日本仅在基础设施与建设业（0.08%）和低端制造业（0.87%）的产出增加，而其他产业的产出均有不同程度的降低，在其他加工业（-2.20%）、种植业（-0.70%）和畜牧业（-0.58%）等方面表现明显，但与中国形成较为明显的产业优势互补。韩国的其他加工业（2.61%）、食品加工业（2.58%）、畜牧业（1.97%）和低端制造业（1.23%）成为优势产业，而种植业（-1.74%）和高端制造业（-0.47%）产出下降明显。三国在产业方面能够体现明显的优势互补，在中日韩自贸区以外的区域，东盟的高端制造业（0.30%）成为优势产业，而其他加工业（-1.91%）受到的冲击较大。欧盟高端制造业（0.08%）的产出增加较多，而其他加工业（-0.10%）、低端制造业（-0.10%）产出下降明显。北美地区的高端制造业（0.10%）成为优势产业，而种植业（-0.31%）成为比较劣势产业。亚洲其他地区与世界其他地区的优势产业为高端制造业（分别为0.08%、0.06%），而其他加工业（-0.38%）和食品加工业（-0.12%）成为各自的劣势产业。

3. 日本为轮轴国，中韩为辐条国

日本为轮轴时，中国的比较优势产业主要集中在其他加工业

(1.15%)、种植业(0.84%)、食品加工业(0.44%),而高端制造业(-0.31%)成为主要的比较劣势产业。日本仅在基础设施与建设业(0.47%)、高端制造业(0.16%)和其他服务业(0.08%)的产出增加,而其他大多数产业的产出均有不同程度的降低,其中,种植业(-1.35%)、畜牧业(-1.21%)、能源业(-1.07%)、其他加工业(-1.06%)、低端制造业(-0.99%)等方面表现明显。韩国的食品加工业(2.84%)、其他加工业(2.23%)、畜牧业(2.02%)和低端制造业(1.46%)成为优势产业,而种植业(-1.65%)和高端制造业(-0.65%)产出下降明显。对于中日韩自贸区以外的区域,东盟的高端制造业(0.32%)成为优势产业,而其他加工业(-1.41%)受到的冲击较大。欧盟高端制造业(0.05%)的产出增加较多,而其他加工业(-0.45%)的产出下降明显。北美地区的高端制造业(0.07%)成为优势产业,而其他加工业(-0.33%)和种植业(-0.30%)成为比较劣势产业。亚洲其他地区与世界其他地区的优势产业为低端制造业(分别为0.12%、0.06%),其他加工业(分别为-0.68%、-0.35%)成为各自的劣势产业。

表5-13　　　　　日本为轮轴时各国和地区的产业变化　　　　单位:%

产业	中国	日本	韩国	东盟	欧盟	北美地区	亚洲其他地区	世界其他地区
种植业	0.84	-1.35	-1.65	-0.07	-0.07	-0.30	-0.03	-0.10
畜牧业	0.10	-1.21	2.02	-0.02	-0.02	0.01	0.02	-0.02
能源业	0.10	-1.07	0.11	-0.02	-0.01	-0.01	0.03	-0.01
食品加工业	0.44	-0.16	2.84	-0.30	-0.04	-0.06	-0.02	-0.09
其他加工业	1.15	-1.06	2.23	-1.41	-0.45	-0.33	-0.68	-0.35
低端制造业	-0.05	-0.99	1.46	0.14	-0.07	0.01	0.12	0.06
高端制造业	-0.31	0.16	-0.65	0.32	0.05	0.07	-0.05	0.12
基础设施与建设业	-0.03	0.47	-0.19	-0.11	-0.04	-0.06	-0.11	-0.04
交通与通信业	-0.07	-0.06	0.16	0.04	0.05	0.01	0.05	0.02
其他服务业	-0.06	0.08	-0.14	-0.02	0.01	0.01	0.04	0.00

资料来源:作者根据GTAP软件模拟得到。

4. 中日为轮轴国,韩国为辐条国

中日为轮轴,最有利于中国的其他加工业(0.84%)、种植业

(0.72%)和食品加工业(0.56%),对高端制造业(-0.32%)、低端制造业(-0.29%)等方面最不利。日本在基础设施与建设业的变动增加明显,而大多数产业遭受不利影响,其他加工业(-2.55%)、畜牧业(-1.44%)和种植业(-1.41%)等方面遭受的冲击最大。韩国的优势产业为其他加工业(2.65%)、食品加工业(2.54%)、畜牧业(1.89%)和低端制造业(1.63%)等方面,而种植业(-1.74%)和高端制造业(-0.58%)受到冲击。其他区域的优势产业方面,东盟为高端制造业(0.27%)、低端制造业(0.13%),欧盟为高端制造业(0.06%)、交通与通讯业(0.06%),北美地区为高端制造业(0.11%),亚洲其他地区为低端制造业(0.13%),世界其他地区为低端制造业(0.09%)、高端制造业(0.08%)。

表5-14　　　　中日为轮轴时各国和地区的产业变化　　　　单位:%

产业	中国	日本	韩国	东盟	欧盟	北美地区	亚洲其他地区	世界其他地区
种植业	0.72	-1.41	-1.74	-0.02	-0.07	-0.27	-0.02	-0.08
畜牧业	0.17	-1.44	1.89	-0.05	-0.02	-0.02	0.01	-0.03
能源业	-0.15	-0.95	0.07	0.06	0.00	0.02	0.06	0.01
食品加工业	0.56	-0.32	2.54	-0.25	-0.05	-0.07	-0.05	-0.11
其他加工业	0.84	-2.55	2.65	-1.93	-0.17	-0.06	-0.39	0.02
低端制造业	-0.29	-0.77	1.63	0.13	-0.04	0.06	0.13	0.09
高端制造业	-0.32	0.22	-0.58	0.27	0.06	0.11	-0.12	0.08
基础设施与建设业	0.21	0.72	0.37	-0.23	-0.08	-0.13	-0.14	-0.09
交通与通信业	-0.03	-0.06	0.09	0.06	0.06	0.06	0.02	0.02
其他服务业	0.00	0.03	-0.26	0.00	0.00	0.00	0.04	0.00

资料来源:作者根据GTAP软件模拟得到。

5. 中韩为轮轴国,日本为辐条国

中韩为轮轴时,中国的优势产业为其他加工业(0.78%)、种植业(0.70%)和食品加工业(0.53%),高端制造业(-0.32%)、低端制造业(-0.26%)等产业受到冲击。日本的优势产业为低端制造业(1.04%),在其他加工业(-2.2%)、种植业(-0.69%)、畜牧业

（-0.56%）和食品加工业（-0.29%）等方面受到的负面影响最大。韩国的优势产业是食品加工业（2.97%）、畜牧业（1.55%）、基础设施与建设业（1.55%）、其他加工业（0.93%）和高端制造业（0.91%）等方面，而低端制造业（-2.52%）、种植业（-2.34%）等产业受到冲击。其他区域的优势产业方面，东盟为高端制造业（0.19%），欧盟为交通与通信业（0.05%），北美地区为高端制造业（0.10%），亚洲其他地区为低端制造业（0.07%），世界其他地区为低端制造业（0.13%）。

表5-15　　　　　中韩为轮轴时各国和地区的产业变化　　　　　单位:%

产业	中国	日本	韩国	东盟	欧盟	北美地区	亚洲其他地区	世界其他地区
种植业	0.70	-0.69	-2.34	-0.02	-0.09	-0.31	-0.03	-0.10
畜牧业	0.16	-0.56	1.55	-0.06	-0.03	-0.03	0.01	-0.04
能源业	-0.14	-0.09	-0.47	0.09	0.01	0.03	0.06	0.02
食品加工业	0.53	-0.29	2.97	-0.29	-0.07	-0.09	-0.08	-0.13
其他加工业	0.78	-2.20	0.93	-1.84	-0.15	-0.02	-0.34	0.06
低端制造业	-0.26	1.04	-2.52	0.00	-0.02	0.02	0.07	0.13
高端制造业	-0.32	-0.08	0.91	0.19	0.03	0.10	-0.13	0.04
基础设施与建设业	0.20	0.09	1.55	-0.16	-0.04	-0.08	-0.09	-0.06
交通与通信业	-0.03	-0.05	-0.15	0.07	0.05	0.01	0.06	0.02
其他服务业	0.01	-0.03	-0.01	0.03	0.00	0.00	0.04	0.00

资料来源：作者根据GTAP软件模拟得到。

6. 日韩为轮轴国，中国为辐条国

日韩为轮轴时，中国的优势产业为其他加工业（1.25%）、种植业（0.85%）和食品加工业（0.42%），而高端制造业（-0.39%）最不利。日本的优势产业为基础设施与建设业（0.49%），而种植业（-1.34%）、畜牧业（-1.19%）、其他加工业（-1.07%）和能源业（-1.03%）等产业受到的冲击最多。韩国的优势产业是食品加工业（3.23%）、畜牧业（1.60%）、基础设施与建设业（1.32%）、高端制造业（0.73%）和其他加工业（0.56%）等产业，而低端制造业（-2.29%）、种植业

(-2.25%）等产业受到冲击。其他区域的优势产业方面，东盟为低端制造业（0.26%）和高端制造业（0.21%），欧盟为交通与通讯业（0.07%），北美地区为高端制造业（0.06%）、低端制造业（0.06%），亚洲其他地区为低端制造业（0.26%），世界其他地区为低端制造业（0.23%）。

表 5-16　　　　　日韩为轮轴时各国和地区的产业变化　　　　单位：%

产业	中国	日本	韩国	东盟	欧盟	北美地区	亚洲其他地区	世界其他地区
种植业	0.85	-1.34	-2.25	-0.06	-0.09	-0.31	-0.02	-0.11
畜牧业	0.12	-1.19	1.60	-0.01	-0.02	0.02	0.02	-0.02
能源业	0.11	-1.03	-0.45	0.02	-0.02	-0.01	0.05	-0.01
食品加工业	0.42	-0.19	3.23	-0.27	-0.05	-0.06	-0.01	-0.10
其他加工业	1.25	-1.07	0.56	-1.34	-0.50	-0.34	-0.64	-0.35
低端制造业	0.07	-0.82	-2.29	0.26	0.01	0.06	0.26	0.23
高端制造业	-0.39	0.13	0.73	0.21	-0.01	0.06	-0.25	0.10
基础设施与建设业	0.04	0.49	1.32	-0.22	-0.07	-0.10	-0.18	-0.09
交通与通信业	-0.06	-0.05	-0.09	0.06	0.07	0.01	0.07	0.03
其他服务业	-0.08	0.06	0.03	-0.01	0.01	0.01	0.07	0.00

资料来源：作者根据 GTAP 软件模拟得到。

第四节　小结

本章包括中日韩的贸易规模及要素、产业竞争力、贸易效应模拟等内容，通过分析得到以下结论。

1. 中日韩产业竞争力。从产业内贸易指数、出口产品相似度和贸易竞争力指数等方面对中日韩的产业竞争力与互补性进行研究，认为中日韩三国达成自贸区的动力是相互之间的产业优势互补，主要体现在中国的资源、劳动密集型产品与日韩两国的资本、技术密集型产品。其中，中国的原料制成品、杂项制品，日本的机械与运输设备、货品及交易品，韩国的非食用原料、化学品等方面形成较为明显的优势互补，且大多集中在以资本或技术密集型为主的制成品方面。中日韩在大多数产业上能够形成优势互补，促进双边及多边贸易的发展。

2. 运用GTAP模型模拟分析中日韩自贸区的贸易效应，主要包括宏观经济影响和产业变动两方面。

（1）宏观经济方面。通过分析可知，在开展区域贸易合作时，提升自贸区的整体贸易及福利水平应该成为三国共同的目标。无论哪种轮辐情形，都对日本产生正影响，对区域之外的经济体产生负效应。更进一步说，以中国为轮轴或以中韩为轮轴的自贸区是最佳选择，对三国的国内生产总值、进出口变化、贸易条件及福利水平等方面的整体效应最有利。从总体效果来看，以中国或以中韩为轮轴的自贸区有利于显著提升自贸区的整体经济水平与福利水平。

（2）产业变动方面。中日韩三国都有自身的核心竞争优势产业，中国同日韩在产业上存在一定的优势互补。中国在轻工业及加工业等劳动密集型行业具有比较优势，而日韩在高科技及服务业等行业拥有核心竞争力，这些都体现了三国在产业上的优势互补。从总体上看，以中国或以中韩为轮轴的自贸区是三国开展经贸合作的最优选择，即中国与韩国、日本分别签订自贸协定，并发挥轮轴国效应，以此推动中日韩自贸区的建设步伐。

值得一提的是，中日韩的分工模式正逐步由产业间分工向产业内分工转变，并且随着中国经济的深化发展促进产业结构的优化升级，产业内贸易方式在中日、中韩双边贸易中的比重将进一步提升，这一趋势将得到不断加强。中日韩建立自贸区后，区域内部关税水平不断削减、市场开放度持续增大将促进产品和生产要素在成员国之间的自由流动，并且能够促进资源向低成本和高效率的产业部门流动，有利于产业内分工的进一步深化发展，从而实现规模经济，提升区域整体福利水平。

尽管中日韩自贸区谈判已进行多轮，但因中日钓鱼岛领土争端而搁浅，这背后固然有中日历史遗留问题的复杂性在作梗，也有美国因素在作祟，即一个规模巨大、充满活力的中日韩自贸区必然会削弱美国在该地区的传统影响力，因此美国不希望中日韩三国之间建立自贸区。通过模拟分析可知，中日两国因中日韩自贸区的达成受益较多，而北美地区的宏观经济将因中日韩自贸区的成立受到一定程度的不利影响，这将对美国在亚太的战略布局和影响力产生负影响。在此背景下，一方面，中韩自贸区先行上路了；另一方面，日本转而拥抱 CPTPP，以 CPTPP 取代中日韩自贸区；而中国则积极支持东盟倡议的 RCEP。因此，亚太多重自贸区竞争愈演愈烈。中日韩自贸区的轮辐网络是东北亚经济一体化纵深发展的必然选择，中日韩三国又同东盟分别达成了"10+1"模式，成为"10+3"的主要成员。在现有的贸易机制下，推动更高层次的 RCEP 建设将成为各方博弈的下一个选择，这也为中国争取轮轴国地位提供了方向。

第六章 RCEP贸易效应的实证分析

以2016年英国公投"脱欧"和2017年秉承"美国优先"理念的特朗普宣布退出TPP为代表的逆全球化现象，对经济全球化进程产生了一定的不确定性。经济一体化已步入深度调整期，高标准贸易规则的竞争及贸易保护主义等对于倡导自由贸易和区域经济一体化的中国来说，既是发展机遇，也是新的挑战。这就需要中国根据新的国际经济形势，推动新一轮区域经济一体化和经济全球化进程。值得一提的是，中国倡导并推进的RCEP能够顺应区域经济一体化发展的内在要求，将成为亚太地区最具代表性的自贸协定。[①]

2022年1月1日，区域全面经济伙伴关系协定（RCEP）正式生效，首批生效的国家包括文莱、柬埔寨、老挝、新加坡、泰国、越南东盟六国和中国、日本、新西兰、澳大利亚非东盟四国。由于RCEP涉及的成员较多，成员的主导者及轮轴国之争逐渐显现。这就需要"核心"成员推动并主导，扮演轮轴国角色，并带动辐条国实现互利共赢发展。可以预见的是，随着成员之间经济博弈的逐步演化发展，RCEP的"轮辐"结构是区域性自贸协定发展到一定规模的必然选择。RCEP的达成和深化发展，需要充分考虑自贸区内部"轮轴—辐条"结构的非对称性要素集聚及利益分配，以及贸易大国如何发挥"轮轴"作用，以带动亚太自由贸易的不断深化发展。

本部分包括RCEP成员的贸易规模及要素、产业竞争力、贸易效应模拟等内容。其中，分析RCEP成员产业竞争力的指标包括出口市场占有率、比较优势指数等。模拟部分分为GTAP数据库的区域及产业划分、方案设定和模拟分析等内容。

---

① 根据中国自由贸易区服务网的资料整理。

第一节 RCEP 成员的贸易规模及要素分析

以东盟为主导、中国积极参与的 RCEP 成为推动亚太经济一体化进程的重要方式，随着各成员经济实力的不断增强，RCEP 逐渐成为亚太地区唯一基础较好、发展前景明朗的大型多边自由贸易协定。在当前全球经济增速放缓的背景下，RCEP 将成为区域经济贸易新的引领者。

一 RCEP 成员的贸易现状

在区域经济一体化的发展背景下，世界上大多数经济体都在通过签订自由贸易协定的方式来维护自身的贸易利益，各种区域贸易协定随之不断涌现出来，形成了一个庞大的自由贸易网络。在亚太地区，RCEP 成员之间存在紧密的贸易合作关系，目前，东盟"10+N"机制成为主导，而其余经济体之间也签订了自由贸易协定（见图 6-1）。

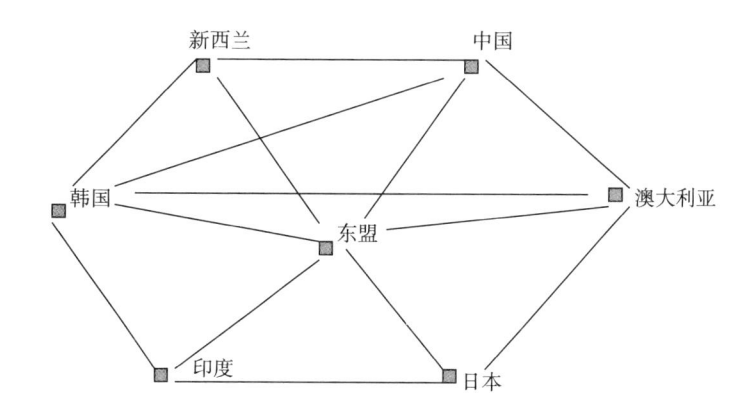

图 6-1 RCEP 内部自由贸易关系网络

资料来源：根据亚洲开发银行 ARIC 相关数据绘制。

东盟处于 RCEP 网络的中心位置，是各个经济体相互作用的结果，这也能在一定程度上说明东盟的主导地位将在一定时期内不变。然而，随着中韩、韩澳等双边自由贸易协定的达成，以及区域经济合作形式的逐步深化发展，该关系网络也将处于变化中。就东盟而言，要想巩固自身地位，并主导区域经济一体化进程，关键在于能否在区域经济博弈中占据主动。值得一提的是，中国同东盟积极推进RCEP进程，将为其在区域经济贸易中赢得先机。

二 RCEP成员的要素分析

生产要素（如资本、劳动力、技术和自然资源等）投入在经济增长过程中起到核心作用，在RCEP内部，谁拥有稀缺要素和高端要素，促进要素在区域内自由流动并形成要素集聚力，将有利于提升和巩固其经济贸易地位。RCEP贸易效应背后的实质是生产要素在各个经济体之间的流动与集聚，生产市场及消费市场相对较大的经济体才有可能成为轮轴国。表6-1分析了RCEP各个成员的要素情况。

表6-1 2020年RCEP部分成员的FDI、固定资本及劳动力情况

国家或地区	FDI净流入额（亿美元）	占GDP比重（%）	劳动力人口数量（百万人）	占总人口比重（%）	固定资本额（亿美元）
中国	2124.76	1.44	792.40	56.16	63135.09
日本	627.23	1.24	68.31	54.28	12794.76
韩国	92.24	0.56	28.44	54.93	5096.01
澳大利亚	196.39	1.48	13.48	52.48	3008.17
新西兰	40.58	1.93	2.88	56.60	480.03
印度	643.62	2.42	457.78	33.17	7207.65

注：GDP额及固定资本额以2010年为基期的不变价美元计。
资料来源：根据世界银行WDI数据库整理。

在FDI净流入额方面，2020年中国的FDI净流入额为2124.76亿美元，位居RCEP的第一位，其后是印度（643.62亿美元）和日本（627.23亿美元）。在占比方面，印度（2.42%）最高，中国（1.44%）位居第四位，韩国占比最低（0.56%）。中国和印度均在劳动及资源密集型产业拥有比较优势，与之相对，日韩两国在资本及技术密集型产业具有相对优势，FDI的大量涌入，为中国和印度快速发展工业化提供了有利条件。在劳动力规模方面，由于中国的人口数量位居世界第一，因此劳动力资源非常充裕，约7.92亿人，其次是印度（约4.58亿人）。在劳动力数量占比方面，除了印度占比为33.17%，其余经济体都在50%以上。

在固定资本额方面,中国的固定资本额约是日本的 5 倍(分别约为 6.31 万亿美元、1.2 万亿美元),这在一定程度上说明中国国内市场的生产需求潜力巨大,中国、印度、东盟三个经济体与日本、韩国、澳大利亚等经济体形成了要素互补。

第二节 RCEP 成员的产业竞争力分析

RCEP 成员之间既有竞争,又有合作,对其产业竞争力的分析主要从出口市场占有率、比较优势指数和贸易依存度等方面展开。

一 出口市场占有率

出口市场占有率(Export Market Share,EMS)的定义为一国(或地区)的某类产品(或产业)出口额占该产品(或产业)世界出口总额的比重。公式表示为:

$$EMS_{ij} = X_{ij}/X_{wj} \tag{6.1}$$

其中,EMS_{ij} 代表国家 i 产品(或产业)j 的出口市场占有率,X_{ij} 表示国家 i 产品(或产业)j 的出口额,X_{wj} 表示该产品(或产业)j 在世界范围内的总出口额。这一指标可以反映出一国(或地区)某类出口产品(或产业)的整体竞争力,该指标的取值为 $0 \leq EMS_{ij} \leq 1$,EMS_{ij} 越大,表示其市场占有率越高,反映出该产品(或产业)的出口竞争力越强;反之则越弱。

表 6-2   2020 年 RCEP 成员的出口市场占有率

国家或地区	0	1	2	3	4	5	6	7	8	9
中国	0.05	0.02	0.02	0.02	0.01	0.11	0.20	0.19	0.30	0.07
日本	0.01	0.01	0.02	0.01	0.00	0.05	0.04	0.07	0.02	0.04
韩国	0.01	0.01	0.01	0.03	0.00	0.05	0.03	0.06	0.01	0.00
澳大利亚	0.03	0.02	0.20	0.04	0.01	0.01	0.01	0.00	0.00	0.04
新西兰	0.03	0.01	0.01	0.00	0.00	0.00	0.00	0.00	0.00	0.00
印度	0.04	0.01	0.02	0.03	0.02	0.04	0.04	0.01	0.02	0.00
东盟	0.11	0.07	0.07	0.10	0.57	0.08	0.07	0.11	0.10	0.03

资料来源:根据 UN COMTRADE 数据整理计算。

由表6-2可知，中国在SITC-6（按原料分类的制成品）、SITC-7（机械及运输设备）、SITC-8（杂项制品）的出口市场占有率较高，分别为0.20、0.19、0.30；日本在SITC-7的市场占有率最高；韩国在SITC-5（化学品及有关产品）、SITC-7方面具有出口竞争优势；澳大利亚在SITC-2（非食用原料）的出口市场占有率最高；东盟在SITC-4（动物油、植物油、脂肪及蜡）的产业优势明显。通过分析可知，中国的优势产业多为资本或技术密集型为主的制成品，而东盟的优势产业集中在劳动密集型为主的初级产品。

二 比较优势指数

显示性比较优势指数（Revealed Comparative Advantage Index，RCA）是Balassa（1965）衡量产业是否具有比较优势的一种方法，即一国（或地区）的某类产品（或产业）的出口额占该国总出口的份额，与世界总出口贸易中该类产品（或产业）出口份额之比。该指数用来衡量不同经济体的出口产品（或产业）比较优势状况，表达式为：

$$RCA_{ij}^x = (X_{ij}/X_i)/(X_{wj}/X_w) \tag{6.2}$$

式（6.2）中 RCA_{ij} 为 i 国（或地区）j 类产品（或产业）的显示性比较优势指数，其中，X_{ij} 表示 i 国（或地区）j 类产品（或产业）的出口额，X_i 为 i 国各类产品（或产业）的总出口额，X_{wj} 为 j 类产品（或产业）的世界贸易出口额，X_w 为世界所有产品（或产业）的总出口额。通常来说，该指数既表明一国（或地区）某种产品（或产业）的出口在世界同类产品（或产业）出口中的贸易地位，也表明一国在世界出口中的总体地位。如果 $RCA_{ij}>1$，表明 i 国 j 类产品（或产业）具有出口的比较优势，数值越大表示该类优势越明显；若 $RCA_{ij}<1$，则相反，具有竞争劣势。

由表6-3可知，中国的优势产业为杂项制品（2.03）、按原料分类的制成品（1.31）、机械及运输设备（1.31），日本为机械及运输设备（1.52）、未分类的货品及交易（3.04），韩国为机械及运输设备（1.56）、化学品及有关产品（1.10）、按原料分类的制成品（1.10），澳大利亚为非食用原料（9.31）、未分类的货品及交易（7.32）、矿物燃料、润滑油及相关原料（1.58）、食品及活动物（1.49）、饮料及烟草（1.09），新西兰为食品及活动物（4.71）、饮料及烟草（2.60）、未分类的货品及交易（4.71），印度为按原料分类的制成品（1.93）、矿物燃料、润滑油及相关原料（1.03）、食品及活动物（1.54）、杂项制品（1.14），东盟大多数产业均具有比较优势。通过分析可知，中日韩等国的优势产业多为资本或技术密集型的制成品，而印度和东盟多为劳动密集型的初级产品。

表6-3　　　　　　　　　2020年RCEP成员的比较优势指数

国家或地区	0	1	2	3	4	5	6	7	8	9
中国	0.37	0.11	0.14	0.14	0.10	0.74	1.31	1.31	2.03	0.46
日本	0.14	0.21	0.35	0.13	0.07	0.92	0.98	1.52	0.70	3.04
韩国	0.19	0.42	0.29	0.55	0.03	1.10	1.10	1.56	0.48	0.09
澳大利亚	1.49	1.09	9.31	1.58	0.26	0.25	0.40	0.11	0.18	7.32
新西兰	4.71	2.60	0.09	0.57	0.38	0.47	0.17	0.34	1.13	4.71
印度	1.54	0.42	0.87	1.03	0.91	1.31	1.93	0.45	1.14	0.04
东盟	1.18	0.79	0.71	0.91	5.61	0.72	0.96	1.31	1.50	0.99

资料来源：根据UN COMTRADE数据整理计算。

与出口显示性比较优势指数相对应的是进口显示性比较优势指数，表示为：

$$RCA_{ij}^m = (M_{ij}/M_i)/(M_{wj}/M_w) \tag{6.3}$$

为了便于比较分析，引入显示性竞争优势指数（CA），该指数已成为评价国际竞争力较为常用的指标，计算公式为：

$$CA_{ij} = RCA_{ij}^x - RCA_{ij}^m = (X_{ij}/X_i)/(X_{wj}/X_w) - (M_{ij}/M_i)/(M_{wj}/M_w) \tag{6.4}$$

CA_{ij} 表示 i 国 j 产品（或产业）的显示性竞争优势指数，其值越大，意味着竞争力越强。$CA_{ij}<0$ 表示 i 国 j 产品（或产业）的出口比较优势小于其进口比较优势，竞争力较弱；相反，$CA_{ij} \geq 0$ 表示 i 国 j 产品（或产业）的出口比较优势大于其进口比较优势；进一步认为，$CA_{ij} \geq 1$ 表示 i 国 j 产品（或产业）拥有竞争优势，数值的大小与比较优势的大小成正比；$CA_{ij} \geq 2$ 表示 i 国产品（或产业）具有极强的竞争优势；若 $1<CA_{ij}<2$，表示具有较强的竞争优势；若 $0<CA_{ij}<1$，表示该产品（或产业）具有较为平均的竞争优势。

表6-4　　　　　　　　2020年RCEP成员的显示性竞争优势指数

国家或地区	0	1	2	3	4	5	6	7	8	9
中国	-0.41	-0.28	-3.93	-1.87	-1.02	-0.14	0.47	0.09	1.41	0.27
日本	-0.89	-1.06	-1.06	-1.84	-0.31	0.13	0.35	0.85	-0.36	2.58
韩国	-0.62	0.10	-1.22	-1.93	-0.56	0.29	0.31	0.59	-0.29	0.05

续表

国家或地区	0	1	2	3	4	5	6	7	8	9
澳大利亚	0.61	-0.29	9.05	0.43	-0.24	-0.70	-0.49	-0.97	-1.12	6.60
新西兰	7.51	3.09	2.29	-1.05	-0.45	-0.60	-0.40	-0.76	-0.76	0.81
印度	1.26	0.32	-0.16	-2.41	-3.52	0.39	1.02	-0.11	0.87	-0.10
东盟	0.13	0.06	-0.16	-0.87	4.43	-0.24	-0.29	0.02	0.90	0.74

资料来源：根据 UN COMTRADE 数据整理计算。

由表6-4可知，中国的杂项制品（1.41）具有较大的比较优势，而非食用原料（-3.93）是最大的比较劣势；日本的比较优势产业为机械及运输设备（0.85）、未分类的货品及交易（2.58），而矿物燃料、润滑油及相关原料（-1.84）、非食用原料（-1.06）、饮料及烟草（-1.06）为其竞争劣势产业；韩国的优势产业为机械及运输设备（0.59），但在矿物燃料、润滑油及相关原料（-1.93）、非食用原料（-1.22）方面具有竞争劣势；澳大利亚的优势产业为非食用原料（9.05）、未分类的货品及交易（6.60），而杂项制品（-1.12）是其最大的劣势产业；新西兰的优势产业为食品及活动物（7.51）、非食用原料（2.29）、饮料及烟草（3.09），而矿物燃料润滑油及相关原料（-1.05）为最大的劣势产业；印度的优势产业为食品及活动物（1.26），而动物油、植物油、脂肪及蜡（-3.52）、矿物燃料、润滑油及相关原料（-2.41）为劣势产业；东盟的优势产业为动物油、植物油、脂肪及蜡（4.43）。

三 贸易依存度

对外贸易依存度（Foreign Trade Dependence，FTD）指一国（或地区）对外贸易的开放水平，能够衡量一国（或地区）对外贸易的依赖程度。公式表示为：

$$Open=(X+M)/GDP \tag{6.5}$$

式（6.5）中，$Open$ 代表对外贸易开放程度，X 表示一国（或地区）的出口总额，M 表示一国（或地区）的进口总额。该式意味着一国（或地区）对外贸易占国内生产总值的份额，数值越大，说明该国（或地区）的贸易依存度越大。对外贸易依存度受到多方面的影响，如经济发展水平、国内市场大小等，因此存在较大差异。

如图6-2，2000—2020年，日本的贸易依存度一直处于较低水平，基本维持在35%以内。韩国的贸易依存度与之相反，一直处于高位，韩国由2000年的66.10%，上升到2011年的105.57%，且2011年和2012年过度依赖对外贸易，一直维持在100%以上水平，韩国对外贸易的依赖程度更深。中澳新日四国的贸易依存度基本处于45%左右水平，且变化趋势较平缓。总体来看，贸易依存度由高到低分别为韩国、新西兰、印度、澳大利亚、中国、日本。由此可知，RCEP成员都倾向于开展对外贸易，以提升自身的经济影响力。

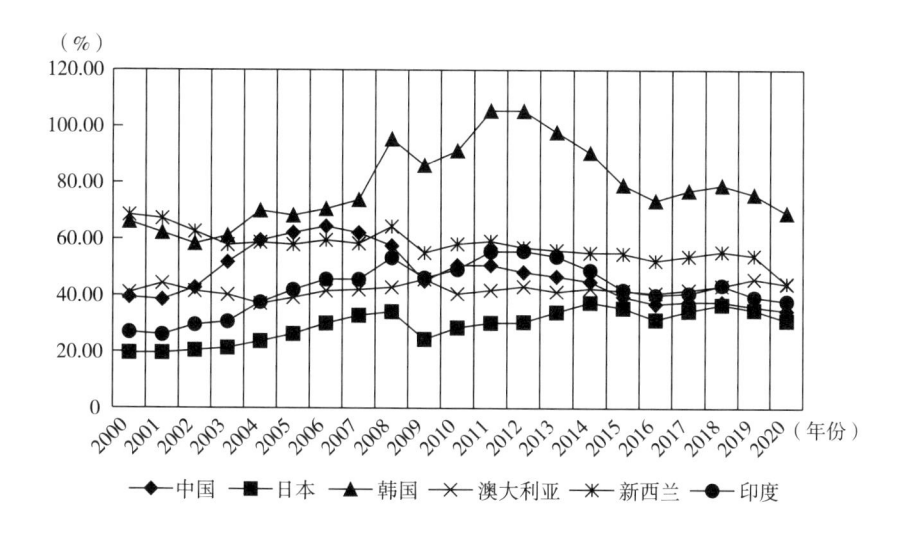

图6-2 2000—2020年中日韩澳新印的对外贸易依存度比较

注：这里的对外贸易依存度是指区域内国家的贸易依存度，即成员对区域内国家的贸易依存度，由区域内成员与其他成员之间的进出口总额占该国内生产总值的比重表示。

资料来源：根据联合国统计数据库绘制。

通过以上要素分析可以发现，RCEP成员之间存在一定的优势互补，以中国、印度和东盟为主的发展中经济体与以日本和韩国为主的发达经济体之间形成了稀缺要素互补。根据H—O要素禀赋理论，RCEP各成员之间因要素禀赋的差异产生了各自的竞争优势产业。尽管中国与东盟具有相似的贸易结构，但具体到每类产业或产品，双方在经济上仍然具有一定的互补性。对于东亚各国，其贸易互补主要体现为中国的劳动力优势，日本和韩国等国的资本与技术优势，而澳大利亚、东盟等具有自然资源优势，RCEP成员之间的贸易互补关系将推动区域经济一体化的进程。同时，区域内的经济贸易有较强的内向性依赖，达成区域自由贸易协定已经成为现实,并且从贸易依存度可知,大多数 RCEP 成员存在进一步开放经济的潜力(亚太地区各经济体的对外贸易开放度见附录 B)。以上这些方面为 RCEP 的签订提供了现实基础,下面从模拟分析的角度进一步分析其宏观经济效应和产业变动情况,并探讨自贸区进一步深入发展所形成的"轮辐"结构的经济效应。

第三节 RCEP 贸易效应的模拟分析

RCEP 作为全球经济增长的新引擎和排头兵,研究其内部的"轮轴—辐条"结构能够为 RCEP 的签订及深化发展提供现实借鉴。当前,世界经济正处在新旧动能增长的转换期,面临全球经济增长与复苏乏力、政策不确定性风险增加、贸易保护主义及逆全球化思潮抬头等问题。以 2016 年英国公投"脱欧"和 2017 年秉承"美国优先"理念的特朗普宣布退出《跨太平洋伙伴关系协定》为代表的逆全球化现象,对经济全球化进程产生了一定的不利影响。值得一提的是,中国倡导并推进的 RCEP 能够顺应区域经济一体化发展的内在要求,将成为亚太地区最具代表性的自贸协定。[①] 然而,RCEP 的成立需要"核心"成员推动并主导,扮演"轮轴国"的角色,并带动"辐条国"实现互利共赢发展。

一 区域及产业划分

将 GTAP 9.0 版数据库的地区进行重新分类,即中国、日本、韩国、澳大利亚、新西兰、印度、东盟、欧盟、亚洲其他地区、北美地区和世界其他地区。同时,将产业划分为种植业、畜牧业、能源业、食品加工业、其他加工业、低端制造业、高端制造业、基础设施与建设业、交通与通信业、其他服务业等。

二 方案设定

为了比较 RCEP 的贸易结构,设定以下五种情形:(1) RCEP 内部还未形成"轮辐"结构;(2) 中国为轮轴,RCEP 其他成员为辐条;(3) 日本为轮轴,RCEP 其他成员为辐条;(4) 东盟为轮轴,RCEP 其他成员为辐条;(5) 中日韩澳新等国为"轮轴"集团,印度和东盟为"辐条"集

---

① 根据中国自由贸易区服务网资料整理。

团,这种情形将 RCEP 成员分为"南北型",即中日韩澳新为一个整体的"轮轴",印度和东盟为一个整体的"辐条"。对于(2)—(5)情形的划分依据是轮轴国的特殊条件及地位,即只有经济总量居前,且生产市场和消费市场都具有较大潜力的经济体才有可能成为轮轴国。轮轴国因其特殊地位,意味着其在自贸区内需要作出更多的关税减让。

三 模拟分析

GTAP 模型是用一组具体方程描述供给、需求及供求关系,来刻画生产、消费、投资、政府支出和进出口等各个环节。主要包括商品及生产要素、价格、工资、资本利润率等变量,需要在一系列优化条件如生产者利润最大化、出口成本最小化及消费者效应最大化等约束条件下求解方程组,确定在各个市场都达到均衡时的价格和数量。在 GTAP 模型中,任何外生冲击都将使得经济运行由一个均衡发展到另一个均衡。将关税(tms)作为唯一的政策冲击变量(Variable to Shock),不考虑非关税壁垒等因素的影响,以及区域外的世界其他地区关税水平保持不变,人口增长率也维持在默认水平。

(一)宏观经济分析

1. 国内生产总值

RCEP 内部还未形成"轮辐"结构时,除印度出现负效应(-0.94%)外,其余国家和地区均呈现正效应,其中,日本的正效应最大(2.54%),其次是韩国(2.24%)、澳大利亚(1.25%),这三个国家的 GDP 增长幅度都超过 1%,而中国、新西兰和东盟都在 1% 以内,中国的变动幅度最小(0.20%),其次是东盟(0.47%)。此外,对亚洲其他地区(-1.02%)产生的负效应较大。中国为轮轴时,除中国(1.07%)和日本(0.52%)出现正效应外,其余国家和地区均呈现负效应,韩国的负效应最小(-0.68%),澳大利亚(-1.88%)的负效应最明显,其次是印度(-1.51%)、新西兰(-1.29%)和东盟(-1.05%)。日本为轮轴时,除日本出现正效应(3.64%)外,其余国家和地区均呈现负效应,中国的负效应最小(-0.63%),然后分别是韩国(-0.76%)、东盟(-0.92%)、新西兰(-1.12%)和印度(-1.40%),澳大利亚的负效应最大(-1.83%)。因此,以日本为"轮轴"的自贸区对日本经济产生正效应,对 RCEP 的其余成员产生一定程度的负效应。东盟为轮轴时,除东盟(2.00%)和日本(0.79%)出现正效应外,其余国家和地区均呈现负效应,中国的负效应最小（-0.48%），澳大利亚（-1.83%）、印度（-1.29%）和新西兰（-1.14%）的负效应较大。中日韩澳新等国为轮轴时，除印度（-2.04%）和东盟（-1.88%）出现负效应外，其余国家和地区均呈现正效应，日本的正效应最大（2.84%），其次是韩国（2.56%）、澳大利亚（1.74%）和新西兰（1.11%），而中国（0.43%）的改善幅度最小。无论哪种情形，均对日本产生正效应，对印度及北美地区产生负效应（见表6-5）。

表6-5　　　　　　　　　国内生产总值变化情况　　　　　　　　单位：%

国家或地区	情形一	情形二	情形三	情形四	情形五
中国	0.20	1.07	-0.63	-0.48	0.43
日本	2.54	0.52	3.64	0.79	2.84
韩国	2.24	-0.68	-0.76	-0.55	2.56
澳大利亚	1.25	-1.88	-1.83	-1.83	1.74
新西兰	0.69	-1.29	-1.12	-1.14	1.11
印度	-0.94	-1.51	-1.40	-1.29	-2.04
东盟	0.47	-1.05	-0.92	2.00	-1.88
欧盟	-0.48	-0.05	-0.16	0.01	-0.40
北美地区	-0.63	-0.11	-0.15	-0.02	-0.50
亚洲其他地区	-1.02	0.03	-0.29	-0.06	-0.74
世界其他地区	-0.55	0.03	-0.07	0.08	-0.41

资料来源：作者根据GTAP软件模拟得到。

2. 进出口贸易

RCEP内部还未形成"轮辐"结构时，在RCEP框架下所有经济体均呈现正效应。进口方面，韩国的增幅最大（5.56%），其次是日本（5.37%）、澳大利亚与东盟（4.41%）、中国（3.94%）、印度（3.61%）和新西兰（2.03%）；出口方面，印度的增幅最大（4.97%），随后是韩国（3.60%）、日本（3.34%）、东盟（3.04%）、中国（2.88%）、澳大利亚（2.08%）和新西兰（1.45%）。由此可知，RCEP未形成轮辐结构时，各个经济体的进出口均有不同程度的增长，比较而言，更利于韩国的进口和印度的出口。从进出口两方面看，韩国、日本和印度的增幅居前三位。中国为轮轴时，中国（分别为 1.45% 和 1.39%）、印度（分别为 1.38% 和 2.15%）和东盟（分别为 0.69% 和 0.18%）的进出口均为正，其中，中国的进口增加最多，印度的出口增加最多。此外，日本的出口存在一定幅度的增加（0.08%），而其余经济体的进出口都有所下降，新西兰进出口的负效应最大（分别为-4.96%、-3.60%），这也说明了经济体量较小的国家在轮辐结构自贸区的经济博弈中处于不利地位。日本为轮轴时，日本（分别为 2.67% 和 1.01%）、印度（分别为 0.59% 和 1.27%）和东盟（分别为 0.35% 和 0.02%）的进出口均为正，而其余经济体的进出口都下降，澳大利亚（分别为-4.42% 和-2.59%）和新西兰（分别为-5.17% 和-3.64%）的进出口贸易受到较大的冲击。东盟为轮轴时，在进口方面，东盟（3.22%）和印度（1.13%）的进口增加明显，而其余经济体均呈现负效应，其中，新西兰（-4.70%）和澳大利亚（-3.55%）的进口减少最明显。在出口方面，东盟（2.52%）和印度（1.79%）的变动增加，其余经济体的变动下降，新西兰（-3.35%）和澳大利亚（-2.12%）的出口负效应较明显。中日韩澳新等国为轮轴时，在进口方面，各个经济体均呈现正效应，韩国（5.00%）、日本（4.50%）、澳大利亚（3.52%）和中国（3.03%）的进口增加较明显。在出口方面，各个经济体也都呈现正效应，韩国（3.26%）、日本（2.61%）、印度（2.49%）和中国（2.37%）的正效应较明显，而东盟（0.39%）的变化最不显著。总的来说，以中日韩澳新为"轮轴"集团的 RCEP 对韩国和日本的进出口更为有利。无论哪种情形，均对印度和东盟的进出口产生正效应（见表 6-6）。

表 6-6　　　　　　　　　　进出口变化情况　　　　　　　　单位：%

国家或地区	情形一 进口	情形一 出口	情形二 进口	情形二 出口	情形三 进口	情形三 出口	情形四 进口	情形四 出口	情形五 进口	情形五 出口
中国	3.94	2.88	1.45	1.39	-0.57	-0.20	-0.49	-0.20	3.03	2.37
日本	5.37	3.34	-0.01	0.08	2.67	1.01	-0.55	-0.32	4.50	2.61
韩国	5.56	3.60	-0.15	-0.25	-0.84	-0.69	-0.90	-0.73	5.00	3.26
澳大利亚	4.41	2.08	-3.66	-2.38	-4.42	-2.59	-3.55	-2.12	3.52	1.58
新西兰	2.03	1.45	-4.96	-3.60	-5.17	-3.64	-4.70	-3.35	1.56	1.19
印度	3.61	4.97	1.38	2.15	0.59	1.27	1.13	1.79	1.41	2.49

续表

国家或地区	情形一 进口	情形一 出口	情形二 进口	情形二 出口	情形三 进口	情形三 出口	情形四 进口	情形四 出口	情形五 进口	情形五 出口
东盟	4.41	3.04	0.69	0.18	0.35	0.02	3.22	2.52	1.17	0.39
欧盟	-0.56	-0.32	0.02	-0.01	-0.12	-0.10	0.03	0.00	-0.41	-0.25
北美地区	-0.97	-0.19	-0.11	-0.04	-0.15	-0.02	0.03	0.01	-0.73	-0.14
亚洲其他地区	-1.56	-1.14	0.25	0.18	-0.26	-0.16	0.04	0.06	-1.05	-0.76
世界其他地区	-0.80	-0.42	0.06	0.02	-0.05	-0.04	0.12	0.07	-0.59	-0.31

资料来源：作者根据 GTAP 软件模拟得到。

3. 贸易条件

RCEP 内部还未形成"轮辐"结构时，印度和中国的贸易条件恶化，分别为-0.73%和-0.03%，而印度受到的影响最大。然而，日本和韩国的贸易条件改善明显，分别为 2.11%和 1.13%。由此可知，在 RCEP 形成后，日韩两国将凭借国内经济实力和贸易结构的优势，成为 RCEP 框架下的最大受益国。中国为轮轴时，中国（0.92%）和日本（0.63%）的贸易条件得到改善，而其余 RCEP 成员均呈负效应，韩国的贸易条件恶化程度最小（-0.29%），东盟次之（-0.78%），澳大利亚最大（-2.22%）。通过分析数据可知，该结论与陈淑梅等（2014）和刘冰等（2014）的模拟结果出现较大的不同，这是因为通过进一步考虑 RCEP 成员的轮辐效应，对成员的贸易冲击也将产生不同程度的经济效应。日本为轮轴时，在贸易条件方面，日本的贸易条件得到改善（3.31%），而 RCEP 的其余成员均为负值，澳大利亚（-2.25%）的贸易条件恶化最明显。东盟为轮轴时，东盟（1.03%）和日本（0.78%）的贸易条件得到改善，而 RCEP 的其余成员均呈负效应，澳大利亚（-2.50%）、印度（-1.09%）和新西兰（-0.93%）的贸易条件恶化较明显。中日韩澳新等国为轮轴时，东盟（-1.31%）和印度（-1.47%）的贸易条件出现恶化，而 RCEP 的其余成员均呈正效应，日本（2.45%）、韩国（1.38%）、澳大利亚（1.38%）和新西兰（0.85%）的贸易条件改善较明显，而中国（0.21%）的变化最不显著。总体来说，无论哪种情形，日本的贸易条件均得到改善，而印度的贸易条件均出现恶化（见表6-7）。

表 6-7　　　　　　　　　　贸易条件变化情况　　　　　　　　单位:%

国家或地区	情形一	情形二	情形三	情形四	情形五
中国	-0.03	0.92	-0.51	-0.44	0.21
日本	2.11	0.63	3.31	0.78	2.45
韩国	1.13	-0.29	-0.33	-0.20	1.38
澳大利亚	0.87	-2.22	-2.25	-2.50	1.38
新西兰	0.54	-0.90	-0.76	-0.93	0.85
印度	-0.73	-1.19	-0.96	-1.09	-1.47
东盟	0.12	-0.78	-0.73	1.03	-1.31
欧盟	-0.10	-0.04	-0.03	-0.03	-0.07
北美地区	-0.34	-0.12	-0.07	-0.05	-0.26
亚洲其他地区	-0.70	0.02	-0.22	-0.12	-0.48
世界其他地区	-0.17	0.12	0.12	0.12	-0.08

资料来源:作者根据 GTAP 软件模拟得到。

4. 福利水平

RCEP 内部还未形成"轮辐"结构时,日本增幅最大(241.91 亿美元),韩国(117.88 亿美元)、中国(106.88 亿美元)和东盟(67.79 亿美元)分居第二、第三和第四位,新西兰的增幅最小(3.56 亿美元)。这能够较好地反映各个经济体的福利分配,即影响力较大的经济体获得的福利增加效应更明显。总体上看,RCEP 未形成轮辐结构时,对日韩两国的国内经济增长和贸易条件改善最有利,同时,能够显著促进各成员的进出口和提升福利水平,其中,日本和韩国将成为最大的受益国。中国为轮轴时,中国的福利水平增加最明显(218.12 亿美元),日本(78.00 亿美元)和印度(16.17 亿美元)分居第二、第三位,但是日本和印度两国较中国来说,其福利水平提升并不显著,而其余经济体都为负值,且东盟(-67.86 亿美元)和澳大利亚(-49.62 亿美元)的福利降低最明显。日本为轮轴时,日本(351.91 亿美元)和印度(22.56 亿美元)为正值,中国(-67.14 亿美元)、东盟(-62.27 亿美元)和澳大利亚(-51.85 亿美元)的福利水平下降较明显。东盟为轮轴时,东盟(159.46 亿美元)和日本(87.28 亿美元)增加较明显,中国(-62.41 亿美元)和澳大利亚(-60.68 亿美元)的福利水平下降较显著。中日韩澳新等国为轮轴时,只有东盟(-121.95亿美元)出现了负效应,其余经济体均为正效应,其中,日本(275.73亿美元)的福利增加最明显,中国(136.72亿美元)和韩国(134.03亿美元)也较显著,而印度(3.69亿美元)和新西兰(5.07亿美元)的福利增加值较小。无论哪种情形,日本和印度的福利水平均得到提升(见表6-8)。

表6-8　　　　　　　　　　福利变化情况　　　　　　　单位:亿美元

国家或地区	情形一	情形二	情形三	情形四	情形五
中国	106.88	218.12	-67.14	-62.41	136.72
日本	241.91	78.00	351.91	87.28	275.73
韩国	117.88	2.17	-2.51	2.01	134.03
澳大利亚	51.77	-49.62	-51.85	-60.68	66.88
新西兰	3.56	-4.21	-3.81	-4.71	5.07
印度	59.41	16.17	22.56	21.05	3.69
东盟	67.79	-67.86	-62.27	159.46	-121.95
欧盟	-86.82	-24.09	-18.67	-15.65	-60.01
北美地区	-123.78	-39.25	-18.26	-10.03	-92.35
亚洲其他地区	-48.23	3.69	-14.29	-6.99	-31.37
世界其他地区	-87.78	66.25	56.99	62.49	-38.85

资料来源:作者根据GTAP软件模拟得到。

总体上看,以中国为"轮轴"的RCEP最有利于中国和日本提升GDP水平、改善贸易条件和出口状况、增加福利水平。然而,最不利于澳大利亚的国内经济和贸易条件、新西兰的进出口贸易以及东盟的福利水平。以日本为"轮轴"的RCEP最有利于日本提升GDP水平、改善贸易条件和进出口状况、增加福利水平。然而,最不利于澳大利亚的国内经济、贸易条件,新西兰的进出口贸易以及中国的福利水平。以东盟为"轮轴"的RCEP有利于东盟和日本提升GDP水平、改善贸易条件,增加东盟和印度的进出口,提升东盟、日本、印度和韩国的福利水平。最不利于澳大利亚的国内经济和贸易条件、新西兰的进出口贸易以及中国的福利水平。然而,以中日韩澳新为"轮轴"集团的RCEP有利于提升轮轴集团的GDP水平、改善贸易条件,增加RCEP各个经济体的进出口额，但是不利于东盟的福利水平。

(二) 产业变动分析

1. RCEP 未形成"轮辐"结构

RCEP 未达成，各个经济体在区域经济博弈中还未形成"轮辐"地位，各成员方为了自身经济利益力促 RCEP 尽快结束谈判并签订自贸协定。

模拟结果显示，中国在其他加工业（1.53%）和种植业（0.62%）的产出变动明显，而畜牧业（-0.48%）和高端制造业（-0.34%）受到的冲击最大，这种变动基本与中国的产业结构相符，即具有比较优势的加工业、种植业是中国的产业优势，而具有比较劣势的制造业，尤其是高端制造业，属于中国的产业"短板"，这就迫切需要中国改善和优化其产业结构。日本在基础设施与建设业（0.97%）和低端制造业（0.84%）方面产出增加明显，但是在畜牧业（-4.51%）、其他加工业（-3.26%）、种植业（-3.10%）和能源业（-1.38%）等方面受到的冲击较大。韩国在食品加工业（3.05%）、基础设施与建设业（2.32%）和其他加工业（2.31%）的产出增加明显，而在种植业（-3.68%）和低端制造业（-1.23%）的产出降低幅度较大。东盟在食品加工业（3.32%）、基础设施与建设业（1.99%）具有产出增加优势，而在其他加工业（-2.59%）、低端制造业（-1.74%）等方面遭受较大冲击。澳大利亚的优势产业为畜牧业（20.07%）、食品加工业（2.62%）、基础设施与建设业（1.26%），新西兰的优势产业为食品加工业（4.30%）、种植业（4.08%）和畜牧业（2.63%），印度为畜牧业（0.64%）（见表6-9）。

表6-9　　　RCEP 未形成"轮辐"时各国和地区的产业变化　　　单位:%

产业	中国	日本	韩国	澳大利亚	新西兰	印度	东盟	世界其他地区
种植业	0.62	-3.10	-3.68	0.70	4.08	-0.53	0.47	-0.13
畜牧业	-0.48	-4.51	-0.83	20.07	2.63	0.64	-0.64	-0.15
能源业	-0.24	-1.38	-0.78	-1.05	-0.39	0.18	-0.62	0.12
食品加工业	0.23	-0.66	3.05	2.62	4.30	-5.59	3.32	-0.39
其他加工业	1.53	-3.26	2.31	-10.53	-12.66	0.01	-2.59	0.10
低端制造业	-0.12	0.84	-1.23	-5.41	-3.89	0.41	-1.74	0.31

续表

产业	中国	日本	韩国	澳大利亚	新西兰	印度	东盟	世界其他地区
高端制造业	-0.34	-0.30	0.44	-1.37	-1.50	0.14	0.64	-0.09
基础设施与建设业	0.39	0.97	2.32	1.26	0.45	0.36	1.99	-0.32
交通与通信业	-0.01	-0.05	-0.09	-0.10	-0.18	0.17	-0.08	0.08
其他服务业	-0.02	0.00	-0.19	0.00	-0.07	0.13	-0.66	0.03

资料来源：作者根据 GTAP 软件模拟得到。

总体来看，中国的产出变动增加主要集中在种植业、其他加工业，日本是基础设施与建设业、低端制造业，韩国是食品及其他加工业、基础设施与建设业，东盟是食品加工业、基础设施与建设业，澳大利亚是畜牧业、食品加工业，新西兰是食品加工业、种植业和畜牧业，印度是畜牧业。通过以上分析可知，RCEP 框架下未形成轮辐结构时，各个经济体在产业方面呈现一定的优势互补，但是互补优势不明显，且在许多产业存在优势"重叠"现象，尤其是加工业及畜牧业等方面并没有体现良好的互补性，竞争效应明显。

2. 中国为轮轴，RCEP 其他成员为辐条[①]

中国是世界最大的发展中经济体及第二大经济体，在 RCEP 的作用也越来越明显。中国丰裕的劳动力和自然资源等要素，以及广阔的消费市场、巨大的消费潜力等，都为中国成为 RCEP 的轮轴国提供了重要保障。

模拟结果显示，中国在其他加工业（1.10%）、种植业（0.69%）和食品加工业（0.33%）等方面的产出变动明显，而低端制造业（-0.60%）和畜牧业（-0.51%）受到的冲击较大，这基本符合中国的产业结构情况，即种植业及加工业是中国的优势产业，而发达国家凭借技术优势在制造业等方面占据比较优势。日本在低端制造业（2.57%）方面产出增加明显，但是在畜牧业（-2.93%）、其他加工业（-2.22%）和种植业

---

① 以中国与 RCEP 成员签订的自贸协定为例，中国分别与新西兰（2008 年）、东盟（2010 年）、澳大利亚（2015 年）和韩国（2015 年）签订了自贸协定，而关税的降低幅度，是从签订自贸协定的当年开始，一般是以 5—10 年的周期逐步等量递减，直到降为零关税。当然，这是以官方协定降税的产品分类为主，涉及的敏感性产业不列入。以新西兰为例，直到 2014 年，中新两国在一些产品上还未取消全部关税，故以上关税设定及预测分析符合现实逻辑。

(-1.85%)等方面受到的冲击较大。韩国在低端制造业（2.84%）、食品加工业（2.77%）和其他加工业（1.88%）等方面的产出增加明显，可以发现，低端制造业的正效应最大；而在种植业（-2.74%）和高端制造业（-1.36%）等方面产出降低较多。东盟在食品加工业（3.64%）和种植业（0.85%）等方面的产出增加较多，而在低端制造业（-1.52%）和能源业（-1.20%）等产业遭受较大的冲击。澳大利亚的优势产业为畜牧业（21.48%）、食品加工业（3.47%）和高端制造业（2.24%），新西兰的优势产业为种植业（4.07%）、畜牧业（3.88%）和食品加工业（3.52%），印度为其他加工业（1.22%）（见表6-10）。

表6-10　　　以中国为"轮轴"时各国和地区的产业变化　　　单位：%

产业	中国	日本	韩国	澳大利亚	新西兰	印度	东盟	世界其他地区
种植业	0.69	-1.85	-2.74	0.88	4.07	-0.58	0.85	-0.25
畜牧业	-0.51	-2.93	-0.03	21.48	3.88	0.50	-0.33	-0.22
能源业	-0.03	0.20	0.67	-2.01	-1.53	-0.12	-1.20	0.20
食品加工业	0.33	-0.40	2.77	3.47	3.52	-5.54	3.64	-0.51
其他加工业	1.10	-2.22	1.88	-4.72	-12.65	1.22	-0.65	-0.04
低端制造业	-0.60	2.57	2.84	-1.95	-4.47	0.90	-1.52	-0.22
高端制造业	-0.29	-0.70	-1.36	2.24	-0.37	0.14	0.49	-0.13
基础设施与建设业	0.22	-0.11	-0.29	-0.65	-1.07	0.04	0.54	0.04
交通与通信业	-0.05	-0.07	0.28	0.07	-0.14	0.06	-0.02	0.02
其他服务业	0.13	0.01	-0.12	-0.15	0.05	0.27	-0.35	0.04

资料来源：作者根据GTAP软件模拟得到。

总体来看，中国的产出变动增加主要集中在种植业和食品加工业等方面，日本是低端制造业，韩国是食品加工业、低端制造业和其他加工业等方面，东盟是种植业与食品加工业，澳大利亚是畜牧业、食品加工业和高端制造业，新西兰是种植业、畜牧业和食品加工业，印度是其他加工业。通过分析发现，在以中国为"轮轴"的RCEP框架下，各个经济体在产业分工上呈现较好的优势互补。同时，日韩两国在低端制造业等产业得到转型升级，食品加工业和制造业等产业是RCEP各个成员合作的重心。

3. 日本为轮轴，RCEP 其他成员为辐条

通过分析可知，中国在其他加工业（2.12%）、种植业（0.97%）和能源业（0.56%）等方面的产出变动明显，但是畜牧业（-0.48%）、高端制造业（-0.43%）受到的冲击较大。日本在基础设施与建设业（0.76%）的产出增加明显，但是在畜牧业（-4.14%）、种植业（-2.98%）、其他加工业（-1.68%）和能源业（-1.39%）等方面受到的冲击较大。韩国在食品加工业（3.07%）、低端制造业（3.00%）和其他加工业（2.45%）等方面的产出增加明显，而在种植业（-2.66%）和高端制造业（-1.53%）等方面的产出降低较多。东盟在食品加工业（3.68%）和种植业（0.91%）等方面的产出增加较多，而在低端制造业（-1.34%）、能源业（-1.31%）和其他加工业（-1.13%）等遭受较大冲击。澳大利亚的优势产业为畜牧业（21.39%）、食品加工业（3.65%）和高端制造业（2.93%），新西兰的优势产业为种植业（4.13%）、畜牧业（3.44%）和食品加工业（3.27%），印度为低端制造业（0.87%）、其他加工业（0.76%）和畜牧业（0.53%）（见表6-11）。

表6-11　以日本为"轮轴"时各国和地区的产业变化　　　单位:%

产业	中国	日本	韩国	澳大利亚	新西兰	印度	东盟	世界其他地区
种植业	0.97	-2.98	-2.66	0.96	4.13	-0.58	0.91	-0.26
畜牧业	-0.48	-4.14	0.05	21.39	3.44	0.53	-0.27	-0.20
能源业	0.56	-1.39	0.65	-2.21	-1.76	-0.27	-1.31	0.16
食品加工业	0.23	-0.32	3.07	3.65	3.27	-5.48	3.68	-0.47
其他加工业	2.12	-1.68	2.45	-1.52	-10.19	0.76	-1.13	-0.79
低端制造业	0.02	-0.03	3.00	-1.78	-4.22	0.87	-1.34	-0.12
高端制造业	-0.43	-0.60	-1.53	2.93	0.24	0.39	0.62	-0.03
基础设施与建设业	-0.28	0.76	-0.51	-0.89	-1.17	-0.06	0.34	0.01
交通与通信业	-0.07	-0.07	0.33	0.08	-0.15	0.07	-0.05	0.03
其他服务业	-0.03	0.14	-0.09	-0.16	0.05	0.29	-0.32	0.05

资料来源：作者根据GTAP软件模拟得到。

总体来看，中国的其他加工业、种植业和能源业，日本的基础设施与建设业，韩国的食品加工业、低端制造业和其他加工业，东盟的食品加工业和种植业，澳大利亚的畜牧业、高端制造业和食品加工业，新西兰的种植业、畜牧业和食品加工业，印度的低端制造业、其他加工业和畜牧业等方面呈现明显的优势互补。

4. 东盟为轮轴，RCEP其他成员为辐条

东盟作为RCEP的重要经济体，在区域经济一体化进程中扮演了越来越重要的作用，以东盟为"轮轴"也是RCEP达成初期较易形成的模式。

通过分析可知，中国在其他加工业（2.02%）、种植业（0.88%）和能源业（0.47%）等方面的产出变动明显，而畜牧业（-0.49%）和高端制造业（-0.36%）受到的冲击最大。日本在低端制造业（2.43%）的产出增加明显，但是在畜牧业（-2.89%）、种植业（-1.92%）、其他加工业（-1.02%）等方面受到的冲击较大。韩国在食品加工业（2.88%）、其他加工业（2.79%）和低端制造业（2.76%）等方面的产出增加明显，而种植业（-2.72%）、高端制造业（-1.35%）等方面受到的冲击较大。东盟在食品加工业（3.17%）、基础设施与建设业（1.35%）和高端制造业（0.97%）等方面的产出增加较多，而在其他加工业（-4.14%）和低端制造业（-2.33%）等方面遭受较大冲击。澳大利亚的优势产业为畜牧业（21.37%）、高端制造业（3.38%）、食品加工业（3.54%）和种植业（1.11%），新西兰的优势产业为种植业（3.86%）、畜牧业（3.79%）和食品加工业（3.57%），印度为其他加工业（0.90%）、低端制造业（0.85%）和畜牧业（0.57%）（见表6-12）。

表6-12　　　　以东盟为"轮轴"时各国和地区的产业变化　　　　单位：%

产业	中国	日本	韩国	澳大利亚	新西兰	印度	东盟	世界其他地区
种植业	0.88	-1.92	-2.72	1.11	3.86	-0.61	0.57	-0.23
畜牧业	-0.49	-2.89	0.08	21.37	3.79	0.57	-0.28	-0.20
能源业	0.47	-0.09	0.49	-2.31	-1.88	-0.37	-0.65	0.14
食品加工业	0.12	-0.35	2.88	3.54	3.57	-5.63	3.17	-0.41
其他加工业	2.02	-1.02	2.79	-1.68	-10.06	0.90	-4.14	-0.66
低端制造业	-0.02	2.43	2.76	-1.72	-3.97	0.85	-2.33	-0.29

续表

产业	中国	日本	韩国	澳大利亚	新西兰	印度	东盟	世界其他地区
高端制造业	-0.36	-0.67	-1.35	3.38	-0.15	0.49	0.97	-0.05
基础设施与建设业	-0.23	-0.19	-0.58	-0.73	-1.07	0.03	1.35	0.07
交通与通信业	-0.07	-0.07	0.31	0.07	-0.18	0.08	-0.24	0.04
其他服务业	-0.03	0.02	-0.09	-0.21	0.01	0.25	-0.31	0.05

资料来源：作者根据GTAP软件模拟得到。

总体来看，中国的其他加工业、种植业和能源业，日本的低端制造业，韩国的低端制造业、其他加工业和食品加工业，东盟的食品加工业、基础设施与建设业、高端制造业，澳大利亚的畜牧业、高端制造业、食品加工业和种植业，新西兰的畜牧业、种植业和食品加工业，印度的其他加工业、低端制造业和畜牧业等产业呈现优势互补。

5. 中日韩澳新为"轮轴"集团，RCEP其他成员为"辐条"集团

中日韩澳新等五国在区域经济发展中，均属于中高等或高等收入国家，相对于东盟和印度，五国为整体的轮轴集团将对地区经济和产业产生深远影响。

通过分析可知，中国在其他加工业（1.38%）和种植业（0.72%）等方面的产出变动明显，而畜牧业（-0.50%）和高端制造业（-0.36%）受到的冲击较大。日本在基础设施与建设业（0.89%）、低端制造业（0.62%）的产出增加明显，但是在畜牧业（-4.37%）、其他加工业（-3.09%）、种植业（-3.02%）和能源业（-1.28%）等方面受到的冲击较大。韩国在食品加工业（3.29%）、基础设施与建设业（2.12%）、其他加工业（2.00%）等方面的产出增加明显，而种植业（-3.65%）和低端制造业（-1.56%）等受到的冲击较大。东盟在食品加工业（3.71%）、种植业（0.83%）、基础设施与建设业（0.76%）等方面的产出增加较多，而在能源业（-1.25%）和低端制造业（-0.99%）等遭受较大冲击。澳大利亚的优势产业为畜牧业（19.65%）和食品加工业（2.60%），新西兰的优势产业为种植业（4.09%）、食品加工业（3.86%）和畜牧业（2.11%），印度为其他加工业（1.25%）和低端制造业（1.24%）（见表6-13）。

表 6-13　以中日韩澳新为"轮轴"时各国和地区的产业变化　　　　单位:%

产业	中国	日本	韩国	澳大利亚	新西兰	印度	东盟	世界其他地区
种植业	0.72	-3.02	-3.65	0.39	4.09	-0.59	0.83	-0.20
畜牧业	-0.50	-4.37	-0.76	19.65	2.11	0.44	-0.47	-0.16
能源业	-0.11	-1.28	-0.61	-1.03	-0.26	-0.22	-1.25	0.15
食品加工业	0.32	-0.53	3.29	2.60	3.86	-5.54	3.71	-0.47
其他加工业	1.38	-3.09	2.00	-10.39	-12.62	1.25	-0.06	-0.07
低端制造业	-0.25	0.62	-1.56	-5.39	-3.95	1.24	-0.99	0.25
高端制造业	-0.36	-0.41	0.35	-1.74	-0.99	0.09	0.34	-0.10
基础设施与建设业	0.29	0.89	2.12	1.15	0.38	0.00	0.76	-0.23
交通与通信业	-0.02	-0.06	-0.09	-0.10	-0.21	0.07	0.07	0.06
其他服务业	0.03	0.05	-0.06	0.06	-0.02	0.26	-0.53	0.03

资料来源:作者根据 GTAP 软件模拟得到。

总体来看,中国的其他加工业和种植业,日本的基础设施与建设业、低端制造业,韩国的基础设施与建设业、其他加工业和食品加工业,东盟的食品加工业、基础设施与建设业、种植业,澳大利亚的畜牧业和食品加工业,新西兰的畜牧业、种植业和食品加工业,印度的其他加工业和低端制造业等方面呈现优势互补。

第四节　小结

本章首先对 RCEP 成员的贸易规模及要素进行分析,认为 RCEP 成员之间存在一定的优势互补,以中国、印度和东盟为主的发展中经济体与以日本、韩国为主的发达经济体之间形成了稀缺要素互补。同时,区域内的经济贸易有较强的内向性依赖,达成区域自由贸易协定在理论上成为可能,并且在贸易依存度方面,大多数 RCEP 成员存在进一步开放经济的潜力。其次,对 RCEP 成员的产业竞争力进行分析,运用的指标包括出口市场占有率、比较优势指数和贸易依存度等。认为 RCEP 成员之间能够形成贸易及产业的优势互补,主要表现为中国具有劳动力资源优势,日本、韩国、新西兰具有资本、技术优势，而澳大利亚、东盟等具有自然资源优势，RCEP 各经济体之间的贸易互补关系将推动亚太经济一体化的进程。通过对 RCEP 成员的贸易及要素等方面的分析发现，各个成员达成自贸协定的谈判动力主要体现在要素及产业的互补性上。以上这些方面为 RCEP 的签订提供了现实基础。最后，本章从模拟分析的角度进一步总结了 RCEP 宏观经济效应和产业变动情况，主要结论包括以下几方面。

1. 宏观经济方面

（1）RCEP 未形成轮辐结构时，对日韩两国的国内经济增长和贸易条件改善最有利，能够显著促进各成员的进出口和提升其福利水平。其中，日本和韩国将成为最大的受益国。RCEP 签订之初将有利于各个经济体的最优选择，然而，在经济合作不断深化及产业分工不断调整的趋势下，因为存在各方的经济博弈，所以轮辐结构将会随之出现。

（2）如果形成单轮轴结构，无论以哪个经济体为轮轴，该结构对该经济体宏观经济的各个方面均产生正效应，但是，对其他经济体将产生一定的负效应。值得一提的是，在 RCEP 区域内的整体福利水平方面，以日本为轮轴是最不利的选择。相反，以中国为轮轴是最优方案。总体而言，单轮轴结构只对轮轴国本身产生积极效应，而不利于区域内部其他成员的经济。

（3）整体来看，无轴优于多轴，多轴优于单轴。这是因为：

第一，成为轮轴国的要件是国内生产和消费市场潜力较大，能够提供丰富的要素资源及商品。

第二，即使轮轴国对辐条国实施了更为优惠的进口关税，但其他只对轮轴国的宏观经济有利。这也在一定程度上说明轮轴国制定针对辐条国的优惠关税政策，吸引了自贸区内辐条国的丰裕要素资源，满足了轮轴国自身的市场需求，从而形成要素及产业的优势互补。然而，单轮轴模式下的轮轴国以其广阔的市场及中高端稀缺要素优势，在与辐条国开展经济合作时并未因关税减让而受损。相反的是，多轮轴模式下，若干轮轴国组成了相对有机的整体，随着成员国数量的增多，极端情形是所有成员国都为轮轴国，那就意味着无辐条国，也谈不上轮辐了，这更加接近于无轮轴的模式，以至于将经济利益对称均分了，这也证明了无轴模式是自贸区成立之初的最佳选择。

第三，对于区域外部，不管有无轮轴，还是单轴或多轴情形，其或多或少都会对自贸区之外的经济体造成一定的冲击。这是因为自贸区框架下的关税水平低于区域外部的水平，并且要素及商品在区域内的自由流动加速了要素资源的流动，提升了区域内部的经济效率。但是，区域外部维持原先的关税或非关税壁垒不变，不能有效地开展自由贸易，从而也印证了世界范围内各个经济体都普遍谋求构建双边或多边自由贸易网络的现象。

第四，通过比较分析多轮轴与未形成轮辐结构的结论，发现多轮轴情况下大多数模拟结果的数值均有所增加，说明形成轮辐结构比未形成轮辐结构效果更好。因此，多轮轴结构成为最佳选择，它能够有效优化大多数经济体的各个指标，提升自贸区的整体经济水平。而之所以如此，是因为作为超级大国的美国并不在 RCEP 内，而 RCEP 内部并没有哪个经济体具有主导整个区域经济的实力。多方博弈的结果是，小国及欠发达经济体将跟随以几个经济实力较强的经济体所形成的多轮轴自贸区。

2. 产业变动方面

（1）RCEP 未形成轮辐结构时，各个经济体在产业方面呈现一定的优势互补，但是互补优势不明显，且在许多产业存在优势"重叠"现象，尤其是加工业及畜牧业等方面，并没有显现良好的互补性，竞争现象明显。

（2）RCEP 形成轮辐结构时的四种情形差异不大，均可以体现产业互补及合理分工，这是 RCEP 深化发展的必然。然而，以日本或东盟为轮轴时，各个经济体可以体现产业优势互补，却不能体现产业调整与升级。以中国为轮轴或中日韩澳新等国为"轮轴"集团的 RCEP 框架下，各个经济体的产业分工呈现较好的优势互补。同时，日韩两国在低端制造业和能源业等产业得到升级，食品加工业、畜牧业及基础设施建设业等产业成为各个成员合作的重心。

综上所述，本书通过分析认为，RCEP 的达成将有利于各个成员的宏观经济发展及实现产业优势互补。然而，作为一个规模庞大的经济体，RCEP 内部存在各方博弈和经济竞争，这将进一步导致轮辐结构的产生。通过比较研究不同的轮辐结构并结合中国自身的经济实力，以中国为"轮轴"或以中日韩澳新等国为"轮轴"集团的 RCEP 有利于提升整体经济实力，能更好地发挥各个成员的要素资源优势和产业优势互补，进行合理分工并深度合作，因此成为 RCEP"轮辐"结构的最优选择。同时，中国凭借巨大的市场潜力，在劳动力、自然资源等要素资源方面具有比较优势，为更好地发挥轮轴国作用提供了可靠保障。

值得一提的是，亚太多重自贸区现象背后是中美日三个轮轴国之间的竞争，没有美国参与的 RCEP 能够提升区域内部整体的宏观经济水平、优化产业结构，对中日等国产生积极影响，但是对美国、欧盟等经济体将产生不利影响，尤其是美国，作为亚太地区的超级大国，其自身经济实力雄厚、政治影响力深远、国际地位显著。因此，中美日等大国之间的亚太主导权与轮轴国之争就会变得极为复杂，这将为亚太多重自贸区竞争增添更多的不确定性。亚太地区大国之间的经济博弈，使得与 RCEP 共同推动区域自由贸易进程的 CPTPP 也扮演着重要的角色，RCEP 能否知彼知己并率先成为亚太完全经济一体化的基石，具有重要的研究价值，也为后面 CPTPP 的研究内容提供了方向。

第七章　CPTPP 贸易效应的实证分析

TPP 并未因美国的退出而解散，当前，日本成为其主要推动者，正在扮演轮轴国的角色。此外，美国也表示在重新谈判某些条款的前提下，可以考虑重新加入 CPTPP。CPTPP 的贸易效应，尤其是中国未来应邀加入 CPTPP 后的贸易效应，具有潜在的研究价值。在 CPTPP 框架下，中国同日本等发达国家的经济合作中存在的区域经济和政治主导权之争也会通过"轮辐"结构得以显现。本部分包括 CPTPP 成员的贸易规模及要素、产业竞争力、贸易效应模拟等方面的论述，CPTPP 贸易效应的模拟又分为地区和部门分类、情景设置和模拟分析等内容。

第一节　CPTPP 成员的贸易规模及要素分析

2020 年 CPTPP 覆盖约 5 亿人口，GDP 总和约为 13.5 万亿美元，而中国 GDP 为 14.7 万亿美元，超过 CPTPP 十一国总和。从贸易规模来看，目前 CPTPP 成员的货物贸易总量占全球的 15.2%，而中国加入后，将使这一比重提升至 27.2%。因此，中国的加入，将使 CPTPP 的经济总量和贸易规模翻倍，而且为现有成员国提供了一个超大规模的开放的中高端市场。

由表 7-1 可知，在 GDP 方面，2020 年日本以约 5.06 万亿美元居首位，其次是加拿大（约 1.65 万亿美元）、澳大利亚（约 1.33 万亿美元）、墨西哥（约 1.07 万亿美元），而其他经济体均不到 1 万亿美元，文莱最少（120 亿美元）。成员对中国的进出口方面，日本均为最多，分别为1639 亿美元和 1414 亿美元。出口方面，澳大利亚（1001 亿美元）、新加坡（513 亿美元）、越南（489 亿美元）分别位居第 2—4 位；进口方面，越南（842 亿美元）、墨西哥（735 亿美元）、澳大利亚（611 亿美元）和加拿大（571亿美元）分别位居第2—5位。在双边贸易额方面，日本（3052亿美元）和澳大利亚（1611亿美元）分居第1位和第2位，其次是越南（1331亿美元）。在双边贸易额占GDP的比重方面，越南对中国的贸易依赖性最高（49.08%），其次是新加坡（29.03%）、马来西亚（23.40%）、智利（17.79%）。通过分析可知，尽管日本、澳大利亚等国与中国的双边贸易规模最大，但双边贸易额占GDP的比重较低，而越南、马来西亚等经济体对中国的贸易依赖性较高。

表7-1 2020年CPTPP成员的GDP及其与中国的双边贸易额情况

国家	GDP（百亿美元）	对中国出口额（百亿美元）	从中国进口额（百亿美元）	双边贸易额（百亿美元）	双边贸易额占GDP比重（%）
日本	505.78	14.14	16.39	30.52	6.04
澳大利亚	132.78	10.01	6.11	16.11	12.14
加拿大	164.54	1.88	5.71	7.59	4.61
智利	25.29	2.85	1.65	4.50	17.79
马来西亚	33.70	3.79	4.10	7.88	23.40
墨西哥	107.39	0.78	7.35	8.13	7.57
新西兰	21.07	1.08	0.84	1.92	9.09
秘鲁	20.20	1.10	1.03	2.13	10.53
新加坡	34.00	5.13	4.74	9.87	29.03
越南	27.12	4.89	8.42	13.31	49.08
文莱	1.20	0.12	0.06	0.17	14.54

资料来源：根据UNCTAD、WDI数据库整理。

第二节 CPTPP成员的产业竞争力分析

一 贸易竞争力指数

贸易竞争力指数用来衡量一国（或地区）的某种产品（或产业）在国际市场上是否具备竞争优势。

由表7-2可知，日本的比较优势产业为SITC-6、SITC-7和SITC-9

等，而 SITC-0-SITC-4 等产品存在较大的比较劣势。澳大利亚的 SITC-1、SITC-2-SITC-3 和 SITC-9 为竞争优势产业，而在 SITC-7-SITC-8 存在较大的竞争劣势。加拿大的优势产业为 SITC-2-SITC-4、SITC-9，比较劣势产业主要为 SITC-1、SITC-8。智利主要的优势产业为 SITC-0-SITC-2，而在 SITC-3、SITC-7-SITC-8 等方面存在较大的比较劣势。马来西亚的 SITC-4 产业优势明显，但在 SITC-9 存在显著的比较劣势。在优势产业方面，墨西哥为 SITC-1；新西兰是 SITC-0-SITC-2、SITC-9；秘鲁是 SITC-2；新加坡是 SITC-5 和 SITC-9；越南是 SITC-8；文莱是 SITC-3。由此可知，CPTPP 成员在产业方面存在一定竞争，但是多数产业能够体现一定的互补性。日本、澳大利亚等发达经济体的产业优势大多集中在以资本或技术密集型为主的制成品，而马来西亚、越南等发展中经济体的产业优势则体现在以劳动密集型为主的初级产品。

表 7-2　　　　　　　2020 年 CPTPP 成员的贸易竞争力指数

国家	0	1	2	3	4	5	6	7	8	9
日本	-0.79	-0.76	-0.63	-0.87	-0.74	0.00	0.11	0.32	-0.30	0.58
澳大利亚	0.31	-0.06	0.96	0.33	-0.26	-0.53	-0.34	-0.79	-0.73	0.78
加拿大	0.15	-0.56	0.64	0.55	0.55	-0.19	-0.04	-0.27	-0.47	0.34
智利	0.41	0.64	0.93	-0.87	-0.25	-0.42	0.51	-0.82	-0.86	-0.42
马来西亚	-0.24	-0.01	-0.30	0.07	0.70	-0.08	0.02	0.14	0.41	-0.41
墨西哥	0.20	0.83	0.16	-0.22	-0.49	-0.55	-0.28	0.17	0.02	-0.07
新西兰	0.70	0.47	0.80	-0.83	-0.30	-0.45	-0.33	-0.70	-0.55	0.40
秘鲁	0.38	-0.45	0.88	-0.38	-0.02	-0.64	-0.12	-0.94	-0.50	-0.44
新加坡	0.06	-0.02	0.10	-0.25	-0.79	0.28	-0.22	0.07	0.07	0.75
越南	0.15	-0.05	-0.62	-0.66	-0.63	-0.46	-0.19	0.04	0.72	0.15
文莱	-0.96	-1.00	-0.45	0.46	-0.99	0.37	-0.93	-0.93	-0.86	-0.04

资料来源：根据 UN COMTRADE 数据整理计算。

二　显示性比较优势指数

显示性比较优势指数是衡量产业是否具有比较优势的一种方法，即一国（或地区）的某类产品（或产业）的出口额占该国总出口额的份额，与世界总出口贸易额中该类产品（或产业）出口额所占的份额之比，用来衡量不同经济体出口产品（或产业）的比较优势情况。

由表7-3可知，日本的优势产业为机械及运输设备（1.48）、按原料分类的制成品（0.95）、化学品及有关产品（0.90），澳大利亚主要是非食用原料（9.64）、矿物燃料、润滑油及相关原料（1.64）产业，加拿大主要为非食用原料（2.37）、矿物燃料、润滑油及相关原料（2.02）产业，智利为非食用原料（9.01）、饮料及烟草（3.02）、食品及活动物（3.01）等产业，马来西亚为动物油、植物油、脂肪及蜡（10.67）、矿物燃料、润滑油及相关原料（1.22）产业，墨西哥主要是机械及运输设备（1.53）、饮料及烟草（2.23）等产业，新西兰为食品及活动物（8.75）、饮料及烟草（4.57）、非食用原料（2.52），秘鲁为非食用原料（9.86）、食品及活动物（4.21），新加坡是机械及运输设备（1.43）、饮料及烟草（0.95），越南是杂项制品（2.52）、食品及活动物（1.21），文莱主要是矿物燃料、润滑油及相关原料（8.73）。

表7-3　　　　　　　　2020年CPTPP成员的比较优势指数

国家	0	1	2	3	4	5	6	7	8	9
日本	0.14	0.20	0.34	0.12	0.07	0.90	0.95	1.48	0.68	2.96
澳大利亚	1.54	1.13	9.64	1.64	0.27	0.25	0.42	0.12	0.19	7.58
加拿大	1.64	0.40	2.37	2.02	1.54	0.74	1.07	0.65	0.39	2.62
智利	3.01	3.02	9.01	0.08	0.81	0.34	2.49	0.08	0.06	0.00
马来西亚	0.49	0.30	0.50	1.22	10.67	0.54	0.83	1.21	1.08	0.09
墨西哥	1.01	2.23	0.55	0.43	0.15	0.20	0.59	1.53	0.99	1.80
新西兰	8.75	4.57	2.52	0.08	0.56	0.36	0.46	0.17	0.33	1.10
秘鲁	4.21	0.16	9.86	0.50	2.48	0.31	1.18	0.03	0.30	0.00
新加坡	0.39	0.95	0.16	0.90	0.10	1.02	0.25	1.43	0.69	2.59
越南	1.21	0.18	0.22	0.00	0.13	0.30	0.99	1.19	2.52	0.47
文莱	0.02	0.00	0.02	8.73	0.00	1.26	0.02	0.02	0.03	0.01

资料来源：根据UN COMTRADE数据整理计算。

三　贸易互补性指数

贸易互补性指数用于衡量一国（或地区）的出口与另一国（或地区）的进口之间的契合程度，能够直接表示贸易双方的产业互补性及贸易发展潜力。

表7-4　　　　2020年CPTPP成员与中国的贸易互补性指数

国家	0	1	2	3	4	5	6	7	8	9
中日	0.43	0.16	0.22	0.31	0.04	0.66	0.92	0.98	2.42	0.16
中澳	0.31	0.15	0.03	0.16	0.05	0.68	1.13	1.37	2.56	0.22
中加	0.40	0.15	0.07	0.10	0.04	0.75	1.32	1.38	1.96	0.25
中智	0.53	0.09	0.06	0.24	0.15	0.74	1.20	1.19	1.91	0.00
中马	0.35	0.04	0.17	0.23	0.22	0.59	1.19	1.45	1.06	0.06
中墨	0.25	0.02	0.06	0.13	0.05	0.55	1.37	1.51	1.95	0.46
中国、新西兰	0.56	0.19	0.04	0.16	0.10	0.73	1.15	1.24	2.24	0.10
中秘	0.59	0.04	0.08	0.17	0.22	0.94	1.63	1.05	1.54	0.00
中国、新加坡	0.14	0.12	0.02	0.30	0.09	0.49	0.54	1.82	1.31	0.09
中越	0.34	0.02	0.15	0.09	0.06	0.64	1.90	1.53	0.83	0.08
中文	0.48	0.10	0.01	0.69	0.04	0.52	0.91	0.94	0.81	0.00

注：为了便于分析，这里仅列出中国的贸易互补性指数。
资料来源：根据UN COMTRADE数据整理计算。

通过分析可知，中日在SITC-8（2.42）的贸易互补性较强，中国同澳大利亚、加拿大、智利、马来西亚、墨西哥、新西兰、秘鲁等国在SITC-6、SITC-7、SITC-8的贸易互补性较明显，中国同新加坡的贸易互补性产业主要体现在SITC-7（1.82）、SITC-8（1.31），中越SITC-6（1.90）、SITC-7（1.53），中文是SITC-6（0.91）、SITC-8（0.81）、SITC-7（0.94）。由此可知，中国同CPTPP成员主要在SITC-6-SITC-8等产业的贸易互补性强，以资本或技术密集型为主的制成品是主要的产业合作方向。

第三节　CPTPP贸易效应的模拟分析

一　地区和部门分类

GTAP模型以一般均衡理论为基础，可以灵活地分析关税减让、贸易补贴和优惠安排产生的商品市场和要素市场的价格、数量的变动情况，也能够反映各个经济体的福利变化水平。笔者将GTAP数据库划分为CPTPP成员与非成员，成员包括日本、澳大利亚、新西兰、新加坡、加拿大、马来西亚、越南、墨西哥、秘鲁和智利等国家，非CPTPP成员包含中国、美国和世界其他地区。除此之外，还对数据库的产业进行重新划分。

由表7-5可知，GTAP数据库的产业被重新划分为12个领域，考虑到大多数CPTPP成员的国情及产业情况，农业及加工制造业可能成为CPTPP的热点议题，故对其进行细化处理。同时，数据库的要素分为土地、劳动力、资本和自然资源等内容。

表7-5　　　　　　　　GTAP数据库的产业部门分类

序号	大类	部门细分	涵盖范围
1	农业	谷物	水稻、小麦、谷物及其他相关产品
2		蔬菜与水果	蔬菜、水果、坚果
3		农产品加工	油料作物、糖类作物、农作物及相关产品、加工大米、植物纤维
4		畜牧业	牛羊马牲畜、动物制品及其他相关产品、奶、毛及丝制品
5		肉制品	牛马羊肉、肉制品及其他相关产品
6		加工食品	动植物油脂、乳制品、糖、食物制品及其他相关产品、饮料及烟草制品
7	工业	纺织及制衣	纺织品、服装
8		轻工业	皮革制品、木制品、纸制品、机动车及零配件、交通运输设备及其他相关产品、金属制品、制造业其他产品
9		重工业	石化及煤制品、黑色金属、有色金属及相关产品、矿产制品及其他相关产品、化学橡胶品、塑料、电子设备、机械设备及其他相关产品
10	服务业	能源业	森林、渔业、煤、石油、天然气、矿产及相关产品
11		基础设施与建设业	水、电力、天然气制造及零售、建筑
12		其他服务业	旅游、海运、空运、通讯、交通及其他相关服务、金融及其他相关服务、保险、商务服务及其他相关服务、娱乐及相关服务、政府/法院/医疗/教育

资料来源：根据GTAP数据库整理。

二　情景设置

考虑到美国于2017年退出TPP，在此暂不考虑其在短时间内重新加入的情况，而是考虑中国加入后CPTPP的轮辐结构以及对美国造成的影响。情形包括：情形一，CPTPP内部未形成轮辐结构，且中国不加入；情形二，

CPTPP 内部未形成轮辐结构，且中国加入；情形三，中日为轮轴国集团，CPTPP 其他经济体为辐条国集团；情形四，中国、日本、澳大利亚、新西兰、新加坡和加拿大为轮轴国集团，CPTPP 其他经济体为辐条国集团。①GTAP 模型涵盖要素及商品市场的价格均衡解，如果贸易政策（这里主要指关税水平）产生变动，那么这个均衡解将通过最优化的路径重新获得。

三 模拟分析

（一）宏观经济分析

1. 国内生产总值

CPTPP 内部未形成轮辐结构且中国不加入时，越南（1.11%）的国内生产总值增长率最高，美国（-0.16%）和中国（-0.11%）的 GDP 出现下降。CPTPP 内部未形成轮辐结构且中国加入时，日本（1.89%）和越南（1.62%）的国内生产总值增长率较高。中日为轮轴时，日本（2.14%）成为最大受益国，而马来西亚、智利、新加坡和澳大利亚的国内生产总值下降幅度均大于-2.00%。中日澳新新加等国为轮轴时，日本（1.97%）的 GDP 正向变动幅度最大。中国不加入时，CPTPP 对中国的 GDP 产生负影响（-0.11%），当中国加入或在 CPTPP 的轮辐网络中，中国的国内生产总值将因此增加。无论哪种情形，日本的 GDP 均呈现正增长，将成为最大的受益国，而区域内部的秘鲁、区域外部的美国及世界其他地区均呈现负效应（见表 7-6）。整体来看，中国的加入有利于日本 GDP 的增加，而 CPTPP 的轮辐效应将使得中日两国因此受益。中国加入 CPTPP 要优于未加入时的情形，有中国参与的 CPTPP 且未形成轮轴的情形要优于中日澳等国为轮轴的情形，而中日澳等国为轮轴的情形又优于中日为轮轴的情形。总体来看，CPTPP 成员为了谋求区域经济贸易的最大化，情形二将是最佳选择，对亚太地区整体的经济增长最有利。

表 7-6　　　　　　　国内生产总值变化情况　　　　　　　单位:%

国家或地区	情形一	情形二	情形三	情形四
中国	-0.11	0.21	0.46	0.29
日本	0.55	1.89	2.14	1.97
澳大利亚	0.56	0.54	-2.01	0.76

---

① 考虑到轮轴国的特殊要件及地位，即只有经济总量居前，且生产市场和消费市场都具有较大潜力的经济体才有可能成为轮轴国，同时，这样也可以更好地区分轮轴国和辐条国。

续表

国家或地区	情形一	情形二	情形三	情形四
新西兰	0.73	0.59	-1.42	0.73
新加坡	0.40	0.67	-2.17	0.83
加拿大	0.23	0.16	-0.42	0.24
马来西亚	0.20	0.04	-2.84	-3.27
越南	1.11	1.62	-1.91	-2.19
墨西哥	0.05	0.05	-0.43	-0.53
秘鲁	-0.01	-0.32	-1.76	-1.94
智利	0.29	-0.08	-2.72	-2.94
美国	-0.16	-0.48	-0.26	-0.39
世界其他地区	-0.07	-0.28	-0.14	-0.24

资料来源：作者根据 GTAP 软件模拟得到。

2. 进出口贸易

CPTPP 内部未形成轮辐结构且中国不加入时，除了中国、美国和世界其他地区呈现负效应外，CPTPP 成员的进出口变动均为正效应。CPTPP 内部未形成轮辐结构且中国加入时，对区域内部各个成员经济的进出口贸易产生积极作用，其中，中国、日本、越南和马来西亚的正效应较大。中日为轮轴时，日本将成为最大受益国，其次是中国和越南，而新西兰、智利、秘鲁和马来西亚遭受的冲击较大。中日澳新新加等国为轮轴时，除马来西亚、秘鲁和智利的进出口呈现负效应外，区域内部其他成员的进出口贸易均呈现正效应（见表 7-7）。无论哪种情形，均有利于中国、日本和越南的进出口贸易，不利于 CPTPP 区域外部的美国及世界其他地区的进出口贸易。整体来看，CPTPP 的进出口贸易效应大小依次为情形二>情形一>情形四>情形三。

表 7-7　　　　　　　　　　进出口变化情况　　　　　　　　　单位：%

国家或地区	情形一		情形二		情形三		情形四	
	进口	出口	进口	出口	进口	出口	进口	出口
中国	-0.19	-0.12	2.69	1.88	1.68	1.42	2.24	1.64
日本	1.08	0.63	4.14	2.46	3.45	1.97	3.84	2.25
澳大利亚	1.85	0.61	2.84	1.24	-2.76	-1.88	2.67	1.10
新西兰	1.29	0.86	1.74	1.15	-4.36	-3.20	1.66	1.11

续表

国家或地区	情形一 进口	情形一 出口	情形二 进口	情形二 出口	情形三 进口	情形三 出口	情形四 进口	情形四 出口
新加坡	0.45	0.45	0.82	0.81	-3.37	-3.06	0.13	0.36
加拿大	0.39	0.23	0.77	0.49	-0.70	-0.51	0.37	0.22
马来西亚	1.99	0.76	2.93	1.26	-2.78	-2.07	-1.42	-1.50
越南	1.86	0.31	4.80	1.33	1.85	0.91	2.09	1.02
墨西哥	0.42	0.30	1.14	0.73	0.08	-0.07	0.25	0.05
秘鲁	0.50	0.24	1.16	0.69	-3.68	-2.50	-3.71	-2.57
智利	0.43	0.31	0.30	0.19	-4.45	-3.36	-4.51	-3.45
美国	-0.27	-0.03	-0.83	-0.14	-0.36	-0.09	-0.60	-0.12
世界其他地区	-0.08	-0.04	-0.35	-0.20	-0.09	-0.05	-0.26	-0.15

资料来源：作者根据GTAP软件模拟得到。

3. 贸易条件

CPTPP内部未形成轮辐结构且中国不加入时，新西兰（0.58%）、日本（0.45%）和越南（0.41%）的贸易条件改善明显，美国（-0.14%）和中国（-0.10%）的贸易条件出现恶化。CPTPP内部未形成轮辐结构且中国加入时，日本（1.56%）的贸易条件得到显著改善，而区域内部的马来西亚（-0.09%）和秘鲁（-0.08%）的贸易条件恶化。中日为轮轴时，日本（1.93%）和中国（0.37%）的贸易条件得到改善，而其他经济体均在一定程度上出现恶化。中日澳新新加等国为轮轴时，日本（1.68%）、澳大利亚（0.67%）和新西兰（0.62%）的贸易条件改善明显（见表7-8）。无论哪种情形，日本的贸易条件均得到改善，而区域内部的马来西亚、区域外部的美国及世界其他地区的贸易条件出现恶化。此外，中国加入CPTPP将有利于改善自身的贸易条件。总体来看，CPTPP的贸易条件改善情况是情形二>情形一>情形四>情形三。

表7-8　　　　　　　　贸易条件变化情况　　　　　　　单位：%

国家或地区	情形一	情形二	情形三	情形四
中国	-0.10	0.05	0.37	0.15
日本	0.45	1.56	1.93	1.68
澳大利亚	0.33	0.39	-2.02	0.67

续表

国家或地区	情形一	情形二	情形三	情形四
新西兰	0.58	0.53	-0.89	0.62
新加坡	0.19	0.34	-1.05	0.48
加拿大	0.19	0.26	-0.20	0.34
马来西亚	-0.03	-0.09	-1.73	-2.03
越南	0.41	0.14	-1.61	-1.75
墨西哥	0.05	0.07	-0.35	-0.38
秘鲁	0.03	-0.08	-1.81	-1.94
智利	0.23	0.07	-2.13	-2.29
美国	-0.14	-0.36	-0.16	-0.26
世界其他地区	-0.02	-0.09	-0.01	-0.06

资料来源：作者根据 GTAP 软件模拟得到。

4. 福利水平

CPTPP 内部未形成轮辐结构且中国不加入时，日本（68.91 亿美元）的福利增加最多，而美国（-36.25 亿美元）、中国（-22.29 亿美元）的福利受损。CPTPP 内部未形成轮辐结构且中国加入时，日本（198.41 亿美元）的福利增加最明显，其次是中国（91.39 亿美元）和澳大利亚（30.86 亿美元），区域内部成员的福利水平都得到提升，而区域外部非成员的福利水平都下降。中日为轮轴时，日本（230.49 亿美元）和中国（129.97 亿美元）的福利水平呈现正效应，而 CPTPP 内部其他成员的福利遭受净损失。中日澳新新加等国为轮轴时，日本（209.39 亿美元）和中国（103.19 亿美元）的福利变动增加明显（见表 7-9）。无论哪种情形，美国和世界其他地区的福利水平均下降。总体来看，中国加入 CPTPP 不仅有利于提升自身的福利水平，也将对 CPTPP 整体的福利水平产生正效应，依次为情形二>情形四>情形一>情形三。

表 7-9　　　　　　　　　福利变化情况　　　　　　　　单位：亿美元

国家或地区	情形一	情形二	情形三	情形四
中国	-22.29	91.39	129.97	103.19
日本	68.91	198.41	230.49	209.39

续表

国家或地区	情形一	情形二	情形三	情形四
澳大利亚	27.84	30.86	-45.68	38.66
新西兰	3.26	3.41	-3.93	3.85
新加坡	5.71	10.14	-30.79	13.17
加拿大	14.64	23.92	-1.65	27.47
马来西亚	11.31	11.54	-31.23	-37.59
越南	8.77	11.99	-13.56	-15.02
墨西哥	5.62	15.76	-0.63	-1.14
秘鲁	0.25	0.48	-6.98	-7.47
智利	2.27	1.18	-19.97	-21.41
美国	-36.25	-98.85	-45.22	-70.81
世界其他地区	-36.97	-154.54	-33.37	-103.98

资料来源：作者根据 GTAP 软件模拟得到。

（二）产业变动分析

1. CPTPP 内部未形成轮辐结构，且中国不加入

该情形，最有利于中国的农产品加工业（0.08%），而对肉制品（-0.66%）和畜牧业（-0.13%）最不利。日本的比较优势产业为轻工业（1.14%）、基础设施与建设业（0.20%）、纺织及制衣业（0.19%），而其他大多数产业将遭受不利影响，肉制品（-9.65%）和畜牧业（-5.64%）遭受的冲击最明显。澳大利亚的优势产业将成为肉制品（16.63%）、畜牧业（4.80%）和谷物（2.99%），而轻工业（-3.27%）、农产品加工业（-1.94%）、纺织及制衣（-1.11%）等产业最不利。新西兰的优势产业为加工食品（3.37%）、畜牧业（1.78%）、蔬菜与水果（1.43%）、谷物（1.12%），而轻工业（-2.41%）、纺织及制衣（-2.25%）、农产品加工（-1.62%）是比较劣势产业。新加坡在加工食品（7.85%）、轻工业（2.39%）、纺织及制衣（1.05%）方面的产业优势明显，而畜牧业（-0.50%）、其他服务业（-0.28%）是较大的比较劣势产业。加拿大的肉制品（11.35%）、畜牧业（4.56%）和谷物（4.29%）是较大的优势产业，而农产品加工（-1.62%）成为最大的比较劣势产业。其他区域的优势产业方面，马来西亚为纺织及制衣（3.32%），越南为基础设施与

建设业（2.40%）、谷物（1.28%），墨西哥为肉制品（5.75%）和畜牧业（1.97%），秘鲁为基础设施与建设业（0.17%），智利为肉制品（11.33%）和畜牧业（7.76%），美国为农产品加工业（0.43%）（见表7-10）。

表7-10　　中国未加入CPTPP时各国和地区的产业变化　　单位：%

产业	中国	日本	澳大利亚	新西兰	新加坡	加拿大	马来西亚	越南	墨西哥	秘鲁	智利	美国
谷物	-0.03	-1.87	2.99	1.12	0.09	4.29	-5.65	1.28	-0.06	-0.14	-0.52	-0.85
蔬菜与水果	-0.02	-0.54	-0.16	1.43	0.00	-0.33	-0.31	-1.14	-0.32	0.06	-2.00	0.23
农产品加工	0.08	-0.95	-1.94	-1.62	0.61	-1.62	0.15	-1.97	-0.35	0.10	-1.15	0.43
畜牧业	-0.13	-5.64	4.80	1.78	-0.50	4.56	0.26	0.23	1.97	0.03	7.76	-0.52
肉制品	-0.66	-9.65	16.63	0.24	0.09	11.35	-0.53	-2.38	5.75	0.04	11.33	-1.05
加工食品	-0.06	-0.12	1.50	3.37	7.85	0.20	0.34	-0.88	-0.11	0.10	1.45	-0.07
纺织及制衣	0.05	0.19	-1.11	-2.25	1.05	-0.79	3.32	0.91	-0.28	0.10	-0.45	0.02
轻工业	-0.05	1.14	-3.27	-2.41	2.39	-0.59	-0.80	0.20	-0.11	-0.20	-0.80	0.00
重工业	0.06	-0.43	-0.95	-1.14	0.31	-0.54	-0.09	-1.90	-0.22	-0.07	-0.76	0.14
能源业	0.06	-0.31	-0.47	-0.55	0.02	-0.13	-0.42	-0.77	-0.05	-0.01	-0.41	0.08
基础设施与建设业	-0.05	0.20	0.69	0.38	0.10	0.16	0.93	2.40	0.14	0.17	0.11	-0.11
其他服务业	0.00	0.01	0.02	-0.08	-0.28	-0.02	0.08	-0.10	0.00	-0.01	-0.03	0.00

资料来源：作者根据GTAP软件模拟得到。

2. CPTPP内部未形成轮辐结构，且中国加入

该情形最有利于中国的纺织及制衣（2.40%），而对畜牧业（-0.42%）和重工业（-0.36%）最不利。日本的比较优势产业为轻工业（0.79%）、基础设施与建设业（0.79%），而其他大多数产业将遭受不利影响，肉制品（-11.18%）和畜牧业（-6.70%）遭受的冲击最明显。澳大利亚的优势产业将成为肉制品（13.85%）和畜牧业

(12.00%),而纺织及制衣（-7.98%）、轻工业（-3.66%）等产业最不利。新西兰的优势产业为加工食品（4.83%）、谷物（2.24%）和畜牧业（2.19%），而纺织及制衣（-11.23%）、轻工业（-3.04%）是比较劣势产业。新加坡在加工食品（9.55%）和轻工业（2.46%）方面的产业优势明显，而在纺织及制衣（-1.38%）方面存在较大的比较劣势。加拿大的肉制品（11.77%）、畜牧业（4.94%）和谷物（3.83%）是最大的优势产业，而纺织及制衣（-6.12）成为最大的比较劣势产业。其他区域的优势产业方面，马来西亚为加工食品（2.39%）、基础设施与建设业（1.16%），越南为纺织及制衣（7.85%）、基础设施与建设业（5.77%），墨西哥为肉制品（5.56%）和畜牧业（1.88%），秘鲁为加工食品（0.58%），智利为肉制品（11.39%）和畜牧业（8.05%），美国为农产品加工业（0.55%）（见表7-11）。

表7-11　　　　中国加入CPTPP时各国和地区的产业变化　　　　单位：%

产业	中国	日本	澳大利亚	新西兰	新加坡	加拿大	马来西亚	越南	墨西哥	秘鲁	智利	美国
谷物	0.17	-2.80	0.64	2.24	0.00	3.83	-5.96	0.25	-0.32	-0.04	-0.43	-0.85
蔬菜与水果	0.22	-1.57	-1.15	1.87	0.33	-0.32	-1.04	-1.63	-0.55	0.13	-1.86	0.29
农产品加工	0.71	-2.46	0.01	-2.11	0.07	-0.81	0.59	-3.02	-0.29	0.14	-1.14	0.55
畜牧业	-0.42	-6.70	12.00	2.19	-0.23	4.94	0.24	0.25	1.88	0.20	8.05	-0.66
肉制品	-0.28	-11.18	13.85	0.94	0.33	11.77	-1.80	-5.08	5.56	0.37	11.39	-1.02
加工食品	0.10	-0.44	1.66	4.83	9.55	0.47	2.39	-2.82	-0.31	0.58	1.61	-0.09
纺织及制衣	2.40	-2.28	-7.98	-11.23	-1.38	-6.12	-0.24	7.85	-1.42	-2.07	-2.94	-0.79
轻工业	-0.06	0.79	-3.66	-3.04	2.46	-0.62	-1.32	-1.05	0.41	-0.48	-1.04	0.02
重工业	-0.36	-0.28	-1.02	-1.32	0.86	-0.34	-0.09	-2.72	-0.49	0.17	-0.79	0.33
能源业	-0.23	-1.11	-0.56	-0.55	-0.08	-0.13	-0.56	-1.81	-0.13	0.14	-0.22	0.20
基础设施与建设业	0.33	0.79	0.84	0.47	0.18	0.28	1.16	5.77	0.47	0.21	0.04	-0.31
其他服务业	-0.01	0.00	0.00	-0.09	-0.49	-0.04	0.04	-0.75	0.00	0.03	-0.02	0.01

资料来源：作者根据GTAP软件模拟得到。

3. 中日为轮轴国集团，CPTPP 其他经济体为辐条国集团

中日为轮轴，最有利于中国的纺织及制衣（2.33%）、农产品加工（0.88%），而对重工业（-0.49%）和畜牧业（-0.35%）最不利。日本在基础设施与建设业（0.69%）、轻工业（0.64%）的变动增加明显，而大多数产业遭受不利影响，肉制品（-10.64%）和畜牧业（-6.33%）等方面受到的冲击最大。澳大利亚的优势产业将成为肉制品（16.31%）和畜牧业（12.79%），而纺织及制衣（-4.08%）、轻工业（-1.66%）等产业最不利。新西兰的优势产业为谷物（9.00%）、肉制品（5.91%）和加工食品（4.57%），而纺织及制衣（-12.22%）、轻工业（-3.67%）等成为比较劣势产业。新加坡在加工食品（7.74%）、轻工业（3.82%）和肉制品（3.58%）的产业优势明显，而在重工业（-3.39%）存在较大的比较劣势。加拿大的肉制品（11.04%）、畜牧业（4.79%）和谷物（3.55%）是最大的优势产业，而纺织及制衣（-5.08%）成为最大的比较劣势产业。其他区域的优势产业方面，马来西亚为肉制品（3.82%）、加工食品（3.09%），越南为纺织及制衣（9.57%）、轻工业（2.37%）、基础设施与建设业（2.17%），墨西哥为肉制品（5.47%）和畜牧业（1.84%），秘鲁为重工业（1.54%），智利为肉制品（13.10%）和畜牧业（9.27%），美国为农产品加工业（0.68%）（见表 7-12）。

表 7-12　　　　　中日为轮轴时各国和地区的产业变化　　　　单位:%

产业	中国	日本	澳大利亚	新西兰	新加坡	加拿大	马来西亚	越南	墨西哥	秘鲁	智利	美国
谷物	0.28	-2.63	2.27	9.00	1.28	3.55	-3.26	1.98	0.60	0.85	1.70	-0.92
蔬菜与水果	0.32	-1.41	-0.04	1.62	2.57	0.83	-1.16	-2.10	-0.97	0.37	-0.43	0.18
农产品加工	0.88	-1.92	-0.70	-1.53	-1.22	-4.57	1.30	-0.77	0.34	0.61	-0.21	0.68
畜牧业	-0.35	-6.33	12.79	2.77	1.72	4.79	0.26	-0.83	1.84	-0.07	9.27	-0.74
肉制品	-0.12	-10.64	16.31	5.91	3.58	11.04	3.82	-2.02	5.47	-0.12	13.10	-1.08
加工食品	0.23	-0.35	2.23	4.57	7.74	0.54	3.09	-1.70	-0.26	0.17	2.16	-0.16
纺织及制衣	2.33	-2.21	-4.08	-12.22	0.93	-5.08	2.31	9.57	-0.86	-0.52	-0.58	-1.01

续表

产业	中国	日本	澳大利亚	新西兰	新加坡	加拿大	马来西亚	越南	墨西哥	秘鲁	智利	美国
轻工业	-0.17	0.64	-1.66	-3.67	3.82	-0.38	-0.02	2.37	0.21	0.23	1.31	-0.07
重工业	-0.49	-0.47	2.01	-1.23	-3.39	0.17	-0.95	-1.06	-0.08	1.54	0.14	0.28
能源业	0.15	-0.67	-1.26	-1.13	0.34	0.03	0.02	-1.99	-0.07	-1.56	-1.76	0.17
基础设施与建设业	0.17	0.69	-0.48	-0.97	-0.92	-0.18	-0.60	2.17	0.13	-0.91	-1.47	-0.11
其他服务业	0.03	0.03	-0.06	0.01	1.06	-0.04	0.13	-1.03	-0.03	-0.09	0.01	0.00

资料来源：作者根据GTAP软件模拟得到。

4. 中日澳等国为轮轴国集团，CPTPP其他经济体为辐条国集团

中日澳等国为轮轴，最有利于中国的纺织及制衣（2.41%）、农产品加工（0.73%），而对畜牧业（-0.42%）、重工业（-0.40%）和肉制品（-0.26%）最不利。日本在轻工业（0.75%）、基础设施与建设业（0.75%）的变动增加明显，而其他的大多数产业将遭受不利影响，肉制品（-11.05%）和畜牧业（-6.61%）等方面受到的冲击最大。澳大利亚的优势产业将成为肉制品（13.57%）和畜牧业（11.86%），而纺织及制衣（-8.13%）、轻工业（-3.77%）等产业最不利。新西兰的优势产业为加工食品（4.84%）、畜牧业（2.12%）、谷物（2.10%）、蔬菜与水果（1.94%），而纺织及制衣（-11.25%）、轻工业（-3.10%）等为比较劣势产业。新加坡在加工食品（9.40%）和轻工业（2.50%）方面的产业优势明显，而在纺织及制衣（-1.80%）方面存在较大的比较劣势。加拿大的肉制品（11.86%）、畜牧业（4.95%）和谷物（3.61%）是最大的优势产业，而纺织及制衣（-6.03%）成为最大的比较劣势产业。其他区域的优势产业方面，马来西亚为加工食品（2.90%）、肉制品（2.36%）、纺织及制衣（2.35%），越南为纺织及制衣（9.63%）、轻工业（2.60%）、基础设施与建设业（2.46%），墨西哥为肉制品（5.37%）和畜牧业（1.86%），秘鲁为重工业（1.74%），智利为肉制品（12.97%）和畜牧业（9.18%），美国为农产品加工业（0.47%）（见表7-13）。

表7-13　中日澳等国为轮轴时各国和地区的产业变化　　　单位:%

产业	中国	日本	澳大利亚	新西兰	新加坡	加拿大	马来西亚	越南	墨西哥	秘鲁	智利	美国
谷物	0.20	-2.80	0.20	2.10	0.19	3.61	-3.81	1.68	0.40	0.55	1.70	-0.95
蔬菜与水果	0.29	-1.48	-1.10	1.94	0.67	-0.17	-1.31	-2.09	-0.90	0.37	-0.34	0.26
农产品加工	0.73	-2.38	-0.07	-1.96	-0.08	-0.78	1.19	-0.62	-0.10	0.69	-0.15	0.47
畜牧业	-0.42	-6.61	11.86	2.12	0.17	4.95	0.18	-0.89	1.86	-0.06	9.18	-0.68
肉制品	-0.26	-11.05	13.57	0.65	0.39	11.86	2.36	-2.01	5.37	-0.08	12.97	-1.03
加工食品	0.17	-0.38	1.69	4.84	9.40	0.45	2.90	-1.63	-0.23	0.14	2.23	-0.12
纺织及制衣	2.41	-2.15	-8.13	-11.25	-1.80	-6.03	2.35	9.63	-0.84	-0.46	-0.54	-0.96
轻工业	-0.11	0.75	-3.77	-3.10	2.50	-0.68	0.00	2.60	0.30	0.21	1.45	0.00
重工业	-0.40	-0.34	-1.44	-1.32	-0.45	-0.64	-1.09	-0.07	1.74	0.50	0.28
能源业	-0.07	-0.91	-0.44	-0.35	0.01	-0.08	-0.18	-2.04	-0.07	-1.75	-2.17	0.20
基础设施与建设业	0.27	0.75	0.86	0.46	0.02	0.16	-0.21	2.46	0.16	-0.92	-1.52	-0.21
其他服务业	0.00	0.01	0.02	-0.08	-0.27	-0.01	0.04	-1.16	-0.04	-0.11	-0.01	0.01

资料来源:作者根据 GTAP 软件模拟得到。

第四节　小结

通过以上分析,本书得出以下主要结论:第一,在贸易规模及要素方面,尽管日本、澳大利亚等国与中国的双边贸易额较多,但双边贸易额占 GDP 的比重不大,而越南、马来西亚等经济体对中国的贸易依赖性较高。由此可知,CPTPP 成员与中国的贸易联系较紧密,为中国加入 CPTPP 并构建新型自贸区网络提供了可能。第二,在产业竞争力方面,CPTPP 成员在产业方面存在一定的竞争关系,但是多数产业能够体现一定的优势互补。日本、澳大利亚等发达经济体的产业优势大多集中在以资本或技术密集型为主的制成品，而马来西亚、越南等发展中经济体的产业优势则体现在以劳动密集型为主的初级产品。模拟分析得到以下研究结论。

1. 宏观经济方面。中国未加入 CPTPP，对中国和美国的宏观经济均不利。中国加入 CPTPP 后未形成轮辐结构的情形将成为各成员之间博弈的均衡选择，这种情形对 CPTPP 整体的宏观经济最有利。如果形成轮辐结构，则以中日澳等国为轮轴国集团的情形将是最优方案。然而，无论哪种情形，美国不加入 CPTPP，其都将受到一定程度的冲击。总体来看，中国加入 CPTPP 的情形优于中国未加入的情形，而中日澳等国为轮轴的情形要优于中日为轮轴的情形。

2. 产业变动方面。通过分析可知，无论哪种情形，CPTPP 成员国的优势产业与劣势产业都未发生较大幅度的改变，而各个成员能够通过产业间的互补性优势获得贸易利益。中国的纺织及制衣、农产品加工，日本的轻工业、基础设施与建设业，澳大利亚的肉制品、畜牧业，新西兰的加工食品、谷物、畜牧业，新加坡的加工食品、轻工业，加拿大的肉制品、畜牧业、谷物，马来西亚的加工食品、肉制品、纺织及制衣，越南的纺织及制衣、轻工业、基础设施与建设业，墨西哥的肉制品、畜牧业，秘鲁的重工业，智利的肉制品、畜牧业，美国的农产品加工业等能够形成产业优势互补。

中国加入 CPTPP 后将为区域内部的整体经济带来正效应，尤其是对日本，这种积极效应更显著，这就使得中日两国在亚太多重自贸区竞争中能够实现共赢，与 RCEP 相呼应，CPTPP 成为维护自身经济利益并推进亚太自由贸易进程的重要贸易合作机制。CPTPP 的贸易结构表明，中日在争当轮轴国时存在着博弈，会受到来自外部力量的影响，如美国、欧盟等。美国因条款不公和自身经济利益受损选择暂时退出 CPTPP，但当 CPTPP 成员完善相关条款使得协议更加成熟后，美国又会考虑加入 CPTPP，以提升自身经济及政治影响力等，在中美日三国之间的轮轴国竞争中占得先机。因此，亚太地区的竞争是复杂而充满不确定性的，构建符合各方利益的亚太自贸区将成为 CPTPP 未来的发展趋势。

第八章　FTAAP贸易效应的实证分析

亚太地区在APEC合作机制的引领下，各经济体不断扩大贸易合作范围，其贸易和投资的自由化及便利化水平都取得了前所未有的提升。亚太地区不同类型的自贸区交叠在一起，如已经实现的RCEP、CPTPP等，正在谈判的中日韩自贸区和亚太贸易协定等，以及众多的小型双边贸易协定，形成了"意大利面碗"效应。如何将不同类型的自贸区进行有效整合，并形成高效、便捷、共赢的新型区域经济合作形式成为亚太地区各成员共同关注的方向。因此，亚太自贸区的形成和发展是各成员经过贸易合作及经济博弈后的必然选择，而各成员也在努力寻求最有利于自身的自贸区贸易网络，以实现经济利益的最大化。由于亚太地区各个成员的经济发展程度不同，在实际的自贸区贸易网络博弈中，体现的贸易利益也会因国情差异而不同。本部分包括FTAAP成员的贸易规模及要素、贸易效应模拟等方面的内容，其中，FTAAP贸易效应的模拟又分为地区和部门分类、情景设置和模拟分析等内容。

第一节　FTAAP成员的贸易规模及要素分析

一　FTAAP成员的贸易现状

在世界范围内，世界经济贸易已逐步形成由欧盟、北美自由贸易区和亚太经济贸易圈构成的三角轴心格局。在亚太地区，多数经济体已签订或正在签订多个自贸协定，这些不同类型的自贸协定交叠在一起，出现了多重贸易协定并存的局面。这一方面，能够为实现亚太地区的完全一体化目标提供多种可行性选择；另一方面，也为亚太各成员进一步融合发展带来了诸多不确定性，导致各个经济体之间的投资和贸易成本增加、经济效率下降，容易产生"搭便车"的现象，这在一定程度上阻碍了双边或多边自由贸易的发展。为了构建亚太地区的经济命运共同体，推动亚太自贸区建设将成为经济大国引领区域经济贸易和谋求自身发展的必然选择。

在一定范围内，自由贸易协定的数量并不是越多越好。由图8-1可知，自由贸易协定的规模与贸易自由化呈现倒U形曲线关系。以亚太为例，各成员根据自身的经济发展情况，达成多个贸易协定将对自身和区域经济发展有利，这在一定程度上能够推动区域的贸易自由化进程。然而，随着自贸协定不断涌现，其超过一定规模后，就会形成相互交错的自由贸易网络，最终导致亚太地区的"意大利面碗"现象，不利于区域经济的融合发展。因此，这就需要将众多的自贸协定进行整合，形成有机的统一体，以便于发挥最大的效用。

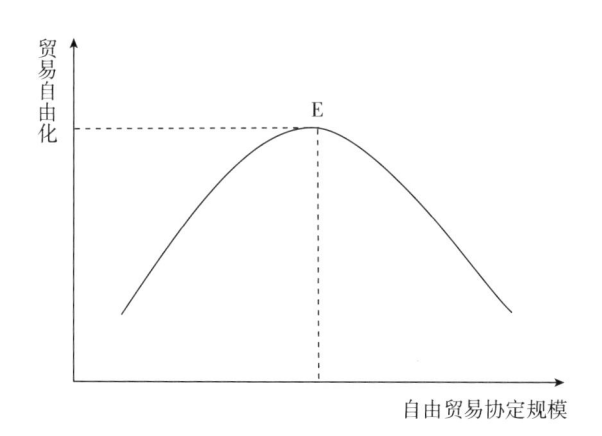

图8-1 自由贸易协定规模与贸易自由化的关系

资料来源：根据有关文献资料绘制。

亚太地区[①]作为目前世界最活跃的地区之一，其对外贸易额一直处于全球的领先地位。为了分析亚太地区的经济贸易状况，本书将APEC作为亚太地区的代表[②]，与世界主要的自贸协定进行比较。

如图8-2，在既有的贸易协定中，2000—2021年APEC的贸易额总量

---

① 亚太地区贸易数据主要以亚太经合组织的21个成员为统计依据，下文对亚太地区国家的分析也主要是基于APEC中21个经济体的情况进行。

② 由于亚太地区的经济体较多，故选择APEC作为代表，其涵盖了亚太地区的重要经济体。

一直处于领先位置,从 2000 年的 6.45 万亿美元,到 2021 年的 22.82 万亿美元,22 年间增长了近三倍。然而,由于受到 2008 年全球金融危机以及目前全球经济增长乏力等外在因素的影响,APEC 又分别出现小幅下降的趋势。总体上看,其他主要自贸协定的变动趋势与 APEC 类似,贸易额由高到低的顺序依次为欧盟、RCEP、东盟"10+3"、CPTPP 和东盟。其中,APEC 的贸易总量位居前列,高于欧盟、东盟等经济体,对区域经济一体化进程产生重要影响。

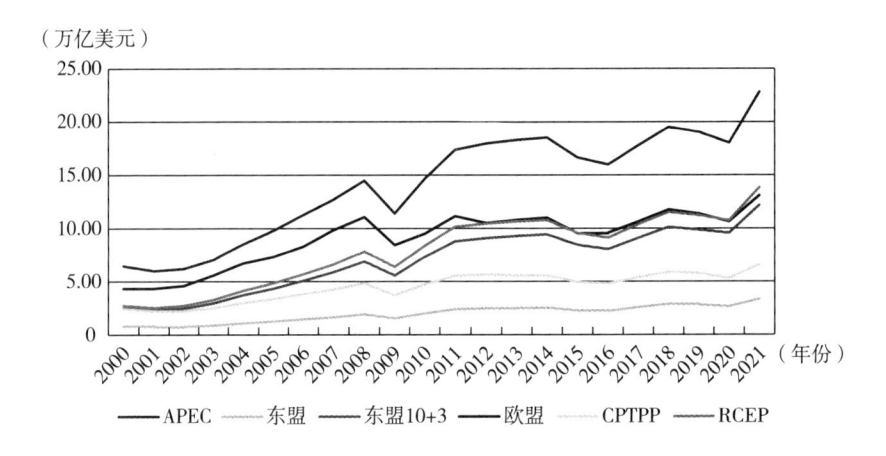

图 8-2 2000—2021 年世界主要贸易协定的对外贸易额情况

资料来源:根据 UNCTAD 数据库绘制。

二 FTAAP 成员的要素分析

为了便于分析亚太地区各成员的要素情况,本书考虑将东盟、欧盟和 CPTPP 等作为比较对象。

由表 8-1 可知,在贸易额方面,APEC 的贸易额为 18.02 万亿美元,占世界比重为 50.73%,位居第一位;东盟"10+3"和欧盟占世界比重接近,约为 30%。在外商直接投资方面,APEC 为 67.80 百亿美元,占世界比重的 65% 以上,位居第一位;东盟"10+3"占世界比重接近 30%。在人口规模方面,APEC 的人口数量为世界总人口的 36.75%,东盟"10+3"为 28.57%。通过以上分析可知,APEC 和东盟"10+3"在资本要素方面拥有巨大的潜力,而人口资源及贸易规模将使其成为推动区域经济一体化的动力保障。

表 8-1　　　　　2020 年世界主要贸易协定的贸易及要素情况

地区	贸易额（万亿美元）	占世界比重（%）	FDI 额（百亿美元）	占世界比重（%）	人口总数（亿人）	占世界比重（%）
世界	35.52	/	99.89	/	77.95	/
东盟	2.65	7.46	13.59	13.60	6.67	8.56
欧盟	10.63	29.93	10.32	10.23	4.47	5.66
东盟"10+3"	9.57	26.94	30.47	29.90	22.84	28.57
APEC	18.02	50.73	67.80	65.90	29.75	36.75
CPTPP	5.32	29.93	20.73	10.23	5.12	5.66

资料来源：根据 UNCTAD 数据库整理。

第二节　FTAAP 贸易效应的模拟分析

中国是亚太地区最大的制造基地和加工中心，也是亚洲经济增长的重要引擎，在区域经济一体化进程中的轮轴作用日益突显。亚太自贸区由形成到深入发展，将会产生轮辐结构，探究这种轮辐结构带来的宏观经济及产业的变化对亚太成员的经济贸易合作具有实践意义。

一　地区和部门分类

本书将数据库中的地区重新划分为 12 个：中国、美国、日本、韩国、澳大利亚、俄罗斯、新西兰、加拿大、东盟、欧盟、亚太其他区域、世界其他区域。将 57 个产业部门重新分为 9 类，分别是谷物与作物、农业加工业、加工食品、纺织业、轻工业、重工业、基建及交通、自然资源、其他产业等。

二　情景设置

考虑到亚太地区经济大国的贸易地位，拟设定以下四种情形：（1）FTA-AP 未形成轮辐结构；（2）中美为轮轴；（3）中美日韩为轮轴；（4）中美日韩澳俄新等国为轮轴。

三　模拟分析

（一）宏观经济分析

1. 国内生产总值

亚太自贸区未形成轮辐结构时，韩国（3.02%）和日本（2.55%）

的国内生产总值增长率较高。中美为轮轴时，中国（2.52%）和美国（1.60%）成为最大受益国。中美日韩为轮轴时，韩国（4.12%）、日本（3.56%）和中国（1.83%）的正向变动幅度较大。中美日韩澳俄新等国为轮轴时，韩国（3.85%）、日本（3.34%）、中国（1.64%）、新西兰（1.34%）和澳大利亚（1.16%）的增长率较高（见表8-2）。通过分析可知，无论哪种情形，中国的GDP变动均为正效应，而俄罗斯、加拿大、东盟、亚太其他区域及世界其他区域等均为负效应。总体来看，为了谋求区域经济贸易的最大化，情形四将是最佳轮辐结构，对亚太地区整体的经济增长最有利。

表8-2　　　　　　　　国内生产总值变化情况　　　　　　　　单位:%

国家或地区	情形一	情形二	情形三	情形四
中国	0.79	2.52	1.83	1.64
美国	-0.23	1.60	0.89	0.71
日本	2.55	-0.77	3.56	3.34
韩国	3.02	-1.38	4.12	3.85
澳大利亚	0.22	-3.00	-3.70	1.16
俄罗斯	-1.14	-1.32	-1.91	-0.61
新西兰	0.63	-2.02	-2.61	1.34
加拿大	-0.84	-4.44	-5.14	-5.35
东盟	-0.55	-2.86	-3.73	-3.95
欧盟	-0.97	0.03	-0.39	-0.58
亚太其他区域	-0.44	-3.23	-4.10	-4.31
世界其他区域	-1.04	0.01	-0.47	-0.62

资料来源：作者根据GTAP软件模拟得到。

2. 进出口贸易

亚太自贸区未形成轮辐结构，对区域内部各个成员的进出口贸易均产生积极影响，其中，中国、日本和韩国的正效应最大。此外，对亚太其他经济体也产生正效应，但对亚太区域以外的进出口产生的效应为负。中美为轮轴时，中国将成为最大受益国。中美日韩为轮轴时，中国、日本和韩国的进出口增加，而美国的进出口降低。通过分析可知，情形二和情形三将对新西兰、加拿大和东盟的进出口产生较大的冲击。中美日韩澳俄新等国为轮轴时，除美国、加拿大和东盟外，区域内部其他经济体的进出口均收获正效应（见表8-3）。整体来看，无论哪种情形，均对中国的进出口产生正效应。

表8-3　　　　　　　　进出口变化情况　　　　　　　单位：%

国家或地区	情形一 进口	情形一 出口	情形二 进口	情形二 出口	情形三 进口	情形三 出口	情形四 进口	情形四 出口
中国	6.75	5.03	4.10	3.48	4.97	4.08	5.38	4.22
美国	1.65	2.54	0.15	-0.96	-0.08	-0.41	-0.07	-0.23
日本	5.95	4.30	-1.86	-0.74	4.97	3.00	5.18	3.23
韩国	6.08	2.96	-1.30	-1.98	5.25	2.47	5.52	2.60
澳大利亚	3.24	1.84	-5.64	-3.37	-5.81	-3.27	2.52	1.21
俄罗斯	3.14	1.36	1.09	-0.15	0.73	-0.24	3.54	1.43
新西兰	2.54	1.93	-5.76	-4.16	-5.85	-4.17	2.08	1.59
加拿大	0.61	0.97	-6.41	-4.21	-6.46	-4.50	-7.10	-4.58
东盟	2.78	1.89	-2.32	-2.02	-2.07	-1.92	-1.99	-1.89
欧盟	-1.09	-0.53	0.10	0.03	-0.39	-0.23	-0.53	-0.25
亚太其他区域	2.40	1.83	-3.99	-2.94	-4.00	-2.96	-4.04	-2.99
世界其他区域	-1.40	-0.73	0.21	0.14	-0.43	-0.21	-0.68	-0.35

资料来源：作者根据GTAP软件模拟得到。

3. 贸易条件

亚太自贸区未形成轮辐结构时，日本（2.18%）和韩国（1.57%）的贸易条件改善幅度较大。中美为轮轴时，只有中国（2.24%）、美国（1.90%）的贸易条件明显改善，而区域内部的其他经济体均出现贸易条件恶化的现象，加拿大（-3.59%）和澳大利亚（-2.64%）的恶化程度较大。中美日韩为轮轴时，只有这四个国家的贸易条件得到改善，且变动幅度均大于1.50%，而其他经济体均呈现-1.50%以上幅度的恶化。中美日韩澳俄新等国为轮轴时，日本（2.95%）和韩国（2.13%）的贸易条件改善较明显，而加拿大（-3.85%）、东盟（-2.37%）、俄罗斯（-0.03%）和亚太其他区域（-3.07%）均呈现明显恶化趋势（见表8-4）。总体来看，情形四将是亚太自贸区轮辐效应的最优选择。无论哪种情形，中国和美国的贸易条件均得到改善。

表8-4　　　　　　　　　　贸易条件变化情况　　　　　　　　　单位:%

国家或地区	情形一	情形二	情形三	情形四
中国	0.36	2.24	1.52	1.25
美国	0.12	1.90	1.48	1.40
日本	2.18	-0.26	3.28	2.95
韩国	1.57	-0.56	2.40	2.13
澳大利亚	0.18	-2.64	-3.08	1.05
俄罗斯	-0.22	-1.20	-1.51	-0.03
新西兰	0.70	-1.23	-1.52	1.17
加拿大	-0.36	-3.59	-3.79	-3.85
东盟	-0.39	-1.64	-2.24	-2.37
欧盟	-0.25	0.02	-0.05	-0.12
亚太其他区域	-0.28	-2.36	-2.97	-3.07
世界其他区域	-0.33	0.15	-0.03	-0.08

资料来源：作者根据GTAP软件模拟得到。

4. 福利水平

亚太自贸区未形成轮辐结构时，日本（288.99亿美元）、中国（276.96亿美元）和韩国（244.19亿美元）的福利增加值位居前三位，而欧盟（-204.95亿美元）的福利受损最多。中美为轮轴时，美国（551.81亿美元）和中国（537.82亿美元）的福利水平提升较明显，亚太其他区域（-309.02亿美元）的福利净损失最多。中美日韩为轮轴及中美日韩澳俄新等国为轮轴时，中国、美国、日本和韩国的福利变动增加明显（见表8-5）。无论哪种情形，中国、美国、日本和韩国四国的福利变动都为增加，将成为主要的受益国。

表8-5　　　　　　　　　　福利变化情况　　　　　　　　　　单位：亿美元

国家或地区	情形一	情形二	情形三	情形四
中国	276.96	537.82	433.47	402.17
美国	59.83	551.81	434.20	412.17
日本	288.99	18.78	388.53	360.12
韩国	244.19	72.89	295.66	279.12
澳大利亚	28.20	-67.81	-80.26	52.03

续表

国家或地区	情形一	情形二	情形三	情形四
俄罗斯	51.98	3.81	-5.30	52.83
新西兰	4.31	-6.28	-7.56	6.46
加拿大	1.83	-179.55	-190.91	-193.28
东盟	-5.09	-192.19	-260.79	-274.25
欧盟	-204.95	26.14	-31.47	-93.49
亚太其他区域	-7.24	-309.02	-385.82	-396.09
世界其他区域	-174.26	36.95	-58.43	-77.17

资料来源：作者根据 GTAP 软件模拟得到。

（二）产业变动分析

1. FTAAP 未形成轮辐结构

FTAAP 内部未形成轮轴，最有利于中国的纺织业（4.70%），而对重工业（-0.99%）和农业加工业（-0.95%）最不利。美国的比较优势产业为农业加工业（3.58%）、谷物与作物（2.70%），而纺织业（-7.66%）遭受的冲击最明显。日本在轻工业（2.07%）方面的产业优势明显，而在农业加工业（-14.51%）、谷物与作物（-6.04%）方面存在较大的比较劣势。韩国优势产业是加工食品（17.84%）、农业加工业（5.96%）、基建及交通（1.67%），而谷物与作物（-15.39%）成为比较劣势产业。优势产业方面，澳大利亚为农业加工业（17.43%），俄罗斯为自然资源（0.32%）和重工业（0.29%），新西兰是加工食品（6.96%）和农业加工业（2.14%），加拿大是农业加工业（4.76%），东盟为纺织业（11.39%）。对于区域外，欧盟的重工业（0.42%），以及亚太其他区域的重工业（1.52%）、农业加工业（0.57%）等产业正效应明显（见表8-6）。

表8-6　　FTAAP 未形成轮辐结构时各国和地区的产业变化　　单位:%

国家或地区	谷物与作物	农业加工业	加工食品	纺织业	轻工业	重工业	基建及交通	自然资源	其他产业
中国	0.06	-0.95	-0.11	4.70	0.68	-0.99	0.35	-0.79	0.05
美国	2.70	3.58	0.96	-7.66	-0.28	0.41	0.00	-0.06	-0.06

续表

国家或地区	谷物与作物	农业加工业	加工食品	纺织业	轻工业	重工业	基建及交通	自然资源	其他产业
日本	-6.04	-14.51	-0.60	-3.25	2.07	-0.41	0.21	-1.55	0.00
韩国	-15.39	5.96	17.84	4.57	-0.29	-1.92	1.67	-0.84	0.01
澳大利亚	-2.12	17.43	3.44	-8.38	-4.79	-0.66	0.29	-0.71	-0.03
俄罗斯	-0.35	-2.13	-0.12	-11.25	-3.73	0.29	0.21	0.32	0.12
新西兰	0.44	2.14	6.96	-12.68	-3.60	-0.78	0.01	-0.87	-0.14
加拿大	0.12	4.76	0.60	-10.28	-0.67	0.87	-0.08	0.19	-0.04
东盟	-0.14	-1.57	0.07	11.39	-1.38	-0.15	0.45	-0.42	-0.53
欧盟	-0.14	-1.12	-0.43	-1.01	-0.27	0.42	-0.05	0.35	0.04
亚太其他区域	-0.54	0.57	-0.61	-1.58	-1.33	1.52	0.16	-0.18	-0.22
世界其他区域	-0.17	-0.58	-0.33	-2.05	0.16	0.37	-0.15	0.29	0.09

资料来源：作者根据 GTAP 软件模拟得到。

2. 中美为轮轴国集团，亚太地区的其他经济体为辐条国集团

中美为轮轴，最有利于中国的纺织业（3.62%），而对重工业（-1.08%）、农业加工业（-0.98%）和自然资源（-0.60%）不利。美国的比较优势产业为农业加工业（3.19%）、谷物与作物（2.22%），而纺织业（-7.70%）遭受的冲击最明显。日本的轻工业（3.61%）产业优势明显，而在农业加工业（-12.19%）、谷物与作物（-4.03%）方面存在较大的比较劣势。韩国的优势产业是加工食品（17.08%）、农业加工业（6.72%）、纺织业（5.10%）和轻工业（4.01%），而谷物与作物（-13.93%）、重工业（-3.19%）成为比较劣势产业。优势产业方面，澳大利亚为农业加工业（17.70%）、加工食品（3.64%）和重工业（2.18%），俄罗斯为重工业（0.88%），新西兰是加工食品（6.28%）和农业加工业（2.51%），加拿大是农业加工业（4.97%）、谷物与作物（1.72%），东盟为纺织业（10.66%）。此外，中美为轮轴，对欧盟的重工业（0.77%），以及亚太其他区域的农业加工业（1.51%）、重工业（1.30%）等产业产生积极影响（见表8-7）。

表 8-7 中美为轮轴时各国和地区的产业变化 单位:%

国家或地区	谷物与作物	农业加工业	加工食品	纺织业	轻工业	重工业	基建及交通	自然资源	其他产业
中国	0.03	-0.98	-0.03	3.62	0.15	-1.08	0.33	-0.60	0.34
美国	2.22	3.19	0.75	-7.70	-0.99	-0.25	0.09	-0.25	0.10
日本	-4.03	-12.19	-0.41	-0.42	3.61	-0.43	-0.20	1.27	0.01
韩国	-13.93	6.72	17.08	5.10	4.01	-3.19	0.74	2.04	0.04
澳大利亚	-1.63	17.70	3.64	-2.35	-1.65	2.18	-0.39	-0.77	-0.15
俄罗斯	0.10	-1.98	-0.41	-9.37	-2.94	0.88	0.18	0.05	0.05
新西兰	0.54	2.51	6.28	-9.27	-3.81	0.06	-0.53	-0.69	0.01
加拿大	1.72	4.97	0.79	-6.39	-0.88	3.00	-0.87	0.38	0.04
东盟	0.48	-1.44	0.68	10.66	-0.97	-0.59	-0.24	-0.16	0.00
欧盟	-0.78	-1.45	-0.62	-1.00	-0.47	0.77	0.00	-0.08	0.02
亚太其他区域	0.55	1.51	0.06	-0.67	-0.15	1.30	-0.57	0.10	-0.01
世界其他区域	-0.39	-0.66	-0.63	-1.78	-0.30	0.47	0.01	0.23	0.08

资料来源：作者根据 GTAP 软件模拟得到。

3. 中美日韩为轮轴国集团，亚太地区的其他经济体为辐条国集团

中美日韩等国为轮轴，最有利于中国的纺织业（4.03%），而对重工业（-1.12%）、农业加工业（-0.96%）和自然资源（-0.52%）不利。美国的比较优势产业为农业加工业（3.33%）、谷物与作物（2.48%），而纺织业（-7.56%）遭受的冲击最明显。日本的轻工业（1.50%）产业优势明显，而农业加工业（-14.47%）、谷物与作物（-5.91%）、纺织业（-3.32%）等方面存在较大的比较劣势。韩国的优势产业是加工食品（18.08%）、农业加工业（6.13%）、纺织业（3.99%）、基建及交通（1.52%），而谷物与作物（-15.34%）、重工业（-2.21%）和轻工业（-1.11%）成为比较劣势产业。优势产业方面，澳大利亚为农业加工业（18.34%）、加工食品（3.79%）和重工业（2.19%），俄罗斯为重工业（0.95%），新西兰是加工食品（6.42%）和农业加工业（2.65%），加拿大是农业加工业（5.33%）、重工业（2.91%）、谷物与作物（2.26%），东盟为纺织业（11.08%）。此外，中美日韩等国为轮轴，对欧盟的重工

业（0.71%），以及亚太其他区域的农业加工业（1.52%）、重工业（1.31%）等产业产生积极影响。

表 8-8　　中美日韩为轮轴时各国和地区的产业变化　　单位：%

国家或地区	谷物与作物	农业加工业	加工食品	纺织业	轻工业	重工业	基建及交通	自然资源	其他产业
中国	0.10	-0.96	-0.01	4.03	0.43	-1.12	0.31	-0.52	0.24
美国	2.48	3.33	0.82	-7.56	-0.79	-0.20	0.02	-0.15	0.09
日本	-5.91	-14.47	-0.45	-3.32	1.50	-0.91	0.23	-1.22	0.12
韩国	-15.34	6.13	18.08	3.99	-1.11	-2.21	1.52	-0.33	0.38
澳大利亚	-1.34	18.34	3.79	-2.15	-1.43	2.19	-0.45	-0.64	-0.18
俄罗斯	0.22	-1.97	-0.28	-9.20	-2.67	0.95	0.11	0.13	0.04
新西兰	0.88	2.65	6.42	-9.47	-3.61	-0.08	-0.52	-0.66	-0.02
加拿大	2.26	5.33	0.88	-6.18	-0.81	2.91	-0.93	0.48	0.04
东盟	0.49	-1.48	0.77	11.08	-0.39	-0.64	-0.19	-0.13	-0.2
欧盟	-0.82	-1.48	-0.65	-1.10	-0.17	0.71	-0.03	-0.09	0.01
亚太其他区域	0.67	1.52	0.12	-0.59	0.17	1.31	-0.53	0.18	-0.11
世界其他区域	-0.40	-0.69	-0.65	-1.86	0.17	0.52	-0.06	0.25	0.07

资料来源：作者根据 GTAP 软件模拟得到。

4. 中美日韩澳俄新等国为轮轴国集团，亚太地区的其他经济体为辐条国集团

中美日韩澳俄新等国为轮轴，最有利于中国的纺织业（4.06%），而对重工业（-1.03%）、农业加工业（-0.98%）和自然资源（-0.72%）不利。美国的比较优势产业为农业加工业（3.30%）、谷物与作物（2.50%），而纺织业（-7.50%）遭受的冲击最明显。日本的轻工业（1.67%）产业优势明显，而农业加工业（-14.50%）、谷物与作物（-5.94%）、纺织业（-3.26%）等方面存在较大的比较劣势。韩国的优势产业是加工食品（18.01%）、农业加工业（6.07%）和纺织业（3.96%），而谷物与作物（-15.36%）、重工业（-1.96%）成为比较劣势产业。优势产业方面，澳大利亚为农业加工业（16.76%）、加工食品（3.20%），俄罗斯为重工业

（0.29％）、基建及交通（0.27％）、自然资源（0.26％），新西兰是加工食品（5.90％）和农业加工业（1.31％），加拿大是农业加工业（5.27％）、重工业（2.95％）、谷物与作物（2.35％），东盟为纺织业（11.11％）。此外，中美日韩澳俄新等国为轮轴，对欧盟的重工业（0.68％），以及亚太其他区域的农业加工业（1.49％）、重工业（1.34％）等方面产生积极影响（见表8-9）。

表8-9　中美日韩澳俄新为轮轴时各国和地区的产业变化　　单位：％

国家或地区	谷物与作物	农业加工业	加工食品	纺织业	轻工业	重工业	基建及交通	自然资源	其他产业
中国	0.06	-0.98	-0.05	4.06	0.47	-1.03	0.34	-0.72	0.19
美国	2.50	3.30	0.81	-7.50	-0.75	-0.14	0.01	-0.14	0.08
日本	-5.94	-14.50	-0.50	-3.26	1.67	-0.74	0.22	-1.44	0.09
韩国	-15.36	6.07	18.01	3.96	-0.96	-1.96	1.53	-0.61	0.25
澳大利亚	-2.90	16.76	3.20	-8.60	-4.88	-1.26	0.30	-0.71	0.06
俄罗斯	-0.54	-2.17	-0.15	-11.29	-3.81	0.29	0.27	0.26	0.10
新西兰	0.37	1.31	5.90	-12.21	-3.54	-0.06	-0.02	-0.62	-0.06
加拿大	2.35	5.27	0.88	-6.07	-0.74	2.95	-0.96	0.50	0.04
东盟	0.47	-1.57	0.77	11.11	-0.24	-0.52	-0.18	-0.22	-0.27
欧盟	-0.70	-1.25	-0.61	-1.02	-0.14	0.68	-0.07	0.31	0.01
亚太其他区域	0.71	1.49	0.12	-0.48	0.23	1.34	-0.54	0.19	-0.13
世界其他区域	0.06	-0.98	-0.05	4.06	0.47	-1.03	0.34	-0.72	0.19

资料来源：作者根据GTAP软件模拟得到。

第三节　小结

经济全球化的客观规律不会改变，全球化趋势不会逆转，FTAAP将是"后TPP"时代的最佳选择。虽然当前世界经济增长缓慢，贸易保护主义有所抬头，但是经济全球化是基于生产力发展、要素资源配置而形成的不以人类主观意志为转移的跨境投资、分工和消费的经济趋势,因此"反全球化"的形势不能持久。经济全球化将带来两个方面的重要影响,即资本和劳动力等生产要素资源得到重新布局和配置,产生技术创新。然而,亚太自贸区建设也面临着一些困境,如各个成员的经济发展水平存在一定差距,同时,亚太自贸区与既有的主要自贸区之间又存在一定的差距。值得一提的是,亚太内部的多重自贸区将在一定程度上改变现有的国际贸易规则和格局,重构区域贸易体系。

本部分论述了 FTAAP 成员的贸易规模及要素、FTAAP 贸易效应模拟等方面的内容。就要素而言,谁拥有稀缺要素及高端要素,并形成要素集聚力,谁的经济贸易地位就将获得巩固和提升。亚太自贸区在资本要素方面拥有巨大的潜力,而其劳动力资源及贸易规模将使其成为推动区域经济一体化的动力保障。FTAAP 涵盖亚太地区主要的发展中经济体,还包括美国、加拿大、澳大利亚、日本和韩国等发达国家,其经济影响力及国际地位将与世界其他主要自贸协定一样,在区域经济一体化进程中发挥重要的推动作用。本书通过模拟分析得到如下研究结论。

1. 宏观经济方面。在亚太自贸区成立之初,其将显著提升区域内部的宏观经济水平,巩固各成员的产业互补优势。随着轮辐结构的逐步显现,以中美为轮轴国集团的自贸区对亚太地区的经济增长最有利。然而,无论哪种情形,在宏观经济方面,都将显著增加中日韩三国的国内生产总值、提升福利水平、改善贸易条件,同时,对区域内部的进出口贸易产生正效应。

2. 产业变动方面。中国的纺织业,美国的农业加工业、谷物与作物,日本的轻工业,韩国的加工食品、农业加工业和纺织业,澳大利亚的农业加工业,俄罗斯的自然资源和重工业,新西兰的加工食品和农业加工业,加拿大的农业加工业和重工业,东盟的纺织业等产业之间存在较明显的优势互补,能够更好地发挥成员的比较优势,实现贸易分工的深化合作。

正如前面所提到的,中美日三个大国在亚太地区的经济博弈和轮轴国之争将在一定程度上推动亚太经济一体化进程,通过贸易自由化实现利益均衡,因此亚太自贸区的构建成为未来的重要选项。亚太地区是世界最具经济活力的区域之一,无论是 RCEP,还是 CPTPP,中日之间的贸易博弈受到以美国为主的区域外大国的影响。没有中国、美国参与的自由贸易框架很难维持，而亚太自贸区为成员带来的贸易创造效应和福利水平的提升将促使两国共同努力推进亚太地区的贸易自由化。因此，只有成立亚太自贸区才能更好地兼顾各方利益，这是最佳选择。然而，亚太自贸区的建设不是一蹴而就的，需要长时间的积淀和发展演化才能达成，它的演进路径及对它的政策建议将在后面的章节展现。

第九章 亚太多重自贸区演进的可能路径及中国的对策

前面的章节通过梳理自贸区贸易效应及其"轮轴—辐条"结构、要素及产业集聚效应等的相关文献资料，综合运用自贸区"轮轴—辐条"理论、全球化要素理论、产业集聚理论对亚太多重自贸区的贸易现状进行比较研究，并运用产业竞争力的有关指数及一般均衡理论框架下的GTAP模型模拟中日韩自贸区、RCEP、CPTPP和FTAAP等自贸区的贸易效应，得到如下研究结论：

第一，要素方面。谁拥有稀缺要素及高端要素，并形成要素集聚力，将有利于巩固和提升其经济贸易地位。亚太地区主要的自贸区内部成员之间的要素呈现不平衡集聚的现象，轮辐效应和集聚效应存在着内部联系，自贸区轮辐效应的背后是要素在轮轴国与辐条国之间的非均衡集聚，这是因为轮轴国拥有丰富要素，如技术、资本或市场等。亚太地区各个成员达成自贸协定的谈判动力主要体现在要素及产业的互补性上，经济大国凭借充裕的要素资源和广阔的消费市场，能够成为区域经济一体化的引领者和主导者，更可能成为轮轴国。轮轴国通过吸引自贸区内辐条国的要素资源，满足其国内市场需求，从而与辐条国形成要素及产业的优势互补。

第二，宏观经济方面。亚太地区主要的多重自贸区成立之初均对区域整体的GDP、进出口贸易、福利水平产生了一定程度的正效应，同时改善了贸易条件。随着各个自贸区的不断深化发展，不同类型的贸易网络结构产生的经济效应不同。总体上看，无论是中日韩自贸区，还是RCEP、CPTPP，以及最终实现的FTAAP等，以中国或以其为核心构建的贸易网络更有利于提升自贸区的整体经济水平。中国凭借巨大的市场潜力，在要素资源方面具有比较优势，这为其更好地发挥轮轴国作用提供了可靠保障。

第三，产业方面。亚太地区各个主要自贸区的多数产业能够体现一定的互补性，美国、日本、澳大利亚等发达经济体的产业优势大多集中在以资本或技术密集型为主的制成品上，而中国、马来西亚、越南等发展中经济体的产业优势则体现在以劳动密集型为主的初级产品上。轮辐结构在一定程度上加剧了产业的不平衡集聚，但同时也为成员发挥自身产业优势，并合理调整产业结构提供了动力。

第四，亚太多重自贸区的发展路径。随着自由贸易进程不断推进，构建 FTAAP 是亚太地区经济一体化纵深发展的必然选择，将成为各方博弈的均衡选择。参考路径是以中日韩自贸区作为近期目标，以 RCEP 为主并辅以 CPTPP 作为短期规划，实现 FTAAP 作为亚太经济一体化的终极目标。亚太自贸区将有效解决多重自贸区的"意大利面碗"现象，通过提升高端及稀缺要素的集聚水平，发挥成员的产业优势，为构建亚太地区的命运共同体提供方案。

本部分从亚太多重自贸区演进的可能路径、亚太多重自贸区竞争过程中的中国对策两方面展开论述，其中，亚太多重自贸区演进的可能路径又分为三部分内容，分别从近期目标、短期规划、长远方向三方面提出建议。近期目标是构建中日韩自贸区，短期规划为实施 RCEP、辅以 CPTPP，长远方向是最终实现 FTAAP，这是亚太地区的经济一体化的终极目标。亚太多重自贸区竞争过程中的中国对策又分别从宏观、中观和微观层面展开，分别代表国家、产业和要素层面。国家层面的对策是积极参与多重自贸区的轮轴体系，推动亚太经济一体化发展；营造共商、共建、共享的经济环境，构建自由贸易的命运共同体。产业层面的对策是重视高端产业发展，集聚发挥产业优势；加快产业供给侧改革，完善产业评估和保障机制。要素层面的对策是优化企业要素资源的配置结构、提升高端及稀缺要素的集聚水平。

第一节 亚太多重自贸区演进的可能路径

通过前面对亚太多重自贸区贸易效应的研究，得到了 4 条有价值的演进路径：（1）以中日韩自贸区为基础向东亚区域扩张；（2）以 RCEP 为基础向亚太区域扩张；（3）以 CPTPP 为基础向外扩张；（4）以 FTA-

AP 为基础向外扩张。通过比较这四种路径的轮辐效应，笔者认为亚太多重自贸区演进的路径是：以中日韩自贸区作为近期目标，以 RCEP 为主并辅以 CPTPP 作为短期规划，最后将推动并实现 FTAAP 作为亚太经济一体化的终极目标。

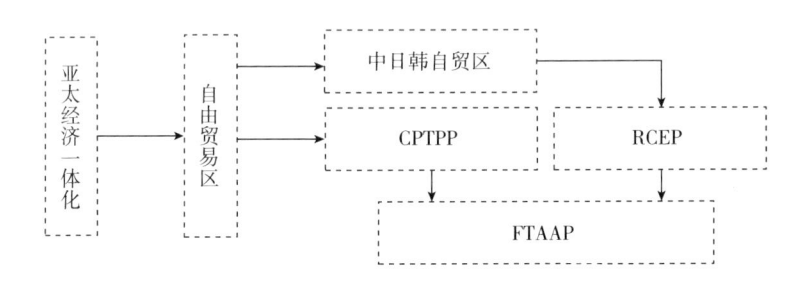

图 9-1　亚太经济一体化的推进机制

资料来源：根据研究思路绘制。

一　近期目标：以中日韩自贸区为先导

中日韩三国之间的经济贸易规模不断扩大，产业结构方面呈现优势互补的特点，并且相互之间的贸易形成了长期竞争、互惠共赢的局面。中日韩自贸区对三国的产业结构升级和优势互补产生重要影响，中国经济一直保持着长期稳定的中高速增长趋势，但是产业技术水平相对日韩等发达国家还比较落后，竞争力水平不足。日韩经济相对中国增长较慢，但其产业技术水平具有比较优势，且需要中国的广阔市场，这就为中日韩三国实现产业互补，扩大经济贸易提供了动力支持。此外，中国经济建设需要日韩等资本要素充裕的国家的资金和先进技术，而中国广大的市场、充足的劳动力资源等也为日韩的经济发展提供了动力。建立中日韩自贸区是中国经济发展的需要，也是亚太经济一体化及世界经济政治形势发展的必然选择。为此，中日韩三国应该积极进行产业结构调整和转变生产方式，在扩大自身产业优势的同时，弥补弱势产业的不足，谋求双边经贸合作，推动自身经济的不断发展。中日韩自贸区的成立，将对东亚及亚太区域的经济一体化进程产生重要的推动作用，实现"1+1+1>3"的市场效益。

夯实政治互信基石，坚持贸易自由化进程。尽管中日韩三国存在地缘政治方面的客观问题，但中日韩在经贸领域存在共同的利益诉求，三国应该通过经贸合作消除分歧和实现互利共赢。积极推进中日韩三国之间的自贸区谈判，建立自贸区，是东亚地区经济一体化的理想模式，符合三国经济发展的长远利益。为此，中日韩三国应增强政治互信，为东北亚地区经济的持续发展奠定政治基础。完善相关沟通机制，化解政治矛盾和意见分歧，在开放、发展、共赢和共享的基础上共同建设中日韩自贸区。

坚持"以邻为伴、与邻为善"，增加区域的"凝聚力"和"向心力"。中国可以以中韩自贸区为契机，与日本积极开展贸易谈判。相比日韩的产业竞争关系，中日之间的产业互补特点更容易促成双边自贸协定的产生，中日之间建立自贸区比日韩签订自贸协定有优势，然后再以此推动中日韩自贸区的发展进程。为此，中日韩三国之间可以先行设定一个初步的自由化率，即各自推出一个总体的开放目标，提出各自的开放清单并进行协商和讨论，然后逐步完成自贸区的整体谈判目标。作为世界第二大经济体，中国推动中日韩自贸区建设既符合自身经济发展的需要，也是东北亚经济一体化向纵深、"多赢"模式发展的必然选择。在推进自贸区的建设进程中，中国应继续发展并深化同亚太地区主要贸易伙伴的经贸关系，加速推进同周边国家的自由贸易进程，为推动东亚及亚太地区的经济一体化而努力。然而，哪个国家在自贸区的达成上更积极，则意味着该国需要作出更多的妥协和让步。目前，中国已提出建立一个面向全球的高规格自贸区网络，并且中日韩自贸协定也会沿着这个路径，在开放、共赢、共享的基础上，为达成中日韩三国之间的自贸区而共同努力。

二　短期规划：以 RCEP 为主，辅以 CPTPP

推动 RCEP 建设，对各成员都是共赢的选择。为了深入推进 RCEP 进程，东盟及中日韩澳新印等亚太地区的经济体，应以"抱团"的方式增强亚太地区的经济实力，提高国际贸易的话语权。在一定程度上，自由贸易会对各成员的比较劣势产业产生不利影响，但是也会极大地促进具有比较优势的产业发展。RCEP 能够有效解决东盟"10+N"框架下"轮辐"效应的高成本、低效率问题，整合各个协议使之形成有机统一体，以便更有效地开展经济贸易合作。各成员可以通过分步骤、先易后难的方式完成谈判，就主要产业及核心议题展开谈判，先达成初步的方案，再通过进一步协商逐步实现 RCEP 的升级换代。通过在关键领域首先达成共识并形成基本框架,再以此逐步推动具体环节和相关领域的沟通,这对各个成员都是有利的。为了亚太稳定的贸易环境,以及提升整体的经济贸易水平,RCEP 成员还应积极沟通并化解政治矛盾,增进政治互信并妥善解决贸易争端,降低贸易摩擦带来的损失。进一步加强和推进成员之间的互联互通,扎牢自贸区的政治基础,完善沟通协调机制,优化和改善贸易环境,努力开辟新的经济合作领域。探求不同自贸区合作模式的共性与个性,寻求互利共赢的平衡点。达成 RCEP 符合东亚及东南亚各国的经济贸易诉求,实现全面经贸合作的前景广阔。

CPTPP 内部应优化贸易分工路径,合理规划一体化进程,完善内外联动机制。各成员应积极协商,在美国[①]退出后谋求新的区域合作模式。积极践行新发展理念,强化创新驱动,在谈判中求同存异,寻找利益共同点。寻找贸易合作和经济发展的平衡,构建经济、投资和贸易等模式的"命运共同体",避免出现"零和博弈"及区域性经济对抗。通过打造亚太地区的贸易共同体,建立长效的经贸合作机制,互利共赢地推进亚太经济一体化建设。各成员应在世界经济的不确定性和多重挑战中寻找经济发展的客观规律,在投资标准和贸易水平上争取"最大公约数",降低贸易不平衡带来的不利影响,实现亚太经济的再平衡。

三 长远方向:以 FTAAP 为亚太经济一体化的终极目标

构建亚太自贸区,对亚太经济一体化及世界自由贸易进程都将产生深远影响。亚太自由贸易协定可以在一定程度上为更深层次的制度安排创造条件,为加快世界更大区域的经济一体化进程创造经济基础,同时可以有效地减少交易成本和提高经济效率。亚太自贸区如若签订,能够为其深化发展并形成贸易结构提供动力支撑。

亚太各成员应借鉴欧盟、NAFTA 等自贸区的成功经验,多路径灵活推进亚太自由贸易区建设。各方应在尊重东盟核心地位的基础上与其他经济体紧密合作,为积极构建亚太自贸区及推动区域经济一体化贡献力量。为了达成亚太自贸区的目标,中国作为倡导者和推动者,先后与东盟、新西兰、澳大利亚和韩国签署了自贸协定并建立自贸区,为区域贸

---

① 美国的理念是,正是由于没有参与亚洲的诸多贸易协定,才发生了不利于本国的贸易转移效应。随着亚太新兴经济体实力的增强,美国在亚太地区的话语权也逐渐减弱,通过 TPP "重返亚太"的战略也随着特朗普的退出而宣告失败。事实上,无论是中日韩自贸区、东盟"10+3"还是未来的 RCEP,美国在一定程度上都被亚洲国家忽略了。

易协定的战略实施奠定了坚实的基础。亚太自贸区是中国展示自身经济实力并提升在亚太乃至全球经济和政治影响力的机会，中国应该结合自身经济发展的实际和规律，在地区经济发展中维护好自身的经济利益，同时兼顾周边国家的经济发展诉求，广泛开展经贸合作，实现合作领域的优势互补，实现兼容并包的可持续发展。积极构筑以中国为主的单轴或多轴的亚太自贸区网络，实现 FTAAP 长远发展并减少内部利益冲击及潜在的不稳定性风险。

第二节　亚太多重自贸区竞争过程的中国对策

自由贸易区蓬勃发展并不断升级整合的趋势是不可逆转的，"十四五"时期中国经济发展进入了关键时期，正处于"三期叠加"[①] 的关键转型阶段，外贸增长虽面临诸多挑战，但也存在众多的发展机遇，这就迫切需要构建符合中国国情的自由贸易区网络。同时，世界经济仍然面临复苏乏力、增速趋缓的压力，全球投资贸易规则面临新一轮重构，发达国家的经济走势分化加剧，宏观政策取向也进一步分化。全球贸易增长持续低迷的同时，贸易保护主义呈现强化趋势。全球化进程中的新趋势、新挑战不断涌现，中国也进入发展更高层次自由贸易的关键阶段，国际商务领域需要新理论、新战略进行指导与实践。中国的"一带一路"倡议加速了中国与沿线国家在外贸及投资领域的合作发展速度，中国主动推行的供给侧结构性改革也进入深化发展阶段。在中国改革开放不断深化的阶段，运用新思想指导新时代的中国对外自贸区战略意义深远。

21 世纪以来，中国一直致力于推进区域经济一体化向前发展，在此过程中积累了大量的宝贵经验，取得了一定成果。然而，从总体上看，与世界蓬勃发展的区域经济一体化组织相比，中国的自贸区建设还处于起步阶段，涵盖面较窄，层级不高，到目前为止还没有形成一套完整而系统的自由贸易区发展规划，参与贸易自由化的水平也没有达到应有的广度和深度，这与中国推进自贸区建设以期实现资源优化配置、投资结

---

① 三期叠加包括：1. 增长速度"换挡期"，是由经济发展的客观规律所决定的。2. 结构调整阵痛期，是加快经济发展方式转变的主动选择。3. 前期刺激政策消化期，是化解多年来积累的深层次矛盾的必经阶段。

构优化等目标存在一定的差距。此外，中国在参与自贸区建设并构建高标准的自贸区网络方面还存在以下不足。

首先，从协定的目的来看，存在较强的地缘意识。纵观与中国签订自贸协议的贸易伙伴，大多是近邻经济体。早期的贸易协定更注重地缘政治因素，更多的是出于维护自身的政治地位，而不是出于经济利益的考虑。例如，中国—东盟自贸区、中国—巴基斯坦自贸区等，通过让渡一部分经济利益加强与周边国家的政治互信，构建和平稳定、合作共赢的外交关系。此外，同欧盟、美国和日本等贸易自由化程度较高的发达经济体相比，中国签署的自贸协定数量有限，还处于以欧美日等为轴心的自贸区网络中。除了东盟之外，中国签订FTA的对象大多是经济规模较小的经济体，尚未与欧美日等世界重要经济体签订任何贸易协议，与周边的国家如日韩等国也未建成中日韩三国的自贸区。值得一提的是，发达国家拥有先进的技术水平及管理经验，能够与中国在产业结构上实现优势互补，中国也可以在贸易合作中调整产业结构、优化资源配置，这些都是中国推进自贸区进程中需要努力的方向。

其次，从协定的对象来看，与发达经济体达成的协定较少。同中国签订自贸协定的成员大多属于发展中经济体，在经济及产业结构上与中国并不存在明显的优势互补。发展中国家的竞争优势大多体现在劳动力和资源优势上，具有生产的成本优势，不具备技术创新优势。在经济和贸易过程中，与贸易伙伴容易形成竞争关系，这将会导致成员之间的投资创造及投资转移效应不明显。此外，自由贸易协议的研究、谈判和签署已成为一项复杂的系统工程，需要国家专门的机构对区域贸易的发展形势进行跟踪和研判，并根据自身的经济发展水平和贸易潜力，建立相应的国家战略应对机制。欧美等发达经济体都设有专门机构制定区域经济合作的战略目标和发展规划，并对潜在的签约国进行研究和评估，以求最大限度地获得经济利益。然而，中国当前还未成立专门机构对自由贸易对象进行研究和规划，这也是今后努力的方向。

最后，从协定的内容来看，覆盖范围较窄。目前，区域贸易协定的内容日趋广泛、逐渐复杂，不仅包括货物和服务贸易，还包括制度性变革、关税程序便利化、服务业发展、劳工标准等方面的内容。自由贸易协定起初主要涵盖货物贸易领域，随着经济发展和产业形态的变化，21世纪以来，协议的内容扩展到了服务、投资、知识产权、技术性贸易壁垄、反倾销、反补贴及争端解决机制等众多新领域,由单一的领域和产业迅速扩展到投资、贸易及社会的各个方面,并且在不断地延伸。中国参与 FTA 的涉及面较少,从当前区域自由贸易协定的发展趋势来看,区域贸易协定的目标不仅是货物和服务贸易的自由化,更重要的是建立区域的全面经济伙伴关系,而中国在服务贸易的合作等方面还处于比较低的水平。中国对外签订的自贸协定,大多属于优惠贸易安排,实施内容的覆盖面较窄,涵盖服务贸易和投资等其他领域的协定不多。从实施的情况看,货物贸易的经济成效比服务贸易、投资等方面更明显。

中国在推进自贸区建设的过程中,还应注重对贸易规则的运用。以原产地规则为例,该规则是判定国际贸易过程中一项产品究竟原产于哪个国家或地区的一套贸易规则,直接关系到该产品在进入某国国境时是否可以享受到市场准入和优惠关税等待遇。原产地规则是自贸区长期存在并运行的根本性制度保障,在自由贸易协定的谈判过程中,原产地规则是进出口货物或服务的根本性规则。如果没有原产地规则,自由贸易框架下的经济合作将产生严重的贸易偏转,并且由于不完整成员国对外关税不一致,导致关税最高的一方成为受损国,而关税最低的一方成为受益国,这就违背了自贸区建立的初衷。只有符合自由贸易区的原产地规则并在缔约国获得原产地资格的商品,出口到其他成员国时才可以享受到优惠的贸易政策,才会实现更高水平的自由贸易,原产地规则的严格程度对自贸区的经济增长、贸易投资及产业转移等产生重要影响。因此,一个自贸区的实施效果最终要归结于其原产地规则的制定标准,合理地制定原产地规则,不仅符合缔约国的利益诉求,能产生区域的贸易创造效应,还会促进就业和增加投资等,有利于区域经济一体化进程不断推进。

一 宏观:国家层面

任何国家都不能脱离世界经济的发展而发展,当前世界上任何一个经济体的发展都与全球经济紧密联系。以自由贸易区为代表的区域经济一体化网络体系对国际经济产生的作用日益突显,中国作为世界上最大的发展中国家,必须根据国家的实际国情,制定适合中国自身经济发展和贸易结构特点的对外政策。改革开放的成功实践表明,中国应坚持实行对外开放政策,积极参与国际经济和市场秩序的建设,通过不断释放自贸协定的政策红利,进一步同贸易伙伴做大经贸合作的"蛋糕"。

（一）积极参与多重自贸区的轮轴体系，推动亚太地区的经济一体化发展

深耕亚太，经略周边，完善对外开放的战略布局。通过积极参与全球经济治理，提升中国在亚太经济"朋友圈"的话语权，实现"多赢"格局，形成"正向"博弈结果。中国一直是亚太经济一体化进程的积极参与者及推动者，国内自贸区经历"从无到有、基本布局"，到立足周边、辐射"一带一路"、面向全球的发展战略。中国正处在大发展、大变革、大调整的时代，目前，"走出去"战略已得到顺利实施，而如何"走得更远"及"走得更稳"是下一步值得深入探讨的问题。中国一方面继续遵守和维护世界贸易规则，另一方面积极参与全球贸易新规则的制定，构建多元化、多层次的贸易体系，积极构建亚太多重自贸区。为此，中国应继续推进对外开放战略，不断深化国内经济体制改革，以改革促发展，以发展促改革，促进国内经济发展与产业结构调整适应区域性经济发展的实际需要，合理并适时地调整产业结构及转变经济发展战略。总之，中国应该在亚太多重自贸区激烈而复杂的竞争环境中，努力争取制定区域内新贸易规则的主动权。

积极参与构建自贸区轮辐网络。"轮辐"结构自贸区的"轮轴国"将在区域经济贸易中拥有绝对优势，随着自贸区的深化发展，轮轴地位之争也将日益加剧。亚太地区富有经济活力、市场规模庞大，同时面临着发展不均衡、不协调的问题，这就需要中国在同其他贸易伙伴的经济合作中注重产业优势的协同互补。中国是世界上的经济发展大国，在亚太及世界范围内都是最具生产和消费潜力的市场，积极参与多重自贸区的轮轴体系对中国自身及区域经济的发展都十分有利。中国应结合国际经贸发展的需求和规律，实现经济的包容性增长，争做亚太区域经济增长的"火车头"，并扮演市场的主要提供者和协调者角色。保持自身的发展节奏，在参与区域贸易协定的谈判中，中国应充分发挥经济大国的作用，凭借广阔的市场优势，积极争取轮轴国地位。中国不断深化的开放政策、广阔的国内市场以及逐步完善的市场经济体制等因素都是成为轮轴国的优势要件，应在推动亚太地区经济一体化的同时构建以自身为核心的"轮辐"自贸区网络。

加强成员交流与合作，促进信息流通。借鉴已有成熟自由贸易区的成功经验，先就主要内容达成基本协议，再就具体领域探讨和磋商，在

稳步推进的同时，完善自贸区的相关配套机制，落实协定的内容。提供信息技术及金融支持，扩大开放和鼓励投资，加强金融领域的交流与合作，建立能够有效减少金融风险和应对金融危机的联动机制，提升金融风险防范能力和应变水平。进一步拓展信息交流途径，构建多渠道、多元化的信息共享机制，为企业提供全面而系统的咨询服务。促进研究机构和学者的学术交流，形成"官产学研"为一体的经济合作模式。各成员利用现有的 WTO 规则和贸易政策，加强成员之间的交流与合作，共同推动自由贸易的发展，促进区域经济一体化不断融合。

准确研判国内、国际经济形势，推动亚太经济一体化。世界经济和贸易形式将更加复杂多变，国际经济格局也处于加速调整期，逆全球化现象不符合国际贸易理论，更违背人类社会发展的一般规律。任何形式的贸易保护都将造成社会福利的损失，应通过加强经济合作的方式解决贸易平衡问题。全球新一轮的区域经济合作形式不断涌现，推进自贸区建设进程已成为中国培育开放型经济体系、构建区域经济合作的重要方式。亚太自贸区的建设涉及的成员国众多且各国经济发展水平不一，致使贸易谈判进展比较缓慢。中国应该有计划、有选择地推进自贸区的建设步伐，积极调整对外贸易战略，推进亚太地区的经济一体化尽快实现。推动亚太经济一体化，有助于实现中国对内深层次改革和对外全方位开放，协调国内经济发展和区域经济贸易合作的关系。应正确认识经济发展新常态下的国际经济贸易形势，坚持稳中求进的工作总基调，以供给侧结构性改革为主线，深化新时期的对外开放及优化顶层设计。积极引导、深化创新驱动，在关键领域有重点地施行"先行先试"，探索符合中国利益的新规则，适应全球贸易规则的新一轮重构。

（二）营造共商、共建、共享的经济环境，构建自由贸易的命运共同体

坚持贸易自由化。党的十九大报告指出，拓展对外贸易，培育贸易新业态、新模式，推进贸易强国建设，实行高水平的贸易和投资自由化、便利化政策。深入贯彻同周边国家的创新、协调、绿色、开放、共享的发展理念，不断适应、把握、引领经济发展新常态，推进供给侧结构性改革，加快构建开放型经济新体制，以创新引领经济发展，实现经济的可持续发展。积极参与全球经济治理，扩大中国的软实力、话语权和规则制定权，在亚太地区的多国政治与经济"角力"中，中国应发挥大国主导作用，以更加开放和自信的态度，积极推进亚太经济一体化进程。

同时，把握世界经济发展的趋势，结合自身的经济实际，积极参与亚太多重自贸区建设，引领及构建适合各个成员经济发展的贸易新规则。

合理布局自贸区网络。中国在推进自贸区的建设进程时，应积极同周边国家密切联系、广泛合作。亚太地区涵盖众多类型的经济体，中国在实施FTA战略时，应因国而异并有的放矢地开展贸易合作，综合考虑贸易伙伴的市场容量、贸易政策、经济文化等，在推进自身经济发展的同时，与贸易伙伴实现互利共赢的贸易新格局。自由贸易对各方的经济是有利的，这就为各成员化解分歧、实现共赢提供了谈判动力，在亚太地区，中国应有针对性地与周边经济体共同构建自贸区网络，争取早日达成有关协定以推动亚太自贸区的建设进程。各成员应适度降低关税及非关税贸易壁垒，提升贸易效率及便利化水平。顺应时代发展的客观规律，以"一带一路"倡议为导向，因势利导地利用好亚投行资金与丝路基金，有序推进区域经济贸易的互联互通。实现政策沟通、道路联通、贸易畅通、货币流通、民心相通的"五通"，降低区域内的生产成本，提升贸易效率，扩大亚太地区在世界经济中的话语权。重新构建新型亚太经贸规则，实现亚太地区经济、贸易等方面的有效融合，提升区域经济实力和国际地位，激发贸易潜力，推动世界经济一体化进程。

求同存异、共赢发展。世界经济面临低增长、低利率和低通胀的"三低"状态，并逐步陷入长期增长乏力、经济持续低迷的困境。因此，加快推进亚太贸易自由化进程，形成经济的"新三角贸易"模式，释放亚太经济活力，符合各方的整体利益。形成多层次、宽领域的对外贸易格局，推动全球经济治理改革，实现亚太经济的再平衡。谈判各方应共同努力，秉承WTO的贸易规则，争取尽快达成相关协议，构建自由贸易的命运共同体。中国国内正处在改革的关键阶段，对外又面临着不同贸易伙伴的更多合作诉求。然而，美国以秉持国内优先为主的贸易保护主义及逆全球化又为自由贸易制造了不少障碍。这就需要亚太各个成员继续遵守WTO的贸易规则，维护良好的贸易秩序，坚持开放性、灵活性、循序渐进及舒适度等原则。值得一提的是，一些经济发展水平不高、市场潜力不大、基础设施建设不全和产业结构相对单一的经济体积极同中国共同推动区域经济一体化，其关键因素和动力在于借力中国的经济谋求自身的经济发展。面对新型国际经济形势，中国应改善国内企业的投资环境，增加政策导向，制定自主创新战略，提升企业的创新能力，促进对外直接投资，鼓励企业"走出去"，主动参与区域经济一体化建设。

二 中观：产业层面

在经济全球化进程中，面对日益激烈的国际竞争环境，一国对外贸易如果一直停留在传统的比较优势产业，将很难扩展经济增长空间和提升贸易规模。亚太各个经济体的谈判动力主要体现在要素及产业的互补性上，中国的产业发展面临世界经济再平衡、国际价值链再分工等外部环境的影响和制约，同时受到自然资源稀缺、环境成本上升等内部发展瓶颈。为此，应加强区域内部的技术合作，尤其是高新技术领域的合作，注重知识创新和技术进步，知识创新和技术进步是优化产业结构、实现产业升级的核心。全球未来的产业竞争是价值链竞争，谁占据了价值链的关键环节，谁就掌握了产业竞争优势。当国际分工是"正和博弈"，参与经济一体化的各方都将获得经济利益。产品生产趋向模块化和分离化，生产技术起到促进作用，导致产品内分工的产生。建立自贸区可以促进各个成员的产业结构升级，加强区域经济联动，构建经济命运共同体。

各成员应实现出口市场的多元化和分散化，逐步由低附加值的制造业向中高端产品过渡，参与区域经济的分工与协作。通过进一步拓展和深化生产领域的合作，推动亚太地区全球价值链的重构和发展。因此，在比较优势明显及技术差距不大、市场化水平高、条件成熟的产业间先实现贸易的自由化，分步骤实施自由化进程，然后就其他方面进行协商。促进各经济体内部实现价值链高效连接，加快生产网络布局，推动亚太经济一体化走上可持续、包容平衡发展之路。在开放中做大共同利益，在包容中谋求机遇共享，促进国际分工体系和全球价值链的优化重塑。

在全球自由贸易进程中，中国应该适时调整产业结构，与日韩发挥优势互补的同时，利用资本、技术优化自身产业结构，提升贸易投资水平，推动东亚以及亚洲经济的持续发展，为区域经济一体化提供不竭动力。应积极培育和发展具有比较优势的产业，提升产业内贸易水平，调整产业结构，提高科技水平。引导企业培育具有自主知识产权的品牌，鼓励技术创新，改善和优化价值链分工体系。通过"大众创业、万众创新""互联网+"等实现产业结构的优化升级，简化企业的行政审批程序，为企业"走出去"创造更多便利。企业通过"干中学"不断增强自身的经济实力，不断提升自主创新能力，打造有实力的跨国企业和著名品牌。

(一) 重视高端产业发展，集聚发挥产业优势

优化产业分工体系。随着科技水平不断提升，以及经济全球化进程不断加快，国际分工逐步深化与细化，分工体系也由产业内、产业间分工模式逐步向产品内分工过渡，形成全球化的生产网络体系。各个经济体的产业互补性程度越高，对产业内贸易越有利，更利于贸易合作，能为区内经济体带来更多福利。在东亚合作模式中，日韩等国家在资本或技术密集型产业上比中国和东盟更具竞争优势，而中国与东盟在劳动密集型及低端价值链产业上占据竞争优势，成员在产业上能够体现较好的互补优势。改革开放以来，中国一直奉行开放型经济以促进自身经济发展，通过承接日韩等发达经济体转移的劳动密集型产业，实现优势互补型分工合作，但与日韩等发达国家相比还有一定的技术差距。中国应进一步加强同日韩两国在技术领域的合作，弥补自身"短板"，缩小竞争差距。应该优化相关产业结构，提升企业的创新能力，以"创新驱动"替代"利益驱动"，制定长远发展战略，提高产业在国际市场的竞争力，促进中国贸易条件的改善和福利水平的提升。

集聚产业优势。主动参与国际竞争，抓住世界新一轮科技革命和产业变革的机遇，积极培育对外开放新优势，发挥新动能优势。通过实现互惠互利、优势互补，形成产业的"异质互补"，提升产业内贸易水平。促进要素市场和商品市场的合理自由流动，提升资源配置效率，整合区域产业价值链，形成产业优势互补。作为贸易大国的中国，应合理调整产业的比重，加快产业转型，优化产业结构，提升产品附加值，避免陷入"比较优势陷阱"，主动适应国际贸易新规则，提升国家的经济竞争力和贸易影响力。积极培育和发展我国具有比较优势的产业内贸易，提高产业内贸易的竞争力。同时，提升高附加值与高技术含量的产业比重，引导企业进行技术升级和产品创新，打造自身的核心竞争力，在世界经济秩序中占据主动。营造自由化、便利化和公平的贸易环境，实现区域经济一体化的终极目标。

推动产业升级。亚太地区的生产网络改变了传统的产业间分工体系，形成了以产业链、价值链为基础的产品内分工模式，推动内部生产网络的升级，提升区域内消费市场的能力。中国应加快产业结构调整和优化升级，提升产品的科技含量，加大创新和研发力度，积极参与中高端价值链产品的生产，通过提升产品附加值实现经济的稳定增长。逐步转变

为主要以科技创新和体制机制创新为产业国际竞争力的新源泉,积极主动融入国际产业链和价值链体系,实现由被动接受国际分工转向自主参与国际分工。形成我国企业在全球范围内进行市场整合及配置资源要素的能力,提升产业组织和产业活动的国际化水平,在全球价值链治理中发挥更大的作用。

培育高端产业。随着投资的自由化和便利化,高端稀缺要素发生偏转,成员可以充分发挥各自的要素禀赋优势,通过技术、产业等方面的转移,实现产业结构的调整和升级,促进福利水平的提升。因此,中国应通过提升产品的出口竞争力,提升技术附加值水平,优化贸易价值链,培育和发展自有品牌和具有自主产权的商品。树立全球化的战略思维,准确把握国际产业发展的新趋势,培育和强化新的竞争优势,在开放合作中提升产业的创新能力和全球竞争力。值得一提的是,亚太经济一体化能够有利于改善成员的福利水平、优化产业结构、提升生产率及资源的合理配置,进一步缩小成员之间的经济差距,提升区域的整体实力,实现互利共赢发展。中国作为亚太地区的经济大国,拥有广阔的消费市场,并且凭借丰裕的劳动力资源在制造业方面具有比较优势。中国应发挥"火车头"作用,促进产业进行"供给侧"改革[①],逐步实现向高附加值和高科技水平的产业转移,向"中国智造"和"中国创造"转变,实现"创新、协调、绿色、开放和共享"式发展。

(二) 加快产业供给侧结构性改革,完善产业评估和保障机制

以改革促发展。改革开放以来,中国的自贸区战略正在稳步推进。在"十三五"时期,对外贸易具备坚实的发展基础、但也面临严峻挑战。在国内,中国经济发展迈入新常态,正处在转型升级的关键阶段,传统产业的比较优势降低,许多加工制造业向周边国家转移,中国对外贸易的国内发展条件和国际经济环境正发生深刻变化。在国外,世界经济在深度调整中曲折复苏、逆全球化及贸易保护主义有所抬头、国际经贸关系更加复杂多变,中国面临发达国家高端制造业回流和其他新兴经济体

[①] 供给侧结构性改革,即调整经济产业结构,实现要素和资源的优化配置,提升经济增长的发展动力。以提高供给质量为导向,通过改革促进结构调整,扩大有效供给,增加供需两端的灵活性与适应性,提升生产率,更好地满足市场需求,促进经济社会不断向前发展。简言之,就是用增量改革促进存量调整。供给侧结构性改革是相对于需求侧而言的,供给侧包括劳动力、资本、土地和技术等生产要素,而需求侧改革主要是指投资、消费和出口的"三驾马车"。

中低端价值链分流的"双向挤压",对产业转型升级形成倒逼机制。尽管面临诸多发展困境,但是同样存在许多有利条件。中国对外贸易向好发展势头的基本面没有改变,与贸易伙伴的产业互补优势没有改变,产业结构调整及动力转换加快的趋势没有改变。中国经济已经进入新时代,应深刻认识、准确把握对外贸易的发展新形势与新特征,抢抓发展机遇,务实应对挑战。

推进"供给侧"结构性改革。中国应该更加注重产业结构性调整,通过供给侧结构性改革发力,提升外贸持续发展的新动能。注重发挥产业和双向投资对外贸的促进作用,优化国内营商环境及国际发展环境,依靠创新驱动发展。通过丰富开放内涵,提升开放水平,协同推进战略互信、投资经贸合作等,形成深度融合的互利合作新格局,开创对外开放新局面。建立以龙头企业为主体的技术创新体系,实现重大技术领域和关键技术环节的突破,加大创新力度,提升企业的创新能力和核心竞争力,实现产品的多元化及差异化生产,形成一批具有自主知识产权的关键技术和产品。大力实施"优进优出"战略,加快转变外贸发展方式,调结构转动力,巩固和提升传统竞争优势,培育竞争新优势,推动外贸向优质优价、优进优出方向转变,巩固贸易大国地位,推进建设贸易强国的进程。

优化分工模式。世界经济已经步入后国际金融危机时期的深度调整阶段,实现全球经济再平衡也成为世界各国的普遍共识,转方式、调结构成为世界经济发展的新常态。随着中国改革开放程度的不断深化发展,以及市场经济体制的不断完善优化,中国应抢抓第三次国际产业转移的历史机遇,着力发展加工贸易,成功融入世界经济产业链和价值链重构中。积极构建亚太地区的贸易生产网络,发挥各成员的比较优势,注重不同国家经济发展水平的梯度差异,最大限度地实现贸易分工,如日本和美国等发达国家主要生产核心零部件,韩国和东盟生产一般零部件,而中国对零部件进行组装并形成最终产品。中国垂直分工和水平分工交织存在、分工密度不断细化,但与日韩等发达国家相比还有一定的技术差距。通过合作细分生产环节,由不同经济体分工完成,形成区域生产和服务网络,避免产生"产业空心化"现象。[①]

[①] 所谓"产业空心化",是指以制造业为中心的物质生产和资本大量而迅速地转移到国外,使物质生产在国民经济中的地位明显下降,造成国内物质生产与非物质生产之间的比例关系严重失衡。

完善评估机制。随着区域经济一体化的重心偏移，亚太地区的贸易自由化成为全球瞩目的焦点。经济一体化使得空间距离大大缩短，生产网络的进一步深化发展，有助于减少成员的生产成本与协调成本，降低技术外溢水平[①]，为多方合作提供必然性与可行性。亚太各成员应借鉴欧盟和北美自贸区等已有的成熟经验，积极建立有效的争端解决机制，应对可能发生的贸易纠纷问题，减少矛盾、避免冲突升级，促进成员内部市场的稳定性。各成员应共同承担推动全球经济一体化进程和经济融合的责任，完善风险保障制度，建立完善的风险防控体系。亚太自贸区的达成将有利于减少贸易扭曲，降低企业的运行成本，提升生产效率，弥补世贸组织框架下多边贸易机制的不足。中国应该根据自身发展及经济增长的需要，优化贸易合作方式，提升价值链水平，扩大区域经济贸易的影响力，加大政策和信息的共享力度。同时，积极参与区域贸易新规则的制定，有针对性地制定贸易谈判策略。积极采取市场多元化战略，开拓国际市场，分散经济风险，减少对区域外部的贸易依赖。

三 微观：要素层面

提高要素的质量和效能，不断加大技术研发和人才培养力度。发达国家拥有技术、资本、市场等方面的比较优势，在国际分工中负责国际生产网络的研发、设计和营销等环节。发展中国家在劳动力、资源等方面具有比较优势，负责生产网络的生产、制造、加工等环节。中国的自贸区战略正在稳步推进，自贸区的贸易便利性，降低了生产要素的流动成本。值得一提的是，生产要素因其自身的属性，分为区域性要素和非区域性要素两种，而这种划分是以要素能否自由流动为依据的。区域性生产要素短期内无法在区域间自由流动，如政府政策、企业区位选择和自然资源等要素。非区域性要素可以通过区域间的流动在生产中发挥重要作用，如资本、技术和劳动力等要素。

（一）优化企业要素资源的配置结构

合理配置要素资源。国际分工体系的空间布局，主要是为了更有效地利用不同经济体的要素资源，实现减少成本、提升效率和增加效益的目标。作为世界最具活力的地区之一，亚太地区的经济发展模式迎合了

[①] 技术外溢是指外商投资、跨国贸易等对东道国相关产业或企业的产品开发技术、生产技术、管理技术、营销技术等产生的提升效应。

国际分工和生产网络的需要，全球的经济重心也不断向该地区转移，形成了产业转移和要素集聚现象。合理分配要素资源，充分发挥要素资源禀赋优势，通过推动亚太自贸区进程并降低各个成员的合作门槛，降低区内的贸易成本，提升各成员的协同效率和经济增长水平。要素互补等可以加强区域经济贸易合作，同时生产、消费等领域的协同成本增加，为自贸区的谈判进程设置了一些障碍。这就需要通过协调机制加强沟通，降低关税水平并简化报关手续，降低冗余成本并提升要素资源的运转效率，推动贸易自由化程度，为建立亚太自贸区创造条件。

优化要素结构。基于中国东中西部的梯度式经济发展模式的现实国情，运用差异化的分工生产方式。东部地区依托较为发达的制造业、服务业和先进的技术水平，承接以附加值较高的加工制造业为主的资本、技术密集型产业；而中西部地区凭借丰富的自然资源，继续巩固和发展资源、劳动密集型产业。提升国内各地区的市场开放度，继而促进产品和要素的自由流动和合理配置，同时促进资源和要素向低成本、高效率的生产部门流动，有利于深化产业内分工，实现规模经济效应。加强资金流动和融通，推动贸易的便利化、多元化发展。应重视要素在自贸区中发挥的作用，如劳动力资源、资本及技术等要素能够带动技术创新，从而对产业结构升级产生重要作用。资源禀赋将促进优势互补，减少运行成本和"冰山成本"[①]，集中各成员的产业比较优势，形成优质的产品或服务，通过优势互补、资源共享实现分享市场机会和需求的模式，从而实现共赢发展。推进中国产品的"品牌化"战略，释放国内市场需求潜力，实现与国际品牌的"互联互通"。提升国内商品的技术、价值含量水平，完善配套机制，逐步摆脱对国外关键中间品的进口依赖，提升国际竞争力，通过研发、品牌塑造、营销等环节，培育核心竞争力。

（二）提升高端及稀缺要素的集聚水平

集聚高端要素。中国作为世界第二大经济体及最大的发展中国家，应以更加积极的态度在经济全球化进程中占据更主动的位置。要抓住时代机遇，因势利导促进相关产业转型升级，提升优势产业的劳动生产率，

[①] 冰山运输成本由萨缪尔森首先提出并运用到国际贸易领域中，指的是由于空间距离的存在，产品在区域间运输采取"冰山"形式的运输成本，即产品从产地运到消费地，其中有一部分在途中"融化"掉了。一单位运往外地的产品只有一部分能够到达目的地，其余部分都消耗在途中，消耗掉的就是运输成本，通常以空间距离对其加以衡量。

由劳动和资源密集型产业逐步向技术、资本密集型产业转变，由"世界制造工厂"向"世界信息产业大国"转变，逐步由"中国制造"向"中国创造"和"中国智造"过渡。加快实施"一带一路"倡议，依托其实现沿线国家尤其是东南亚国家的要素资源互补，优化产业价值链，形成利益共同体。增加对企业研发的补贴和政策扶持，培植高新技术产业发展，增加研发和创新投入，在全球贸易体系新一轮重构中占得先机。

提升要素集聚水平。中国经济正处在改革与发展的攻坚期，中国的劳动力、土地等要素成本上升及环境约束压力增大，中国应深化推进改革开放战略，形成内外联动机制。注重改变传统的贸易分工格局，根据自身经济发展的国情，提升资本、技术及劳动力等要素的集聚水平。同时，中国应重视要素在自贸区中的作用，劳动力素质的提升能够带动技术创新，而高新技术具有独特的竞争优势，从而对产业结构升级产生重要作用。区域自由贸易进程与中国的经济改革和产业升级的发展方向一致，中国应合理配置区域要素资源，积极促进商品的自由流动，降低交易成本，促进经济发展及技术创新，实现福利最大化，推动亚太地区价值链的有效融合和优化升级。强化贸易互补性分工合作模式，促进高新技术对传统产业的改造升级，提高中国在贸易分工体系中的地位。推动产业结构升级，生产具有自主知识产权的高科技产品，同时完善国内相关法律法规，加强知识产权保护。

第三节　小结

在亚太经济一体化进程中，各成员在互利合作中做大经济"蛋糕"的同时，应更加注重国际分工的合理性，引领区域经济向更加普惠、包容的方向发展。为此，各成员应加强沟通和贸易谈判，推进互利共赢式发展，实现共同利益。本部分包括亚太多重自贸区演进的可能路径、亚太多重自贸区竞争过程中的中国对策两方面，通过总结实证分析结论，推导出亚太多重自贸区演进的可能路径，即以中日韩自贸区为先导的近期目标，以 RCEP 为主的短期规划，以 FTAAP 为亚太经济一体化终极目标的路径选择。亚太多重自贸区竞争过程中的中国对策又分别从宏观、中观和微观层面展开，分别代表国家、产业和要素层面。国家层面的对策是积极参与多重自贸区的轮轴体系，推动亚太地区的经济一体化发展；营造共商、共建、共享的经济环境，构建自由贸易的命运共同体。产业层面的对策是重视高端产业发展，集聚发挥产业优势；加快产业供给侧改革，完善产业评估和保障机制。要素层面的对策是优化要素资源的配置结构、提升高端及稀缺要素的集聚水平。

中国作为区域经贸大国，应该合理运用新形势下的贸易规则和各种政策，将比较优势转化为竞争优势，实现区域经济的稳定及可持续性增长，实现"中国制造"向"中国创造"和"中国智造"转变，创新经济增长模式，提升产业竞争优势。进一步拓展和延伸产业链、提升价值链、完善供应链，加快实现"引资、引智、引技"相结合的模式。同时，通过自贸区谈判，以更高标准的国际贸易规则倒逼国内的产业结构和经济体制改革，深化实施改革开放战略，更加积极主动地参与制定新一轮国际经济贸易与投资规则。加强互联互通和组织协调工作，建立统一的协调机构。通过制度性安排或约束机制，确保各个环节和程序都能够有序有效地发挥作用，并可以通过协商机制妥善解决自贸区建设过程中出现的问题。避免贸易摩擦，构建亚太地区的经济贸易规则和命运共同体，实现亚太地区的经济一体化。

附 录

附录 A　　SITC 的分类情况

大类	序号	类别	主要产品
初级品	0	食品及活动物	活的动物以外的其他动物；肉及肉制品；乳制品和鸟蛋；鱼（非海洋哺乳动物）、甲壳类、软体动物和水生无脊椎动物；谷物和谷物制品；蔬菜和水果；糖、糖制品及蜂蜜；咖啡、茶、可可、香料及其制造品；动物饲料；杂项食品产品和制品
	1	饮料及烟草	饮料；烟草及烟草制品
	2	非食用原料	皮、表皮和毛皮、原料；石油种子和含油果实；天然橡胶；软木及木；纸浆及废纸；纺织纤维及其废料；原油化肥、矿产和原油；金属矿砂及金属废料；其他动植物材料
	3	矿物燃料、润滑油及相关原料	煤、焦煤及煤球；石油、石油产品及相关产品；天然气；电力
	4	动物油、植物油、脂肪及蜡	动物油脂；固定植物油脂、原油、成品；动植物油脂、加工过的不宜食用的混合物或动物或植物脂肪或油类
	5	化学品及有关产品	有机、无机化学品；植物染料；医学产品；化肥；塑料；其他化学材料及制品
加工品	6	按原料分类的制成品	皮革及其制品、并经处理的毛皮；橡胶制品；软木及木制品等；纺织半成品及产成品；钢铁及金属制品
	7	机械及运输设备	发电、工业及金属加工机械设备及其零部件；办公室机器和自动数据处理仪器；音响设备和仪器；道路车辆及其其他设备
	8	杂项制品	家具及其零件；床上用品；旅游用品；服装及衣服配件、鞋子；控制用仪器及器具；摄影仪器、设备和供应品；光学产品、钟表；其他杂项制品
	9	未分类的货品及交易	邮政包裹；无分类别特殊交易和商品；无分类别硬币（金币除外）；非货币

资料来源：根据 UNCTAD 数据库整理。

附表 B 2006—2020年亚太地区主要经济体的对外贸易开放度

单位:%

国家	2006	2007	2008	2009	2010	2011	2012	2013	2014	2015	2016	2017	2018	2019	2020
中国	64.8	62.3	56.8	43.6	49.3	48.8	45.7	43.9	41.5	40.5	37.1	37.6	37.6	35.9	34.5
俄罗斯	54.7	51.7	53.4	48.4	50.4	52.0	51.8	51.3	52.9	49.3	46.3	46.9	51.6	49.4	46.1
美国	26.9	28.0	29.9	24.8	28.2	30.9	30.7	30.0	30.4	27.9	26.6	27.2	27.5	26.3	23.4
加拿大	68.2	66.5	67.2	58.4	60.0	62.3	62.3	62.0	64.1	65.5	64.4	65.1	66.4	65.4	60.8
韩国	73.6	77.2	99.9	90.4	95.7	110.0	109.9	102.8	95.9	83.7	77.7	77.1	79.0	75.8	69.2
日本	31.1	33.8	35.2	25.0	29.1	31.2	31.3	35.1	33.2	35.6	35.6	34.4	36.6	34.8	31.1
澳大利亚	41.0	41.4	42.1	44.9	39.9	41.2	42.7	40.9	42.3	40.8	40.0	41.9	43.4	45.8	44.0
新西兰	59.7	58.6	65.0	55.6	58.7	60.0	57.7	56.9	56.6	55.1	55.0	53.9	55.5	54.1	44.3
新加坡	430.4	398.7	439.7	360.2	372.1	376.1	368.2	359.9	350.9	329.9	318.4	315.7	325.3	323.5	320.6
柬埔寨	144.6	138.3	133.3	105.1	113.6	113.6	120.7	128.2	129.0	127.9	127.0	124.8	124.9	123.6	123.8
印度尼西亚	56.7	54.8	58.6	45.5	46.7	50.2	49.6	48.7	48.2	41.9	37.4	39.4	43.1	37.4	33.2
马来西亚	202.6	192.5	176.7	162.6	157.9	154.9	147.8	142.7	138.5	134.2	128.1	133.2	130.4	123.0	116.4
菲律宾	94.9	86.6	76.3	65.6	71.4	67.7	64.9	60.2	61.1	62.7	64.9	68.2	72.2	68.8	58.2
泰国	134.1	129.9	140.4	118.9	126.8	138.9	138.0	132.8	131.8	126.6	123.1	120.9	120.9	109.6	98.0
越南	138.3	154.6	154.3	136.3	152.2	162.9	156.6	165.1	169.5	178.8	184.7	200.4	208.3	211.5	208.3
中国香港	392.4	396.8	407.4	374.6	432.9	447.1	450.0	455.3	439.2	389.4	372.6	376.8	376.9	353.8	351.7
墨西哥	56.5	57.1	58.1	56.1	61.0	63.9	66.5	64.6	65.9	72.2	78.1	77.1	80.6	77.9	78.2
智利	71.9	75.8	81.0	66.8	69.7	72.9	68.8	65.5	66.1	59.5	56.1	55.7	57.3	56.9	57.8
秘鲁	50.8	53.9	56.5	46.4	50.0	55.2	52.3	48.8	46.3	45.0	44.8	47.5	48.6	46.8	43.4
哥伦比亚	38.2	36.3	38.1	34.3	33.7	38.7	38.3	37.8	37.5	38.6	34.9	35.3	36.5	37.5	33.7
厄瓜多尔	59.7	62.6	68.1	52.1	60.3	64.5	61.8	60.7	58.7	45.2	38.8	42.2	46.4	46.1	43.3
哥斯达黎加	104.4	102.2	100.6	84.0	79.1	79.4	78.9	74.5	72.3	61.9	63.5	65.1	66.9	66.1	61.3

资料来源:根据世界银行WDI数据库整理。

参考文献

一　著作

［德］阿尔弗雷德·韦伯：《工业区位论》，李刚剑、陈志人、张英保译，商务印书馆1997年版。

［英］阿尔弗雷德·马歇尔：《经济学原理》，朱志泰、陈良璧译，商务印书馆2021年版。

［美］保罗·克鲁格曼、茅瑞斯·奥伯斯法尔德等：《国际经济学》（第五版），中国人民大学出版社2002年版。

［英］彼得·罗布森：《国际一体化经济学》，戴炳然等译，上海译文出版社2001年版。

陈晓文：《区域经济一体化：贸易与环境》，人民出版社2009年版。

邓炜：《区域经济一体化的产业区位效应分析》，知识产权出版社2012年版。

［美］多米尼克·萨尔瓦多：《国际经济学》（第10版），杨冰等译，清华大学出版社2011年版。

［美］霍尔斯（David Roland-Holst）、曼斯博格（Dominique Van Der Mensbrugghe）：《政策建模技术：CGE模型的理论与实现》，李善同、段志刚、胡枫主译校，清华大学出版社2009年版。

金毅、金泓汎等：《亚太地区的发展模式与路径选择：基于东亚与拉美发展道路的比较分析》，时事出版社2010年版。

匡增杰：《中日韩自贸区贸易效应研究》，人民出版社2015年版。

李海明：《宏观经济学的微观基础：动态一般均衡（DGE）框架研究》，科学出版社2015年版。

李荣林等：《APEC内部FTA的发展及其对APEC的影响》，天津大学出版社2011年版。

李瑞林：《区域经济一体化研究》，人民出版社2009年版。

李欣红：《国际区域经济一体化的产业区位效应研究》，中国经济出版社2015年版。

梁琦：《产业集聚论》，商务出版社2004年版。

林毅夫、蔡昉、李周：《中国的奇迹——发展战略与经济改革》，格致出版社2014年版。

刘昌黎：《东亚双边自由贸易研究》，东北财经大学出版社2007年版。

［日］藤田昌久、［比］雅克-弗朗斯瓦蒂斯：《集聚经济学：城市、产业区位与全球化》，石敏俊等译，格致出版社2016年版。

王开、靳玉英：《区域贸易协定发展历程、形成机制及其贸易效应研究》，格致出版社2016年版。

王培志：《国际经济学》，科学出版社2007年版。

魏红霞：《亚太多边合作框架下的中美关系》，中国社会科学出版社2015年版。

［日］细江敦弘、长泽建二、桥本秀夫：《可计算一般均衡模型导论：模型构建与政策模拟》，赵伟、向国成译，东北财经大学出版社2014年版。

宣善文、赵晓霞：《中日韩自由贸易区研究》，中国商业出版社2016年版。

杨逢珉：《自贸区框架下寻求中国对外贸易的发展》，上海人民出版社2014年版。

杨勇：《国际区域经济一体化与中国对外贸易：基于贸易效应与生产效应的研究》，人民出版社2011年版。

［美］约瑟夫·熊彼特：《资本主义、社会主义与民主》，商务印书馆2009年版。

张彬等：《国际区域经济一体化比较研究》，人民出版社2010年版。

张幼文：《当代国家优势：要素培育与全球规划》，远东出版社2003年版。

张幼文：《要素集聚的体制引力》，格致出版社2015年版。

张幼文：《要素收益与贸易强国道路》，人民出版社2016年版。

张幼文等：《要素流动：全球化经济学原理》，人民出版社2013年版。

周琢：《要素流动与贸易收益：外资流入下贸易发展的国民收益》，

上海社会科学院出版社 2013 年版。

二 期刊

蔡宏波：《我国自由贸易区的贸易流量效应：基于面板数据的引力模型分析》，《国际贸易问题》2010 年第 1 期。

曹亮、谷克鉴、符大海：《东亚区域经济一体化组织难以形成的原因研究——兼论中国在区域经济合作中的战略选择》，《财贸经济》2009 年第 1 期。

曹亮、直银苹、谭智、余乐芬：《中国—东盟自由贸易区中间品关税减让对中国农业高质量发展影响研究》，《宏观经济研究》2022 年第 1 期。

陈汉林、涂艳：《中国—东盟自由贸易区下中国的静态贸易效应——基于引力模型的实证分析》，《国际贸易问题》2007 年第 5 期。

陈宏、程健：《"一带一路"建设与中国自贸区战略协同对接的思考》，《当代经济管理》2019 年第 1 期。

陈继勇、计飞：《加拿大和日本 EPA 经济效应研究——基于一般均衡模型的分析》，《世界经济研究》2017 年第 1 期。

陈继勇、余自强：《中韩自贸协定对两国 GDP 经济效应的影响》，《财经科学》2017 年第 10 期。

陈建安：《中韩日自由贸易协定（FTA）的可行性及其经济效应》，《世界经济研究》2007 年第 1 期。

陈林、郝敏：《自由贸易区的四维度"红利说"》，《改革》2015 年第 9 期。

陈雯：《试析东盟自由贸易区建设对东盟区内贸易的影响》，《世界经济》2002 年第 12 期。

成新轩、杨博：《中国自由贸易区的空间效应与制造业国际竞争力的提升——基于空间计量模型的分析》，《国际贸易问题》2021 年第 10 期。

成新轩、张玉柯：《重叠式自由贸易区与多边贸易协议的关系》，《南开学报》2006 年第 5 期。

程中海、袁凯彬：《中国—欧亚经济联盟 FTA 的经贸效应模拟分析——基于 GTAP 模型及偏效应分解》，《世界经济研究》2007 年第 1 期。

崔大沪：《中日韩区域内的经济合作》，《世界经济研究》2003 年第

11 期。

邓慧慧、桑百川：《FTA 网络化发展中的"轮轴—辐条"模式：福利效应与中国的参与战略》，《财贸经济》2012 年第 7 期。

邓炜：《轮轴—辐条型自由贸易协定的产业区位效应——基于流动资本模型的分析》，《世界经济研究》2008 年第 2 期。

东艳：《南南型区域经济一体化能否促进 FDI 流入？——中国—东盟自由贸易区引资效应分析》，《南开经济研究》2006 年第 6 期。

东艳：《区域经济一体化新模式——"轮轴—辐条"双边主义的理论与实证分析》，《财经研究》2006 年第 9 期。

东艳、冯维江、邱薇：《深度一体化：中国自由贸易区战略的新趋势》，《当代亚太》2009 年第 4 期。

杜运苏、刘艳平、金山：《CPTPP 对全球制造业分工格局的影响——基于总值和增加值贸易双重视角》，《国际经贸探索》2020 年第 11 期。

樊明太、郑玉歆：《贸易自由化对中国经济影响的一般均衡分析》，《世界经济》2000 年第 4 期。

范剑勇：《产业集聚与地区间劳动生产率差异》，《经济研究》2006 年第 11 期。

方笑君、孙宇：《新时期亚太经济一体化进程分析》，《国际贸易》2012 年第 4 期。

费洪平：《当前我国产业转型升级的方向及路径》，《宏观经济研究》2017 年第 2 期。

冯晓玲、陈雪：《美韩 FTA 下中国农产品对韩出口变动分析》，《世界经济研究》2015 年第 1 期。

宫芳、高峰：《自由贸易协定中的贸易转移和"轴心—辐条"问题》，《东岳论丛》2000 年第 2 期。

郭成龙：《FTA 与 GPA 在国际政府采购市场开放上的协同效应——以 CPTPP 与 RCEP 为例》，《亚太经济》2022 年第 2 期。

郭沛、吴云霞：《中日双边贸易中的国内生产要素分解：基于 WIOD 数据库的实证分析》，《现代日本经济》2016 年第 5 期。

韩剑、岳文、刘硕：《异质性企业、使用成本与自贸协定利用率》，《经济研究》2018 年第 11 期。

韩剑、张倩洪、冯帆：《超越 WTO 时代自贸协定的贸易创造效应：

对关税与非关税措施贸易影响的考察》,《世界经济研究》2018年第11期。

何传添、周松、黎佳韵:《中印出口商品的相似性研究——基于东盟进口商品数据的实证分析》,《广东外语外贸大学学报》2014年第2期。

何剑、孙玉红:《全球FTA网络化发展对不同地位国家的影响》,《中国软科学》2008年第5期。

侯丹丹:《中韩FTA对东亚的经济影响——基于GTAP模型的模拟分析》,《国际经贸探索》2016年第8期。

胡艺、张义坤、刘凯:《内陆型自贸区的经济外部性:"辐射效应"还是"虹吸效应"?》,《世界经济研究》2022年第2期。

华民、王疆华、周红燕:《内部化、区域经济一体化与经济全球化》,《世界经济与政治》2002年第12期。

华晓红、周晋竹、宫毓雯:《全球价值链与东亚生产网络》,《国际贸易》2013年第7期。

黄凌云、刘清华:《建立东亚自由贸易区的中国经济效应研究——基于GTAP模型的实证分析》,《国际贸易问题》2008年第12期。

黄凌云、王丽华、刘姝:《日本—欧盟EPA对中国日本欧盟的影响研究——基于GTAP-Dyn的一般均衡分析》,《世界经济研究》2015年第1期。

黄粤、周磊:《区域经济一体化过程中的"轮轴—辐条"结构研究》,《长春大学学报》2009年第7期。

匡增杰:《全球区域经济一体化新趋势与中国的FTA策略选择》,《东北亚论坛》2013年第2期。

李冬新:《中日韩FTA构建的经济障碍与战略对策研究》,《韩国研究论丛》2015年第1期。

李光红、陈学中、孙丽丽:《高层次人才集聚与管理机制创新》,《理论学刊》2006年第3期。

李好、潘小芳:《印度加入RCEP后的贸易影响因素研究——基于引力模型的实证分析》,《亚太经济》2016年第5期。

李善同、翟凡、徐林:《中国加入世界贸易组织对中国经济的影响:动态一般均衡分析》,《世界经济》2000年第2期。

李昕、关会娟、蔡小芳:《基于价值链视角的TPP与RCEP亚太经贸合作研究》,《中央财经大学学报》2017 年第 1 期。

李新安:《我国 FDI 集聚效应与区域经济增长相关性实证分析》,《财贸研究》2006 年第 4 期。

李新兴、蔡海龙、蔡松锋、谢家琦:《RCEP 未来发展前景及潜在影响研究——基于 GTAP 模型》,《宏观经济研究》2020 年第 7 期。

李杨、冯伟杰、黄艳希:《中韩自由贸易协定的影响效应研究》,《东北亚论坛》2015 年第 6 期。

李玉举:《区域经济一体化研究动态:国外文献综述》,《世界贸易组织动态与研究》2010 年第 5 期。

李众敏:《中国区域贸易自由化战略研究》,《世界经济》2007 年第 8 期。

梁双陆、程小军:《国际区域经济一体化理论综述》,《经济问题探索》2007 年第 1 期。

林桂军、汤碧、沈秋君:《东亚区域生产网络发展与东亚区域经济合作的深化》,《国际贸易问题》2012 年第 11 期。

刘朝明:《区域经济一体化与中国的发展战略选择》,《经济学动态》2002 年第 4 期。

刘东旭:《区域价值链视角下的 FTAAP 实现路径分析》,《亚太经济》2016 年第 5 期。

刘朋春:《双边 FTA 是否会成为中日韩自由贸易区的"垫脚石"?——中日韩自由贸易区建设路径的 GTAP 模拟分析》,《现代日本经济》2015 年第 1 期。

刘朋春、辛欢、陈成:《TPP 对中日韩自由贸易区的可行性及建设路径的影响研究——基于 GTAP 模型的分析》,《国际贸易问题》2015 年第 11 期。

刘宇、张亚雄:《欧盟—韩国自贸区对我国经济和贸易的影响——基于动态 GTAP 模型》,《国际贸易问题》2011 年第 11 期。

鲁晓东、李荣林:《区域经济一体化、FDI 与国际生产转移:一个自由资本模型》,《经济学(季刊)》2009 年第 4 期。

鲁晓东、杨子晖:《区域经济一体化的 FDI 效应:基于 FGLS 的估计》,《世界经济文汇》2009 年第 4 期。

陆圣:《泛太平洋战略经济伙伴关系协定对中国纺织品服装出口的潜

在影响——基于一般均衡模型的评估》,《世界经济研究》2013 年第 11 期。

路江涌、陶志刚:《中国制造业区域聚集及国际比较》,《经济研究》2006 年第 3 期。

马超平、张晓燕:《自由贸易区与企业 TFP 的影响效应研究——基于广义合成控制法和多期双重差分模型》,《软科学》2021 年第 12 期。

马野青、倪一宁、李洲:《自由贸易协定推动了全球经济包容性增长吗?》,《上海经济研究》2021 年第 10 期。

马野青、杨禛彦:《东亚地区自由贸易协定中的轮轴效应及中国应对》,《中大管理研究》2013 年第 4 期。

马永健、漆腊应:《中美经贸摩擦的潜在经济效应及中国对策研究》,《国际商务(对外经济贸易大学学报)》2020 年第 5 期。

潘沁、韩剑:《基于引力模型的产业内贸易与区域经济一体化研究》,《国际贸易问题》2006 年第 9 期。

彭支伟、张伯伟:《TPP 和亚太自由贸易区的经济效应及中国的对策》,《国际贸易问题》2013 年第 4 期。

钱进:《〈区域全面经济伙伴关系协定〉的经济效应及产业产出分析》,《国际商务研究》2021 年第 1 期。

钱进:《双边 FTA 是否成为中国发展亚太双边贸易的催化剂?》,《求索》2017 年第 11 期。

钱进、王庭东:《环亚太重叠式自贸区对中国双边经济的效应分析——基于 GMM 的实证研究》,《亚太经济》2017 年第 2 期。

钱进、王庭东:《中日韩自贸区对区域宏观经济及产业产出的影响评估——基于 GTAP 模型的模拟分析》,《现代日本经济》2017 年第 3 期。

钱进、王文玺:《RCEP 的"轮辐"效应研究——基于多轮驱动的视角》,《山东财经大学学报》2019 年第 6 期。

钱志权、杨来科、林基:《东亚生产网络、产业内贸易与二氧化碳排放——基于中国与东亚经济体间面板数据分析》,《国际贸易问题》2014 年第 4 期。

丘东晓:《自由贸易协定理论与实证研究综述》,《经济研究》2011 年第 9 期。

邱立成、马如静、唐雪松:《欧盟区域经济一体化的投资效应研究》,

《南开学报》（哲学社会科学版）2009年第1期。

全毅：《全球区域经济一体化发展趋势及中国的对策》，《经济学家》2015年第1期。

全毅、高军行：《东亚经济一体化的贸易与投资效应》，《国际贸易问题》2009年第6期。

沈铭辉：《RCEP在推动东亚区域合作中的作用与新课题》，《东北亚论坛》2022年第1期。

盛斌：《亚太自由贸易区：亚太区域经济一体化的新选择》，《国际经济合作》2014年第11期。

宋玉华、李锋：《亚太区域内自由贸易协定的"轴心—辐条"格局解析》，《世界经济与政治》2008年第2期。

孙浦阳、韩帅、许启钦：《产业集聚对劳动生产率的动态影响》，《世界经济》2013年第3期。

孙秀丽：《英国脱欧对欧盟服务贸易竞争力的影响分析》，《国际经贸探索》2022年第2期。

孙玉红：《比较优势与轮轴—辐条结构FTA成员的利益分配》，《世界经济研究》2008年第7期。

谭红梅、王琳：《RCEP下中日韩经贸合作机遇、挑战及对策》，《经济纵横》2022年第2期。

谭宓、李世美、邹忠全：《中国—东盟自由贸易区正式建立的FDI促进效应实证分析——基于2000—2018年准自然实验的双重差分检验》，《广西社会科学》2022年第2期。

屠新泉、邱薇：《美韩FTA对中国出口的贸易替代效应研究》，《世界经济研究》2011年第9期。

汪颖博、朱小明、袁德胜、曹亮：《CAFTA框架下贸易成本、自由贸易政策与中国进口增长的二元边际》，《宏观经济研究》2014年第10期。

汪占熬、张彬：《中国—东盟自贸区对产业集聚与发展不平衡的影响研究》，《世界经济与政治论坛》2013年第4期。

王兵、颜鹏飞：《技术效率、技术进步与东亚经济增长——基于APEC视角的实证分析》，《经济研究》2007年第5期。

王国安、范昌子：《中欧贸易互补性研究——基于比较优势理论和产业内贸易理论的实证分析》，《国际贸易问题》2006年第3期。

王开、靳玉英:《中国自由贸易协定的出口效应——基于商品技术含量的分行业研究》,《世界经济研究》2014年第2期。

王明涛、谢建国:《自由贸易协定、贸易政策不确定性与企业出口产品范围》,《当代财经》2022年第1期。

王蕊、袁波:《中国自贸区建设对产业发展的影响》,《国际经济合作》2013年第11期。

王恬:《东亚区域经济合作中的"轮轴—辐条"效应》,《亚太经济》2004年第2期。

王庭东:《新科技革命、美欧"再工业化"与中国要素集聚模式嬗变》,《世界经济研究》2013年第6期。

王庭东:《中日经济追赶过程中的要素集聚、经济增长与经济泡沫:比较与借鉴》,《现代日本经济》2015年第5期。

王庭东、钱进:《中日韩自贸区"轮辐"效应研究——基于要素集聚及产业视角的分析》,《东北亚论坛》2017年第4期。

王颖、周金凯、田文泉:《制造业回归趋势下美国对中国直接投资与两国贸易失衡研究》,《亚太经济》2021年第3期。

王原雪、张晓磊、张二震:《"一带一路"倡议的泛区域脱贫效应——基于GTAP的模拟分析》,《财经研究》2020年第3期。

翁东玲:《RCEP签署后中日韩FTA面临的机遇与中国的应对》,《亚太经济》2021年第6期。

吴林海、陈继海:《集聚效应、外商直接投资与经济增长》,《管理世界》2003年第8期。

吴凌燕、李众敏:《美国参与东亚区域合作对中国的影响研究》,《财贸研究》2007年第6期。

吴小康、于津平:《原产地规则与中韩自由贸易协定的贸易转移效应》,《国际贸易问题》2021年第10期。

谢建国:《多边贸易自由化与区域贸易协定:一个博弈论分析框架》,《世界经济》2003年第12期。

邢孝兵、雷颖飞:《自由贸易区的地区经济增长效应:开放还是改革?》,《国际商务研究》2019年第4期。

徐婧、孟娟:《贸易开放、经济增长与人力资本——基于面板门槛模型的研究》,《世界经济研究》2015年第6期。

徐林清、蒋邵梅：《贸易协定的对冲效应——基于 GTAP 模型的 RCEP 和 CPTPP 对比研究》，《亚太经济》2021 年第 6 期。

徐梅：《RCEP 签署与亚太区域经济一体化前景》，《东北亚论坛》2021 年第 5 期。

许培源、罗琴秀：《"一带一路"自由贸易区网络构建及其经济效应模拟》，《国际经贸探索》2020 年第 12 期。

许玉洁、刘曙光、王嘉奕：《RCEP 生效对宏观经济和制造业发展的影响研究——基于 GTAP 模型分析方法》，《经济问题探索》2021 年第 11 期。

杨军红：《中国自由贸易区产业内贸易创新研究》，《武汉理工大学学报》（社会科学版）2018 年第 5 期。

杨韶艳、李娟：《技术性贸易壁垒对中国和海合会建立自贸区的经济影响——基于 GTAP 模型的模拟研究》，《亚太经济》2019 年第 5 期。

杨勇：《亚太区域一体化新特征与中国的策略选择》，《亚太经济》2012 年第 5 期。

杨勇、胡渊：《亚太区域经济一体化发展趋势与中国的策略选择》，《亚太经济》2011 年第 6 期。

叶修群：《"一带一路"战略下我国自由贸易园区的贸易效应研究》，《广东财经大学学报》2016 年第 2 期。

殷勤、汪威毅：《东亚区域一体化的"轮轴—辐条"结构难题与中国的对策》，《国际贸易问题》2006 年第 5 期。

余梅：《东亚区域经济一体化与中国 FTA 战略选择》，《改革与战略》2017 年第 2 期。

余淼杰：《中国的贸易自由化与制造业企业生产率》，《经济研究》2010 年第 12 期。

余振、葛伟：《经济一体化与产业区位效应：基于中国东盟自贸区产业层面的面板数据分析》，《财贸经济》2014 年第 12 期。

袁波、王蕊、潘怡辰、赵晶：《RCEP 正式实施对中国经济的影响及对策研究》，《国际经济合作》2022 年第 1 期。

张彬、汪占熬：《中国—东盟自由贸易区贸易结构效应的实证分析——基于1995—2008 年 HS92 商品分类面板数据》，《世界经济研究》2011 年第 1 期。

张光南、陈坤铭、杨书菲：《ECFA 对两岸三地的经济贸易和产业影响——基于全球贸易分析模型 GTAP 的分析》，《经济学（季刊）》2012 年第 3 期。

张海冰：《欧洲一体化历程对东亚经济一体化的启示》，《世界经济研究》2003 年第 4 期。

张建肖：《中日韩自贸区谈判的困难与应对》，《国际经济合作》2013 年第 4 期。

张军、路泽禅：《中蒙自由贸易区的贸易效应评估——基于动态 GTAP 模型的模拟分析》，《国际商务研究》2021 年第 6 期。

张军、闫东升、冯宗宪、李诚：《自由贸易区的经济增长效应研究——基于双重差分空间自回归模型的动态分析》，《经济经纬》2019 年第 4 期。

张珺、展金永：《CPTPP 和 RCEP 对亚太主要经济体的经济效应差异研究——基于 GTAP 模型的比较分析》，《亚太经济》2018 年第 3 期。

张恪渝、周玲玲：《RCEP 对中国经济及其区域内部的影响分析》，《国际贸易问题》2021 年第 11 期。

张体勤、刘军、杨明海：《知识型组织的人才集聚效应与集聚战略》，《理论学刊》2005 年第 6 期。

张晓静：《欧盟经济一体化中区域政策的效果研究——兼论对中国参与区域经济合作的启示》，《国际贸易》2007 年第 7 期。

张学良：《国外新区域主义研究综述》，《外国经济与管理》2005 年第 5 期。

张幼文：《生产要素的国际流动与全球化经济的运行机制——世界经济学的分析起点与理论主线》，《世界经济研究》2015 年第 12 期。

张幼文：《生产要素的国际流动与全球化经济的运行机制》，《国际经济评论》2013 年第 5 期。

赵春江、付兆刚：《RCEP 与深化中日韩贸易合作的机遇与挑战》，《东北亚论坛》2021 年第 6 期。

赵国钦、万方：《世界贸易网络演化及其解释——基于网络分析方法》，《宏观经济研究》2016 年第 4 期。

赵亮：《"自贸区驱动"能否驱动中国经济增长？——基于贸易福利视角的理论机制与实证论证》，《经济与管理研究》2017 年第 4 期。

赵亮：《我国自贸区驱动经济增长的实证模拟——基于对经济增长"创新驱动"的思考》，《上海财经大学学报》2017年第4期。

赵亮、陈淑梅：《经济增长的"自贸区驱动"——基于中韩自贸区、中日韩自贸区与RCEP的比较研究》，《经济评论》2015年第1期。

赵灵翡、郎丽华：《欧日EPA生效对宏观经济和制造业发展的影响研究——基于GTAP模型分析方法》，《国际经贸探索》2020年第2期。

郑航、韩剑：《自由贸易协定中贸易便利化规则对价值链贸易的影响》，《世界经济研究》2022年第2期。

周玲玲、张恪渝：《双循环视域下RCEP建立对中国区域制造业的影响》，《经济问题探索》2021年第10期。

周曙东、胡冰川、吴强、崔奇峰：《中国—东盟自由贸易区的建立对区域农产品贸易的动态影响分析》，《管理世界》2006年第10期。

周文良：《区域一体化背景下的制造业集聚、扩散趋势——基于广东省的分析》，《经济问题探索》2007年第3期。

周永生：《加快推进"中日韩自由贸易协定"谈判的机遇与挑战》，《东北亚论坛》2019年第6期。

朱启荣、孙明松、杨伟东：《新冠肺炎疫情对我国经济影响的评估：基于GTAP模型的实证》，《统计与决策》2020年第21期。

朱启荣、杨琳、王瑜：《中国降低进口关税的经济效益评估》，《世界经济研究》2021年第2期。

Adams I P, "Measuring the Impact of AFTA: An Application of a Linked CGE System", *Journal of Policy Modeling*, Vol. 17, No. 4, 1995.

Alba J and Hur J and Park D, "Do Hub-and-Spoke Free Trade Agreements Increase Trade? A Panel Data Analysis", *Asian Development Bank*, 2010.

Alice E and Wonnacott R J, "The Liberalisation of East-West European Trade: Hubs, Spokes and Further Complications", *World Economy*, Vol. 19, No. 3, 1996.

Amiti M and Konings J, "Trade Liberalization, Intermediate Inputs and Productivity: Evidence From Indonesia", *The American Economic Review*, Vol. 97, No. 5, 2007.

Anbumozhi V and Kutani I and Singh B K, "Energy Market Integration in

Northeast Region of India: Efficiencies, Vulnerabilities and Strategic Implications for Asia", *Journal of Asian Economic Integration*, 2020.

Ariyasajjakorn D and Gande S and Ratanakomut S, "ASEAN FTA, Distribution of Income and Globalization", *Journal of Asian Economics*, No. 20, 2009.

Bagwell K and Staiger R W, "Multilateral Tariff Cooperation during the Formation of Free Trade Areas", *International Economic Review*, Vol. 38, No. 2, 1997.

Baier S L and Bergstrand J H and Mariutto R, "Economic Determinants of Free Trade Agreements Revisited: Distinguishing Sources of Inter Dependence", *Review of International Economics*, Vol. 22, No. 1, 2014.

Baier S L and Bergstrand J H, "Do Free Trade Agreements Actually Increase Members' International Trade?" *Journal of International Economics*, Vol. 71, No. 1, 2007.

Baier S L and Bergstrand J H, "Trade Agreements and Trade Flows: Estimating the Effect of Free Trade Agreements on Trade Flows with An Application to the European Union", *European Economy-Economic Papers*, 2004.

Balassa B, "Towards a Theory of Economic Integration", *Kyklos*, Vol. 14, No. 1, 1961.

Balassa B, "Trade Liberalisation and 'Revealed' Comparative Advantage", *The Manchester School*, Vol. 33, No. 2, 1965.

Baldwin R E, *A Domino Theory of Regionalism in Expanding Membership of the EU*, Cambridge University Press, Cambridge, UK, 1993.

Baldwin R E, "The Spoke Trap: Hub and Spoke Bilateralism in East Asia", *Korea Institute for International Economic Policy*, 2009.

Bhagwati J and Greenaway D and Panariya A, "Trading Preferentially: Theory and Policy", *Economic Journal*, 1998, Vol. 108, No. 449, 1998

Blomstrom M and Kokko A, "Regional Integration and Foreign Direct Investment: A Conceptual Framework and Three Cases. Policy Research Working Paper", *United States: World Bank*, 1997.

Bond E W and Syropoulos C, "The Size of Trading Blocs Market Power and World Welfare Effects", *Journal of International Economics*, Vol. 40,

No. 3, 1996.

Brada J and Mendez J A, "An Estimation of the Dynamic Effects of Economic Integration", *Review of Economic and Statistics*, Vol. 70 No. 1, 1988.

Busse M, "The Hub and Spoke Approach of EU Trade Policy", *Inter Economics*, Vol. 135, No. 4, 2000.

Bustos P, "Trade Liberalization, Exports and Technology Upgrading: Evidence on the Impact of Mercosur on Argentinian Firms", *The American Economic Review*, Vol. 101, No. 1, 2011.

Cardarelli R and Kose M A, "Economic Integration, Business Cycle, and Productivity in North American", *IMF Working Paper*, 2004.

Chen M and Joshi S, "Third-country Effects on the Formation of Free Trade Agreements", *Journal of International Economics*, Vol. 82, No. 2, 2010.

Cheng J Y, "China-ASEAN Economic Co-operation and the Role of Provinces", *Journal of Contemporary Asia*, Vol. 43, 2013.

Chong S Y and Hur J, "Overlapping Free Trade Agreements of Singapore-USA-Japan: A Computational Analysis", *Scape Policy Research Working Paper*, 2007.

Chong S Y and Hur J, "Small Hubs, Large Spokes and Overlapping Free Trade Agreements", *World Economy*, Vol. 31, No. 12, 2008.

Chong S Y, "The Hub-and-Spokes Effect of Overlapping Free Trade Agreements: An analysis using GTAP", *Masters*, 2007.

Cooper C A and Massel B F, "Toward a General Theory of Custom Union for Developing Countries", *Journal of Political Economy*, Vol. 73, No. 5, 1965.

Das G and Andriamananjara S, "Hub-and-Spokes Free Trade Agreements in the Presence of Technology Spillovers: An Application to the Western Hemisphere", *Review of World Economics*, Vol. 142, No. 142, 2006.

Deltas G and Desmet K and Facchini G, "Hub-and-Spoke Free Trade Areas", *Cepr Discussion Papers*, Vol. 45, No. 3, 2006.

DeMelo J and Montenegro C and Panagariya A, "Regional Integration Old and New", World Bank Working Paper, 1992.

Ethier W J, "The New Regionalism", *Economic Journal*, Vol. 108, No. 449, 1998.

Finger J M and Kreinin M E, "A Measure of Export Similarity and Its Possible Uses", *Economic Journal*, Vol. 89, No. 356, 1979.

Francois J and Rombout M, "Preferential Trade Arrangements, Induced Investment, and National Income in a Heckscher–Ohlin–Ramsey Model", *Cepr Discussion Papers*, Vol. 1, No. 3, 2000.

Freund C, "Different Paths to Free Trade: The Gains From Regionalism", *Quaterly Journal of Economics*, Vol. 115, No. 4, 2002.

Furusawa T and Konishi H, "A Welfare Decomposition in Quasi-Linear Economies", *Economics Letters*, Vol. 85, No. 1, 2004.

Ganapati S and Wong W F and Ziv O, "Entrepot: Hubs, Scale, and Trade Costs", *NBER Working Papers*, 2021.

Goyal S and Joshi S, "Bilateralism and Free Trade", *International Economic Review*, Vol. 47, No. 3, 2006.

Gregory S and Gao H, "A New Chinese Economic Order?" *Journal of International Economic Law*, 2020.

Grossman G M and Helpman E, "The Politics of Free Trade Agreements", *American Economic Review*, Vol. 85, No. 4, 1995.

Grossman S J and Hart O D, "The Costs and Benefits of Ownership: A Theory of Vertical and Lateral Integration", *Journal of Political Economy*, Vol. 94, No. 4, 1986.

Grubel H G and Lloyd P J, "Intra-Industry Trade:The Theory and Measurement of International Trade in Differential Products. London: Macmillan", *Economic Journal*, Vol. 85, No. 339, 1975.

Guillin A, "Trade in Services and Regional Trade Agreements: Do Negotiations on Services Have to be Specific?" *World Economy*, Vol. 36, No. 11, 2013.

Hanson G, "Market Potential, Increasing Returns and Geographic Concentration", NBER Working Paper, 1998.

Henrekson M and Torstensson J and Torstensson R, "Growth Effects of European Integration", *European Economic Review*, Vol. 41, No. 8, 1997.

Hertel T, *Global Trade Analysis*, Global trade analysis: Cambridge University Press, 1997.

Jeffrey H and Bergstrand P E and Mario L, "Economic Determinants of the Timing of Preferential trade Agreement Formations and Enlargements", *Economic Inquiry*, Vol. 54, No. 1, 2016.

Karras G, "Economic Integration and Convergence: Lessons from Asia, Europe and Latin America", *Journal of Economic Integration*, Vol. 12, No. 4, 1997.

Katada S N, "Unlikely Pivotal States in Competitive Free Trade Agreement Diffusion: The Effect of Japan's Trans-Pacific Partnership Participation on Asia-Pacific Regional Integration", *New Political Economy*, Vol. 20, No. 2, 2015.

Kawabata Y, "Endogenous Formation of Free Trade Agreements in Vertically Related Markets", *Research in Economics*, Vol. 69, No. 2, 2015.

Khan H and Khan M A and Ahmed M, et al, "The Nexus between Export Diversification and Foreign Direct Investment: Empirical Evidence from China", *Montenegrin Journal of Economics*, Vol. 17, No. 2, 2021.

Kim S and Park I and Park S, "A Free Trade Area of the Asia Pacific: Is It Desirable?" *Journal of East Asian Economic Integration*, Vol. 17, No. 1, 2013.

Kim Y H, "The Optimal Path of Regional Economic Integration between Asymmetric Countries in the North East Asia", *Journal of Policy Modeling*, Vol. 27, No. 6, 2005.

Kimura F and Lee H, "The Gravity Equation in International Trade in Services", *European Trade Study Group Conference*, University of Nottingham, 2004.

Kindleberger C P, *International Short-Term Capital Movements*, New York: Columbia University Press, 1937.

Kindleberger C P, "Balance-of-Payments Deficits and the International Market for Liquidity", *Princeton Essays on International Finance*, 1965.

Kindleberger C, "European International and the Industrial Corporation", *Journal of World Business*, 1996.

Kiyota K and Stern R M, "Economic Effects of a Korea-US Free Trade Agreement", *Washington: Korea Economic Institute of America*, 2007.

Kohl T, "Do We Really Know That Trade Agreements Increase Trade?" *Review of World Economics*, Vol. 150, No. 3, 2014.

Krishna P, "Regionalism and Multilateralism: A Political Economy Approach", *The Quarterly Journal of Economics*, Vol. 113, No. 1, 1998.

Krugman P and Anthony V, "Integration, Specialization and Adjustment", *European Economic Review*, 1996.

Krugman P R and Elizondo R L, "Trade Policy and the Third World Metropolis", *Journal of Development Economics*, Vol. 49, 1996.

Krugman P R, "Increasing Returns, Monopolistic Competition, and International Trade", *Journal of International Economics*, Vol. 9, No. 4, 1979.

Lake J and Yildiz H M, "On the Different Geographic Characteristics of Free Trade Agreements and Customs Unions", *Departmental Working Papers*, 2014.

Lee H and Itakura K, "TPP, RCEP, and Japan's Agricultural Policy Reforms", *Osipp Discussion Paper*, 2014.

Lee H and Roland H D and Van D M, "China's Emergence in East Asia under Alternative Trading Arrangements", *Journal of Asian Economics*, Vol. 15, No. 4, 2004.

Levy P I, "A Political-Economic Analysis of Free Trade Agreements", *American Economic Review*, Vol. 87, No. 4, 1997.

Lipsey R G, "The Theory of Customs Union: A General Survey", *Economic Journal*, Vol. 70, No. 279, 1960.

Lloyd P J and Maclaren D, "Gains and Losses from Regional Trading Agreements: A Survey", *Economic Record*, Vol. 80, No. 251, 2004.

Makower H and Morton G, "A Contribution Towards a Theory of Customs Union", *Economic Journal*, Vol. 63, No. 249, 1953.

Malcolm G, "Adjusting Tax Rates in the GTAP Database", *GTAP Technical Paper*, 1998.

Marshall A, *Principles of Economics*, London: Maemillan, 1920.

Martinez Z I and Nowak L F, "Augmented Gravity Model: An Empirical

Application to Mercosur – European Trade Flows", *International Trade*, Vol. 11, No. 2, 2003.

Meade J E, "The Theory of Custom Union", *Amsterdam North Holland*, 1955.

Melitz M J, "The Impact of Trade on Intra-industry Reallocations and Aggregate Industry Productivity", *Econometrica*, Vol. 71, No. 6, 2003.

Missios P and Saggi K and Yildiz H M, "External Trade Diversion, Exclusion Incentives and the Nature of Preferential Trade Agreements", *Mpra Paper*, 2015.

Mukunoki H and Tachi K, "Multilateralism and Hub-and-Spoke Bilateralism", *Review of International Economics*, 2006, 14 (4): 658 – 674. Vol. 14, No. 4, 2006.

Nalbant H and Kayalica M Z and Kayakutlu G, et al., "The Rupture of the Hub-Spoke Effect of Bilateral Trade Flows when Rules of Origin are Relaxed: The Case of Agadir Agreement Countries", *Revista de Economia Aplicada*, 2020, 38 (2). Vol. 38, No. 2, 2020.

Nomura R and Ohkawa T and Okamura M, et al., "Does a Bilateral FTA Pave the Way for Multilateral Free Trade?" *Review of International Economics*, Vol. 21, No. 1, 2013.

Orbach B, *Hub-and-Spoke Conspiracies*, Social Science Electronic Publishing, 2016.

Pangariya A. Preferential Trade Liberalization: The Traditional Theory and New Developments. *Journal of Economic Literature*, Vol. 38, No. 2, 2002.

Park J, "Korea's Linkage Strategy Between FTA Hub Policy and Middle Power Leadership in Regional Economic Integration", *Asia Europe Journal*, Vol. 13, No. 4, 2015.

Park Y and Yung C P and Jung H Y, "More Free Trade Areas: A Korean Perspective", *Institute for International Economics*, Washington, DC, 1989.

Pavcnik N, "Trade Liberalization, Exit and Productivity Improvements: Evidence from Chilean Plants", *The Review of Economic Studies*, Vol. 69, No. 1, 2002.

Perali F and Pieroni L and Standardi G, "World Tariff Liberalization in

Agriculture: An Assessment Using a Global CGE Trade Model for EU15 Regions", *Journal of Policy Modeling*, Vol. 34, No. 2, 2012.

Peridy N, "The Trade Effects of the Euro-Mediterranean Partnership: What Are the Lessons for ASEAN Countries?" *Journal of Asian Economics*, Vol. 16, No. 1, 2005.

Perroni C and Whalley J, "The New Regionalism: Trade Liberalization or Insurance?" *Canadian Journal of Economics*, Vol. 33, No. 1, 2000.

Puga D and Venables A J, "Preferential Trading Arrangements and Industrial Location", *Journal of International Economics*, Vol. 43, No. 3, 1995.

Qian J, "Research on the Multiple Free Trade Areas under the Background of the TPP Effect of China's Economy and the Strategy Choices", *International Conference on Education Science and Economic Management*, 2017.

Ravenhill J, "The 'New East Asian regionalism': A political Domino Effect", *Review of International Political Economy*, Vol. 17, No. 2, 2010.

Roberts B A, "A Gravity Study of the Proposed China-ASEAN Free Trade Area", *The International Trade Journal*, Vol. 18, No. 3, 2004.

Rodriguez U P, "Impacts of the Free Trade Area of the Pacific on Production, Consumption and Trade of the Philippines", *Discussion Paper Series*, 2008.

Saggi K and Yildiz H M, "Welfare Effects of Preferential Trade Agreements under Optimal Tariffs", *Mpra Paper*, 2005.

Sahuguet N and Walckiers A, "A Theory of Hub-and-Spoke Collusion", *International Journal of Industrial Organization*, 2016.

Schuur Peter C and Kellersmann Christopher N, "Improving Transport Logistics by Aligning Long Combination Vehicles via Mobile Hub & Spoke Systems", *Logistics*, Vol. 16, No. 1, 2002.

Scoppola M, "Regional Integration and Production Location: What Theories Tell Us", *Trade Working Paper*, 2006.

Scott L B and Jeffrey H B, "Economic Determinants of Free Trade Agreements", *World Economy Study*, Vol. 64, No. 1, 2010.

Seidmann D, "Preferential Trading Arrangements as Strategic Positioning", *Journal of International Economics*, Vol. 79, 2009.

Snape R H, *Discrimination, Regionalism, and GATT*, Trade and Protectionism, University of Chicago Press, 1993.

Stanojevic Savo and Qiu Bin and Chen Jian, "A Study on Trade between China and Central and Eastern European Countries: Does the 16+1 Cooperation Lead to Significant Trade Creation?" *Eastern European Economics*, Vol. 5, No. 4, 2021.

Thangavelu S M and Findlay C, "The Impact of Free Trade Agreements on Foreign Direct Investment in the Asia–Pacific Region", *ASEAN and Global Value Chains in East Asia*, 2011.

Tinbergen J, *Shaping the World Economy: Suggestions for an International Economic Policy*, New York: The Twentieth Century Fund, 1962.

Tinbergen N, *The Evolution of Signalling Devices*, Social Behavior and Organization in Vertebrates, 1964.

Tybout J R and Westbrook M D, "Trade Liberalization and the Dimensions of Efficiency Change in Mexican Manufacturing Industries", *Journal of International Economics*, Vol. 3, No. 1, 1995.

Viner J, "Full Employment at Whatever Cost", *Quarterly Journal of Economics*, Vol. 64, No. 3, 1950.

Winters L A and Chang W, "Regional Integration and Import Prices: An Empirical Investigation", *Journal of International Economics*, Vol. 51, No. 2, 2000.

Wonnacott R J and Wonnacott P, "Liberalization in the Western Hemisphere: New Challenges in the Design of a Free Trade Agreement", *North American Journal of Economics and Finance*, Vol. 6, No. 2, 1995.

Wonnacott R J, "Canada's Future in a World of Trade Blocs: A Proposal", *Canadian Public Policy*, Vol. 1, No. 1, 1975.

Wonnacott R J, "Controlling Trade and Foreign Investment in the Canadian Economy: Some Proposals", *Canadian Journal of Economics*, Vol. 15, No. 4, 1982.

Yi S S, "Endogenous Formation of Customs Unions under Imperfect Competition: Open Regionalism is Good", *Journal of International Economics*, Vol. 41, No. 13, 1996.

Zhai F, "Preferential Trade Agreements in Asia: Alternative Scenarios of 'Hub and Spoke' No. 83", 2006.

三 学位论文

陈志阳：《中国自由贸易区战略研究》，博士学位论文，武汉大学，2015年。

褚天舒：《轮轴地位、技术差距对双边贸易的影响》，硕士学位论文，对外经济贸易大学，2019年。

邓凯：《重叠式自由贸易区的扩张机制、经济效应与战略选择研究》，硕士学位论文，西南财经大学，2014年。

井文城：《"轮轴—辐条"结构下日本东亚区域经济合作分析》，硕士学位论文，吉林大学，2015年。

李胜会：《经济集聚与区域经济增长：理论探讨和实证研究》，博士学位论文，暨南大学，2008年。

刘东旭：《亚太自由贸易区实现路径研究》，博士学位论文，上海社会科学院，2016年。

满艺：《东亚区域一体化"H&S"结构对中国的影响效应研究》，硕士学位论文，福州大学，2011年。

孙娟娟：《自由贸易协定网络的"轮轴—辐条"结构研究》，硕士学位论文，福州大学，2005年。

孙玉红：《全球FTA网络化发展研究》，博士学位论文，东北财经大学，2007年。

王微微：《区域经济一体化的经济增长效应及模式选择研究》，博士学位论文，对外经济贸易大学，2007年。

温祁平：《东亚区域经济一体化的结构及其演变——基于国家间的合作博弈分析》，博士学位论文，南开大学，2014年。

杨鹏浩：《"轮轴—辐条"结构对FDI分布的影响——基于全球RTA网络的分析》，硕士学位论文，南开大学，2013年。

余川：《自由贸易协定网络中的"轮轴—辐条"结构研究》，硕士学位论文，西南财经大学，2011年。

张洪玉：《价值链分工体系下的FTA——基于亚太自由贸易发展（1993年至今）》，硕士学位论文，华东师范大学，2016年。

赵天南：《东盟重叠性自贸区对中国产业分布的影响分析》，硕士学位论文,兰州财经大学,2015年。

竺宗煌:《FTA网络中的"轮轴辐条"结构及贸易效应——基于规则异质性视角》,硕士学位论文,上海社会科学院,2018年。

后 记

本书能够顺利出版，经历了一些波折，根据最新的国际国内经济形势，我对已经成型的书稿再次通篇修改完善。这本书从构思到撰写，再到修改及定稿，历经七年时间，在此期间，国际形势风云变幻，笔者也根据不同时期的新形势对书稿一改再改，日臻完善。写到这里，我不禁回忆起几年前的求学经历，静下心来，细细回味自己的学业生涯和这几年的工作，对那些引导我、帮助我、激励我的人，心中充满了感动、感恩。

难忘师恩。感谢我的导师王庭东教授、王培志教授对本书的指导，本书是在我的博士毕业论文基础上修改而成的，研究内容、谋篇布局等方面的前期的工作都是在王庭东老师的指导和帮助下完成的，而在博士求学路上，也离不开王培志老师的指引和无私帮助。

感谢单位及编辑。本书的撰写、修改、校对、出版过程中得到了我的工作单位山东社会科学院的领导专家以及中国社会科学出版社领导的大力支持，感谢山东社会科学院经济研究所周德禄所长、张卫国所长对本书提出的建设性意见，感谢中国社会科学出版社李庆红老师为本书的编辑和出版付出的辛勤劳动。在此，对为本书出版提供帮助的领导、同事、同人致以最诚挚的感谢！

感谢父母及家人。"谁言寸草心，报得三春晖。"感谢我的父亲钱生军先生、母亲宋会英女士，他们在淄博张店老家一直无私地、默默地鼓励和支持我。父母在我身上倾注了大量心血，尤其是母亲的言传身教对我的成长影响颇深，我唯有尽自己最大的努力以回报之。还要感谢我的新婚妻子张荣冰女士的默默支持。本书能够顺利出版离不开家人们的支持与鼓励。

"路漫漫其修远兮，吾将上下而求索。"唯有奋斗和不断成长进步，在科研的道路上不断求索，才能无愧于这伟大的盛世。

在撰写过程中，由于时间和水平所限，本书还存在许多不足之处，错漏难免，敬请读者批评指正。

钱进

2022 年 7 月　济南